Die 5 Schritte zum Reichtum

Zum Buch

Die 5 Schritte, mit denen Sie reich werden:

1. Bezahlen Sie sich selbst
2. Verwirklichen Sie Ihre Träume
3. Planen Sie dennoch korrekt
4. Setzen Sie Ihre Mittel gezielt ein
5. Bedenken Sie die Wirkung Ihres Handelns – und planen Sie sie.

Wie das im einzelnen zu bewerkstelligen ist, zeigt Ihnen dieses Buch.

Zum Autor

Tod Barnhart mischt seit seinem 19. Lebensjahr im Börsengeschäft mit. Als eines der jüngsten Mitglieder der N.A.S.D. (National Association of Securities Dealers) machte er im Alter von 23 Jahren seine erste Million. Heute unterstützt er als Finanzberater seine Kunden dabei, ihr Vermögen zu mehren. Zu seinen Klienten gehören einige der reichsten Leute in Amerika.

Tod Barnhart

Die 5 Schritte zum Reichtum

So machen Sie mehr aus Ihrem Geld

Aus dem Amerikanischen von Roland Lange

Econ & List Taschenbuch Verlag

Veröffentlicht im Econ & List Taschenbuch Verlag, 1998
Der Econ & List Taschenbuch Verlag ist ein Unternehmen der Econ & List Verlagsgesellschaft, München
2. Auflage 1999

Die amerikanische Originalausgabe erschien im Verlag Harper Collins Publishers, Inc., unter dem Titel »The Five Rituals of Wealth«
Umschlagkonzept: Büro Meyer & Schmidt, München – Jorge Schmidt
Umschlagrealisation: Petra Soeltzer, Düsseldorf
Titelabbildung: RIL/Premium
Die Ratschläge in diesem Buch sind von Autor und Verlag sorgfältig erwogen und geprüft; dennoch kann eine Garantie nicht übernommen werden. Eine Haftung des Autors bzw. des Verlags und seiner Beauftragten für Personen-, Sach- und Vermögensschäden ist ausgeschlossen.
Gesetzt aus der Century und Frutiger, Linotype
Satz: LHF Satzstudio GmbH, Düsseldorf
Druck und Bindearbeiten: Ebner Ulm
Printed in Germany
ISBN 3-612-21409-8

Cindy, meiner Seelenverwandten;
Mutter, die mir Mitgefühl und Vertrauen beibrachte;
Vater, der sein Vertrauen in mich nie verloren hat;
Wayne, der mich Geduld und Stolz lehrte;
Patrick, dem Freund und Unterstützer;
und Anthony Robbins, der mich dazu gebracht hat, an mich selbst, die Fähigkeiten des menschlichen Geistes und die Leidenschaft zu glauben

Inhalt

Vorbemerkung des Verfassers

Die fünf Schritte zum Reichtum richtet sich an alle Leser, egal, wieweit sie in ihrer finanziellen Entwicklung schon gekommen sind. Teilweise beherrschen sie die eine oder andere Technik zur Bildung von Reichtum vielleicht schon – und dazu gratuliere ich ihnen. Diese Leser können das Buch dazu nutzen, ihre Fähigkeiten zu verfeinern und das Wissen, über das sie bereits verfügen, zu vertiefen.

Die meisten Leser werden aber am Nullpunkt anfangen. Vor allen, die sich in dieser Situation befinden, habe ich größten Respekt – jedenfalls stellen Kauf und Lektüre dieses Buches einen riesigen Schritt in Richtung finanzielle Freiheit dar. Es sollte Sie als Führer durch alle Entwicklungsschritte Ihrer Finanzen hindurch begleiten. Beachten Sie jedoch: Bevor Sie einen neuen Schritt in Angriff nehmen, sollten Sie sicher sein, daß Sie den vorhergehenden vollständig verstanden haben. Immer dann, wenn Sie den Eindruck gewinnen, Ihre Fähigkeiten müßten wieder einmal ausgebaut werden, sollten Sie zu diesem Buch greifen.

Ich sollte betonen, daß *Die fünf Schritte zum Reichtum* nicht ohne die Anregungen von Anthony Robbins entstanden wäre. Seitdem ich begann, seinen Ratschlägen zu folgen, hat sich mein Leben grundlegend gewandelt. Ich rate Ihnen dringend dazu, sich mit Robbins' Werk vertraut zu machen, wenn Sie dies noch nicht getan haben. Er ist ein guter Ratgeber in Fragen Ihrer persönlichen Entwicklung. Seine Philosophie ist die folgende: Beurteilen Sie die Ergebnisse, die Sie erzielen. Wenn Sie mit etwas Erfolg haben, machen Sie weiter damit – die Anstrengungen aber, die Ihnen keinen Erfolg bringen, sollten Sie sofort einstellen.

Ich hoffe, daß Sie dieses Buch zum Erfolg führen wird, denn ich glaube wirklich, daß die fünf Schritte, die in diesem Buch beschrieben werden, bei genauer Befolgung zu finanzieller Freiheit und im Laufe der Entwicklung auch zu einem Aufblühen Ihrer Fähigkeiten führen.

Vorwort

Ist Geld eine Möglichkeit, seinen Beitrag innerhalb der Gesellschaft zu leisten, ein Mittel, seine Träume zu realisieren, oder ist es vielmehr die Quelle allen Übels? Nutzen Sie es als Waffe oder als einen Bestandteil Ihrer Freiheit? Bringt Ihnen Geld Macht und Sicherheit, oder ist es nur ein Mittel zu einem unbestimmten Zweck?
Der wichtigste Faktor, der unseren Wohlstand – oder den Mangel an ihm – bestimmt, ist das Maß, in dem wir unsere angeborene Intelligenz und Disziplin nutzen. Wieweit wir unser Potential ausnutzen, wird von unseren eigenen Einschätzungen bestimmt – von unserer Einschätzung darüber, wie leicht oder schwer es ist, Reichtum zu erringen, oder von den Einschätzungen unserer Erfolgsaussichten. Ein wichtiger Faktor ist aber auch der, wieviel Energie wir einsetzen, um auf diesem Gebiet Erfolg zu haben, wieviel gefühlsmäßige Bedeutung wir dem Lernen zumessen oder wieviel Durchhaltevermögen wir bei der erfolgreichen Anlage unseres Kapitals und der Bildung von Reichtum aufbringen. Mehr als alles andere bestimmen diese Gefühle und Überzeugungen darüber, ob der Erfolg möglich ist oder nicht. Diese Gefühle und Überzeugungen sind die wichtigsten Faktoren, die beeinflussen, ob wir das, was wir gelernt haben, anwenden werden oder nicht. Wir müssen uns vor Augen führen, daß das gesamte Handeln des Menschen von Überzeugungen bestimmt wird.
Immer wieder versuchen Menschen, die finanzielle Entwicklung ihres Lebens zu ändern, versäumen es dabei aber, die wirklich grundlegenden Dinge anzugehen. Wir brauchen einen klaren Plan – einen Plan, wie ihn Tod Barnhart in seinen fünf Schritten dargestellt hat:

1. Bezahlen Sie sich selbst zuerst.
2. Streben Sie nach der Verwirklichung Ihres Traumes.
3. Halten Sie sich an einen Plan.
4. Setzen Sie Ihre Mittel ein.
5. Handeln Sie mit Wirkung.

Barnhart betont aber auch eine »unsichtbare Kraft« – jene Kraft, die bei Ihren grundlegenden Überzeugungen hinsichtlich Geld und Finanzen Einfluß darauf ausübt, ob Sie glauben, im finanziellen Reichtum zu leben oder nicht. Sein Buch kann durch seine verständliche, zutreffende und einfach zu befolgende Methode für Sie einen Schlüssel darstellen, der es Ihnen erlaubt, das zu überwinden, was Sie bisher aufgehalten hat. Er zeigt auf, was Sie tun müssen, was Sie behindern könnte und wie Sie dauerhafte und erfolgbringende Änderungen herbeiführen. Das Ergebnis wird sein, daß ein Gleichgewicht zwischen Ihren finanziellen Bedürfnissen und anderen wichtigen Bereichen Ihres Lebens erreicht wird: ein Gleichgewicht zwischen Ihren Bedürfnissen hinsichtlich Geist und Materie, zwischenmenschlichen Beziehungen und Zeitmanagement.
In seinen gutdurchdachten Ausführungen vermittelt Tod Barnhart seinen Lesern, welch aufregendes Gefühl es ist, in einer freien Marktwirtschaft zu leben und führt Ihnen stets die wirklichen Antriebskräfte unseres Handelns vor Augen: unseren Wunsch, unseren Beitrag innerhalb der Gesellschaft zu leisten und mit den Menschen und Partnern, die uns umgeben, gut zusammenzuarbeiten.
Ich bin stolz darauf, Tod Barnhart zu meinen Schülern zählen zu können, um nun zu sehen, wie er selbst zum Lehrmeister wird, und ich bin stolz darauf, daß er zu meinen Freunden zählt. Ich glaube fest daran: Mit diesem Buch wird er das Leben vieler Menschen auf der Erde beeinflussen.

Das Leben läßt sich nur dann verändern, wenn Sie das, was Sie lernen, auch umsetzen. Lesen Sie dieses Buch nicht einfach nur, sondern nutzen Sie Tod Barnharts Einsichten, sein Wissen und die Strategien, die er darstellt, um danach zu handeln. Wenn Sie sich entschließen zu handeln, bin ich sicher, daß dieses Buch Ihr erster Schritt auf dem Weg zu dem Reichtum sein wird, den Sie sich wünschen und den Sie verdienen. Leben Sie mit Leidenschaft.

Anthony Robbins

Reichtum:

Das Ziel, das wir alle verfolgen

Reichtum ist für uns nicht nur Mittel zu vergänglichem Ruhm, sondern eine Möglichkeit, Leistung zu erbringen; und Armut zuzugeben, so denken wir, ist keine Schande, allerdings eine wirkliche Erniedrigung, wenn keine Anstrengungen unternommen werden, sie zu besiegen.

Thukydides, um 400 v. Chr.

Israel 1955: Ein zehnjähriger Junge nimmt zum ersten Mal eine Geige in die Hand. Dieses Ereignis erscheint auf den ersten Blick wenig erwähnenswert, doch der Junge, um den es sich hier handelt, unterscheidet sich erheblich von anderen jungen Geigenspielern. Als Folge der Erkrankung an Kinderlähmung trägt dieser Junge an beiden Beinen Stützapparate, die jede Bewegung zur Qual machen. Sein Name ist Itzhak Perlman. Drei Jahre später wird er in die Vereinigten Staaten reisen, um seine Krankheit mit Hilfe einer Therapie zu bekämpfen, die auf den von Jonas Edward Salk erzielten Forschungsergebnissen beruht. Mit neunzehn wird er dann sein Debüt in der Carnegie Hall geben und in der Folge einer der bekanntesten Geiger seiner Generation werden. Diese Zukunft ist ihm an jenem Tag des Jahres 1955 natürlich noch nicht bekannt, kann ihm also während seiner mühsamen ersten Geigenstunde noch keinen Trost spenden.

Ungefähr zur gleichen Zeit schaltet der amerikanische Millionär Armand Hammer in seinem New Yorker Haus den Fernseher an, um Walter Cronkites Sendung *21st Century* zu verfolgen. Jonas Edward Salk wird zu seinem gerade gegründeten Salk Institute und zur Entwicklung der ersten wirksamen Schutzimpfung gegen Kinderlähmung befragt. Hammer greift sofort zum Telefon und vereinbart einen Termin mit dem Mann, der die Welt von dieser Krankheit befreien könnte.

> *Reichtümer sind nicht das Ziel des Lebens,*
> *sondern ein Mittel zum Leben.*
> Henry Ward Beecher

Hammer denkt noch weiter. Er glaubt, daß der Sieg über den Krebs die Entwicklung der Welt stark beeinflussen werde. Wie viele Musiker, Künstler und Wissenschaftler könnten vor dieser tödlichen Krankheit bewahrt werden und in die Geschichte eingehen! Bei dem vereinbarten Treffen fragt Hammer Salk daher: »Sehen Sie eine Möglichkeit, Krebs auf dieselbe Art zu bekämpfen wie die Kinderlähmung?«
Salk antwortet: »Theoretisch müßte es möglich sein, eine Schutzimpfung gegen Krebserkrankungen zu entwickeln. Dies würde aber einen immensen finanziellen Aufwand erfordern.« – »Wieviel?« – »Fünf Millionen Dollar für den Anfang.« Hammer antwortet, ohne zu zögern: »Gut, ich werde Ihnen die fünf Millionen Dollar zur Verfügung stellen. Gehen Sie an die Arbeit.« In der Folge des Gesprächs kommen die beiden Männer, von ihrer Vision geleitet, überein, das Center for Cancer Research am kalifornischen Salk Institute zu gründen.
Nach welcher Art von Reichtum streben wir? Handelt es sich um die Möglichkeit, konkret über etwas nachzudenken, das andere nicht einmal zu träumen wagen? Gedanken an den Sieg über den Krebs, über die Kinderlähmung oder über den Hunger auf der Welt zu verfolgen? Themen wie die Erforschung des Weltraums oder die Quantenphysik aufzugreifen? Den Reichen steht eine Möglichkeit offen, die den meisten Menschen verwehrt bleibt: Sie können fortwährend die mitfühlende, menschliche Seite ihrer Persönlichkeit ausleben. Sie haben die Macht, sich von kleinlichem und selbstsüchtigem Verhalten loszumachen und die Welt, in der sie leben, zu beeinflussen.

Wenn man Reichtum unter diesem Blickwinkel betrachtet, ist er nicht nur ein Zustand des Überflusses, sondern ein Zustand der Selbstlosigkeit. Diese Definition geht über die rein finanziellen Aspekte hinaus. Reich zu sein bedeutet nach dieser Interpretation auch, gesund, glücklich, mitfühlend und »gut« zu sein. Reichtum ist dann beides, ein Ausdruck von Macht und eine Übung in Barmherzigkeit – ein Werkzeug, dessen Wirkung wir teilweise beeinflussen, aber nie ganz beherrschen können.

Die Schritte zum Reichtum

Die meisten grundlegenden Aussagen über die Bildung von Reichtum stammen aus vergangenen Zeiten. John Jacob Astor sagte: »Reichtum ist zu einem großen Teil eine Frage der Gewohnheit.« Dieser Satz trifft den Kern der Sache. Ich habe zahllose Bücher über Finanzen gelesen, die beste Ausbildung genossen, welche die Wertpapierhäuser zu bieten haben, und viele reiche Menschen interviewt. Etwas, das mir im Zusammenhang mit diesen reichen Menschen immer wieder aufgefallen ist, ist die folgende Beobachtung: Sie handeln nicht von Zeit zu Zeit, wenn ihnen gerade danach ist, wie Reiche, nein, sie leben dauerhaft in einem Zustand des Reichtums. Sie wiederholen bestimmte Handlungen immer wieder und folgen dabei Verhaltensmustern, die es ihnen erlauben, einen beachtlichen Reichtum zu erwerben und aufrechtzuerhalten. In einem stetigen Kreislauf sparen, träumen, planen, investieren und spenden sie. Sie verhalten sich nicht immer wieder einmal wie ein reicher Mensch, sie *sind* reich.
Jeder, der sich näher mit den finanziellen Eliten beschäftigt, erkennt, daß hinter deren Gewohnheiten und Verhaltensweisen einige grundlegende Überzeugungen stehen. Auf den folgenden Seiten habe ich jede dieser Überzeugungen in einer

kurzen Aussage zusammengefaßt und stelle sie in den Zusammenhang der dazugehörigen Verhaltensweisen.
Bevor ich aber zu dieser sehr wichtigen Zusammenstellung komme, möchte ich eine ebenfalls wichtige Aussage über Geld machen, von der ich glaube, daß sie jeder mehr oder weniger teilt. Diese Aussage lautet:

> **Das Geld, das ich besitze, steht in direktem Zusammenhang mit dem, was ich für andere getan habe. Je mehr ich von mir selbst gebe, desto mehr wirtschaftliche Macht wächst mir zu – so unglaublich das auch klingen mag. Ich nehme diesen Wohlstand und Reichtum an und nutze die mir damit zur Verfügung stehende Macht verantwortungsvoll. Dieses Verhalten ermöglicht es mir, einen Teil des Reichtums, der durch meine Hände fließt, zu meinem eigenen Vorteil, zum Vorteil meiner Familie und meines Besitzes zu nutzen.**

Wenn Sie diesen Leitgedanken für sich bisher noch nicht anwenden, so sollten Sie dies von nun an tun. Glauben Sie daran, daß Sie reich sind. Sie sind es wirklich! Wenn Sie in einer Industrienation leben, dann sind Sie – und dies läßt sich auch ohne eine detaillierte Beurteilung Ihrer finanziellen Lage feststellen – reicher als die große Mehrheit der Menschen auf dieser Welt. Die meisten Amerikaner haben relativ wenig Schwierigkeiten, sich mit Nahrungsmitteln, Kleidung und Wohnraum zu versorgen. Amerikanern stehen Straßen, Bibliotheken, Museen und der öffentliche Personennahverkehr entweder umsonst oder zu einem geringen Preis zur Verfügung. Man verliert leicht die Perspektive und vergißt dann, daß 25 Prozent der Weltbevölkerung mit weniger als 200 Dollar im Jahr auskommen müssen und 90 Millionen Menschen weniger als 75 Dollar jährlich zur Verfügung haben.
Unter finanziellen Gesichtspunkten ist Reichtum ein Maß für

die Werte, die wir für andere schaffen, und damit ein Ergebnis dessen, was wir leisten. Leider ist aber zu beobachten, daß viele Menschen ihr Leben lang hart arbeiten und doch keinen finanziellen Erfolg haben. In einer Welt der unbegrenzten Möglichkeiten, in der weder Vorbilder noch die Möglichkeit, sich in finanziellen Fragen beraten zu lassen, fehlen, gelingt es vielen nach wie vor nicht, ihre finanzielle Unabhängigkeit zu sichern. Genau diese Erkenntnis hat mich dazu gebracht, mir während meiner beruflichen Tätigkeit immer wieder Fragen wie die folgenden zu stellen: Wie gelingt es einzelnen, die scheinbar nicht über besondere Fähigkeiten, Begabungen oder Beziehungen verfügen, riesige Reichtümer anzuhäufen und zu bewahren, während die Mehrheit der Bevölkerung in finanzieller Abhängigkeit verbleibt? Was machen die wenigen Reichen anders? Welche Gewohnheiten haben sie angenommen, die ihnen die Verwirklichung ihrer Träume ermöglichen? Schließlich – und diese Frage ist genauso wichtig: Was tun die, denen der finanzielle Erfolg verwehrt bleibt, *nicht?*

Schwerwiegende Fragen – auf die es aber verblüffend einfache Antworten gibt.

Viele reiche Menschen könnten tatsächlich innerhalb von fünf Minuten erklären, wie man in den Genuß von finanziellem Reichtum kommt. Das Problem ist nur, daß die meisten Menschen jene einfachen Gewohnheiten, die ihnen fast augenblicklich finanzielle Unabhängigkeit schenken würden, nicht annehmen. Sollten Sie sich aber fest dazu entschließen, dann wird Sie, das verspreche ich Ihnen, der Reichtum bis an das Ende Ihrer Tage nicht mehr verlassen. Wenn Sie dies nicht glauben können, fordere ich Sie dazu auf, die in diesem Buch enthaltenen Grundsätze in die Praxis umzusetzen. Mir ist bis heute noch niemand bekannt, der seine finanzielle Freiheit nicht errungen hätte, nachdem er diese Vorschläge in der einen oder anderen Art beherzigt hat. Es ist an der Zeit, daß auch Sie es versuchen.

Fallen auf dem Weg zum Reichtum

Bei der Suche nach den Gründen für den Mangel an Erfolg, unter dem die einen bei ihrem Streben nach finanzieller Unabhängigkeit leiden, während andere riesige Reichtümer anhäufen und Werte für andere Menschen schaffen, habe ich einige der Fallen entdeckt, in die Menschen laufen und die sie davon abhalten, ihre finanziellen Ziele zu erreichen. Diese »Fallen auf dem Weg zum Reichtum« berauben tragischerweise Millionen von Menschen ihrer finanziellen Sicherheit. Und das schlimmste daran ist, daß die schlechten Gewohnheiten von Generation zu Generation weitergegeben werden, weil die meisten dieser Fallen einfach nicht entdeckt werden. In diesem Buch geht es darum, diese Fallen zu erkennen, und dann zu vermeiden, in sie hineinzutappen. Zu diesem Zweck müssen neue Verhaltensmuster eingeübt und Grundeinstellungen erworben werden.

Meiner Meinung nach gibt es fünf wichtige Fallen, die auf dem Weg zum Reichtum drohen:

① Es wird versäumt, die Bildung von Reichtum zur Priorität zu erklären, wobei die schon vorhandenen Mittel nicht zielgerichtet eingesetzt werden.

② Es wird nicht die berufliche Tätigkeit gesucht, die unserer Persönlichkeit am besten entspricht und die zu voller Zufriedenheit führen würde.

③ Es werden keine Ziele gesetzt, und Pläne für die finanzielle Zukunft werden auch nicht entworfen.

④ Es wird versäumt, das System der freien Marktwirtschaft zu unserem und unseres Geldes Vorteil zu nutzen.

⑤ Das vorhandene Geld wird nicht da eingesetzt, wo es für uns und andere Werte schaffen kann.

Erste Falle:
Das Versäumnis, die Bildung von Reichtum zur Priorität zu erklären und die schon vorhandenen Mittel zielgerichtet einzusetzen.

Die größte Hemmschwelle auf dem Weg zur *passiven* Bildung von Reichtum ist eindeutig das Zaudern der Menschen. Die Zeit arbeitet durch Zins und Zinseszins für den Anleger. Ihr angelegtes Geld wächst, wenn Sie es nur lange genug arbeiten lassen, exponentiell, vergleichbar etwa einem Schneeball, der einen Gebirgshang hinabrollt. Und wenn Sie nicht so schnell wie möglich mit dem Sparen beginnen, kommen Sie nicht in den vollen Genuß jenes Effekts. Diesen Zusammenhang möchte ich Ihnen an einem Beispiel verdeutlichen.

Wenn ich Ihre gute Fee wäre und Ihnen die Wahl zwischen zwei Wünschen lassen würde, für welchen würden Sie sich entscheiden? Für eineinhalb Millionen Mark bar auf die Hand oder für einen magischen Pfennig, der sich jeden Tag verdoppelt?

Sie kennen dieses oder ein ähnliches Beispiel vielleicht – wahrscheinlich hat man es Ihnen schon in Ihrer Kindheit erzählt. Aber selbst wenn es Ihnen schon bekannt ist – lassen Sie sich erneut auf die Überlegung ein. Sollten Sie es dagegen noch nicht kennen, dann finden Sie hier die Antwort.
Vor die Wahl gestellt, würden sich die meisten Menschen für die eineinhalb Millionen Mark sofort und in bar entscheiden. Das wäre nicht einmal eine schlechte Wahl, denn immerhin sind eineinhalb Millionen eineinhalb Millionen. Die weitsichtigere Entscheidung würde aber zugunsten des magischen Pfennigs fallen, der sich jeden Tag verdoppelt. Lassen Sie uns seine Entwicklung einmal verfolgen.

Der magische Pfennig	
2. Tag:	2 Pfennig
3. Tag:	4 Pfennig
4. Tag:	8 Pfennig
Und ab hier wird die Sache wirklich interessant:	
28. Tag:	1 342 177,00 Mark
29. Tag:	Mehr als 2,6 Millionen Mark
38. Tag:	Etwas über 1 Milliarde Mark
45. Tag:	Weit über 1 Trillion Mark – das sind zwölf Nullen!

Der Sinn des Beispiels wird klar: Nach einigen Monaten gehört einem auf diese Weise das ganze Universum. So einfach dieses Beispiel auch gestrickt ist, so ungemein wertvoll ist seine Aussage. Zeit ist der Schlüsselfaktor für Zins und Zinseszins. Der wirkliche Erfolg tritt – in Form des Schneeballeffekts – erst in späteren Jahren ein, wenn sich das Sparverhalten schon ausgeprägt hat. Sie sollten alles dafür tun, die richtige Einstellung dafür schon jetzt zu entwickeln. Natürlich wird sich Ihr Geld nicht täglich verdoppeln, doch das zu erzielende Ergebnis ist fast genauso verblüffend.

Als Finanzberater habe ich viele Menschen getroffen, die erst spät in ihrem Leben begonnen haben, das Sparen als eine Möglichkeit zu betrachten, Reichtum anzusammeln. Diese müssen dann in einer kurzen Zeit große Anstrengungen unternehmen, um für den Lebensabend genug Geld zusammenzubringen. Hatten sie früher gezaudert, so zahlen sie jetzt den Preis für ihr Zaudern.

Viel zu oft kümmern wir uns um Dinge erst dann, wenn der Schaden schon eingetreten ist. Nur das, was ganz dringend ist, wird bearbeitet: Die Stromrechnung wird bezahlt, kurz bevor das Licht abgeschaltet wird; wir heben den Hörer ab, wenn das Telefon klingelt; es muß ein neues Auto her – und

> *Was für ein Wahnsinn, Angst davor zu haben, alle Zeit auf einmal zu verschwenden und gar nicht darauf zu achten, wie sie in Blöcken und stückweise verschwendet wird.*
> John Howe

zwar heute noch. Dann ist da noch der Ausverkauf im Bekleidungshaus. Der Bericht – er hätte gestern fertig sein müssen!

Einige dieser Dinge sind wirklich wichtig, andere lenken uns nur ab. Unglücklicherweise kümmern wir uns auch um an sich ganz Unwichtiges sofort, nur um es dann erledigt zu haben. Und da unsere Zeit begrenzt ist, neigen wir manchmal dazu, etwas, das noch nicht brandeilig erscheint, für ein langfristig erfülltes und zufriedenes Leben aber immens wichtig ist, auf die lange Bank zu schieben.

Denken Sie einmal fünf Minuten über die folgende Frage nach. Sie lautet: Wie oft kümmern Sie sich um wirklich wichtige Dinge wie Familie, Persönlichkeitsentwicklung, finanzielle Freiheit, und wie oft widmen Sie sich statt dessen Problemen, die langfristig fast keine Rolle spielen? Jetzt ist es an der Zeit, dieses schädliche Zaudern zu beenden. Schon Goethe sagte: »Dinge, die wirklich wichtig sind, dürfen nicht unter den Dingen leiden, die am unwichtigsten sind.«

Ich glaube, daß finanzielle Sicherheit für viele Menschen einen hohen Stellenwert genießt. Dieses Thema erscheint ihnen nur nicht allzu dringend, bis sie schließlich älter werden und die Pensionierung naht – und dann ist es in einigen Fällen einfach zu spät. Fällen Sie jetzt ganz bewußt die Entscheidung, weniger Zeit und weniger finanzielle Mittel für »Notfälle« aufzuwenden, die keine sind, und sich mehr auf das zu konzentrieren, was zwar weniger dringend erscheint, tatsächlich aber wirklich wichtig ist. Bedenken Sie beispiels-

> *Wenn Sie hoffen, Ihre Unabhängigkeit mit Geld erreichen zu können, werden Sie sie nie erringen. Die einzige wirkliche Sicherheit, die ein Mensch erwerben kann, ist ein Vorrat an Wissen, Erfahrung und Können.*
>
> Henry Ford

weise: Als Anleger profitieren Sie von der Zeit. Lassen Sie daher die Zeit nicht nutzlos durch Ihre Hände rinnen, weil Sie denken: »Eines Tages fange ich an, für meine Zukunft zu sparen.« Eines Tages wird auf diese Weise schnell zum Nimmerleinstag.

Ein anderer Gedanke, von dem man sich im Zusammenhang mit finanziellen Fragen lösen muß, ist der, mehr, mehr und noch mehr zu erreichen – das Streben, mit »Müllers mitzuhalten«, kann einen jedenfalls auffressen. Dann wiederum wollen viele Menschen mit dem Heiraten, dem Kinderkriegen, mit sonstigen Zukunftsplänen warten, sie also hintanstellen, bis sie finanziell auf einer sicheren Basis stehen. Die Realität zeigt aber, daß diese sichere Basis nie wirklich erreicht wird – nicht, wenn Ihre Entwicklung »normal«, das heißt kontinuierlich, vorangeht. Der »ideale« Zeitpunkt für den Übergang zu einem grundsätzlich anderen Ausgabeverhalten und den Beginn von Ausgabendisziplin wird nie kommen.

Worum es mir geht, ist Ausgabenkontrolle, ist eine Art von »Budgetierung«. Ein passenderes Wort fällt mir nicht ein, und mir ist klar, welch unangenehme Assoziationen dieses Wort auslöst. Es impliziert Kämpfen und Verzicht und große Opfer. Genauso habe ich es auch empfunden, bis ich einen Versuch gewagt habe – und Erfolg hatte. Meiner Meinung nach stellt Budgetierung keine Fußfessel dar, sondern eine Befreiung. Ich will Sie nicht zu Verzicht auffordern, sondern

Sie dazu bewegen, Ihre Ausgaben unter Kontrolle zu bringen und dadurch all das möglich zu machen, was Sie bisher aufgeschoben haben.

Auf den Ratschlag, sich ein Budget aufzustellen, reagieren die meisten Menschen mit dem Hinweis: »Ich habe aber nicht genug Geld.« Tatsächlich haben aber die meisten mehr, als sie denken; was fehlt, ist, sich dessen bewußt zu werden. Mehr Geld zu verdienen ist allein keine Lösung. Die traurige Wahrheit ist nämlich folgende: Wenn Ihr Kontrollmechanismus nicht mehr greift, werden Sie auch zusätzlich verdientes Geld schnell ausgeben. Wundern Sie sich nicht von Zeit zu Zeit darüber, wie viele reiche und berühmte Menschen Geldsorgen haben? Das liegt einfach nur daran, daß diese Personen die Grundlagen des Reichtums noch nicht einmal in Ansätzen verstanden haben. Ein unvernünftiges Ausgabeverhalten richtet, wenn plötzlich das Doppelte an Geld zur Verfügung steht, nur doppelt soviel Schaden an.

Nahezu jeder von uns kennt Menschen, die finanziell permanent in der Klemme stecken und ständig – selbst wenn sie sich einmal »befreit« haben – auf die nächste Schwierigkeit zusteuern. Haben Sie nicht auch schon bemerkt, daß die finanziellen Probleme solcher Menschen mit jeder falschen Ausgabe größer und größer werden? Dieses Verhalten gleicht einer schlechten Angewohnheit und führt schließlich zum finanziellen Ruin. Bedauerlicherweise glauben die meisten Betroffenen auch noch, sie träfe gar keine Schuld. Sie glauben, daß sie, wenn sie den Engpaß »nur noch dieses eine Mal« überwunden haben, alle Schwierigkeiten ausgestanden hätten und wieder auf dem richtigen Weg sein würden. In diesen Fällen muß ganz klar gesagt werden, daß es wenig nützt, dem Problem mit noch mehr Geld zu begegnen. Anstatt den Betroffenen einen Fisch zu geben, sollten wir ihnen beibringen, selbst zu angeln.

Was fällt Ihnen ein, wenn Sie an reiche Menschen denken?

Wahrscheinlich denken Sie an Yachten, exklusive Anwesen an exotischen Orten, an viel Freizeit und teure Wagen. Dies ist ein gängiges Bild, das sich natürlich auch in so mancher Fernsehserie wiederholt. Zutreffend ist es aber nur für einige Superreiche, zumeist solche, die ihren Reichtum ererbt haben. Meine eigenen Nachforschungen haben ergeben, daß dieses Bild in den meisten Fällen wenig mit der Realität gemein hat.

Ein zutreffenderes Bild des durchschnittlichen Millionärs, der sich seinen Reichtum selbst erarbeitet hat, sieht folgendermaßen aus: eine Person mittleren Alters, die einen Mittelklassewagen fährt, die Ärmel von des Tages Arbeit noch hochgekrempelt hat, wahrscheinlich seit zwanzig Jahren mit derselben Frau verheiratet ist, zur Kirche geht, höchstwahrscheinlich selbständig ist, Kinder und Enkelkinder hat, zehn Stunden täglich arbeitet – und damit ausgesprochen zufrieden ist. Dieses Bild stimmt mit Sicherheit nicht mit den gängigen Vorstellungen von reichen Menschen überein, aber es trifft meist zu. Jene Millionäre sind die Grundlage und das Herz unserer Finanzwelt. Sie arbeiten hart, gehen zur Wahl, investieren, zahlen Steuern und sind in ihrer Gemeinde engagiert. Es handelt sich um normale Menschen, die im Laufe der Zeit ihre Ziele erreicht haben. In den Vereinigten Staaten beispielsweise leben heute über eine Million dieser »gewöhnlichen« Millionäre (mit einem Nettovermögen von drei bis fünf oder mehr Millionen Dollar).

Natürlich sind eine Million Dollar auch nicht mehr das, was sie einmal waren. Heutzutage beginnt die Gruppe der »wirklich Reichen« bei zehn Millionen Dollar und die der »Superreichen« bei fünfzig Millionen Dollar. Vielleicht haben Sie selbst gar nicht das Ziel, reich zu sein, doch eines ist sicher: Die Bildung von Reichtum verlangt Wissen, Disziplin und Anstrengung. Der erste Schritt auf dem Weg zur Erreichung jedes finanziellen Zieles ist es wiederum, die Mittel, die Sie schon besitzen, in den Griff zu bekommen und sie dazu einzusetzen, die finanziell gesicherte Zukunft zu verwirklichen, die Sie sich vorstellen.

Zweite Falle: Das Versäumnis, eine berufliche Tätigkeit anzustreben, die unserer Persönlichkeit am besten entspricht und zu voller Zufriedenheit führt.

Bei meinen Recherchen für dieses Buch habe ich herausgefunden, daß die meisten reichen Menschen ihre Arbeit lieben. Die Mehrzahl ist selbständig und besitzt ihr eigenes Unternehmen, und Arbeit hat für sie, einmal abgesehen vom Zusammensein mit den Menschen, die sie lieben, die absolute Priorität. Ich hatte immer geglaubt, es sei nicht gerade normal, seine Arbeit so sehr zu mögen, und ich dachte, daß Reiche Geld so hoch schätzen, daß sie alles Erdenkliche dafür tun würden. Doch ich habe herausgefunden, daß genau das Gegenteil der Fall ist: Die reichen Menschen sprachen über die Arbeit, die sie in ihrem Bereich leisten, über ihre Angestellten und ihre Kunden – und fast nie über das Geld, das sie mit ihrer Tätigkeit verdienten. Es war nicht das Geld, auf das sie stolz waren, sondern es war ihre Leistung. Angetrieben wurden sie von der Möglichkeit, ihrer Arbeit bzw. ihrem Unternehmen das Fortbestehen über ihren eigenen Tod hinaus zu sichern bzw. ihr Vermögen an einen Erben weiterzugeben. Zusammengefaßt könnte man feststellen: Diese erfolgreichen Menschen wurden von etwas angetrieben, das weit über die Sicherung ihres Lebensunterhalts hinausging. Sie glaubten an das, was sie taten, und trachteten danach, ihre Pläne umzusetzen. Ihre Motivation zum großen Erfolg schöpften die von mir Befragten nicht aus dem Geld, sondern aus einer Vision, aus einem Traum, an den sie glaubten.

Robert Fulgheim, der Verfasser von *All I Really Need to Know I Learned in Kindergarten*, hat es so ausgedrückt: »Ich war immer überzeugt, ... daß jeder Geld verdienen kann. Die wirkliche Schwierigkeit liegt darin, ein lebenswertes Leben zu führen.« Sehr erfolgreiche Menschen scheinen intuitiv zu erkennen, daß der Schlüssel zum Erfolg in einer Aufgabe liegt, die positiv auf andere wirkt und die größer ist als sie selbst.

Daraus folgt, daß eine der Fallen, in der man sich auf dem Weg zum Reichtum am ehesten verfängt, in der Arbeit liegt, die man täglich verrichtet. Sehr viele Menschen haben einen Job und heben die Nase die meiste Zeit ihres Lebens nicht vom Boden. So sehen sie dann auch nicht, ob sie sich der Verwirklichung ihres Traumes nähern oder sich davon entfernen. Ich kann nicht glauben, daß es unser Lebenszweck als Mensch sein soll zu arbeiten, um Rechnungen zu bezahlen. Ich glaube, daß wir der Menschheit mehr zu geben haben, etwas ganz Besonderes, das den Schlüssel zu lebenslangem Wohlstand und Glück in sich birgt – ein Schicksal. Aufgabe eines jeden ist es daher wohl, die besondere Begabung, die er besitzt, zu erkennen, und diese dann zu entwickeln.

Ich will diese besondere Begabung, die uns in positiver und produktiver Weise antreibt, *Lebenswerk* nennen. Das klingt zwar vielleicht ein wenig zu philosophisch, die Tatsachen ändert es jedoch nicht: Jeder, der größeren Erfolg, Reichtum oder Ruhm errungen hat, glaubte in seinem tiefsten Inneren, daß er eine Art von Vision umsetzte. Wenn Sie nicht der Überzeugung sind, daß das, was Sie täglich tun, von Bedeutung für Sie selbst, Ihre Kunden, Ihre Familie oder Ihr Unternehmen ist, sollten Sie Ihre Lage ändern. Sie müssen etwas finden, das Sie wirklich antreibt, eine Arbeit, von deren unglaublichen Möglichkeiten Sie überzeugt sind. Sie müssen mit Ihrem ganzen Einsatz die Tätigkeit suchen, die Sie von morgens bis abends arbeiten läßt, weil Ihnen an Ihrem Erfolg wirklich etwas liegt. Sie müssen etwas finden, das den Einsatz lohnt, etwas, das Sie gern mit Ihrem Namen in Verbindung gebracht sehen möchten.

Viel zu viele Menschen suchen nicht einmal nach diesem

»Lebenswerk«. Sie wünschen sich zwar ein erfüllteres Leben, wollen auch eine Veränderung, stehen aber jeden Morgen widerwillig auf, um ihren Lebensunterhalt zu verdienen. Und genau das erreichen sie auch: Es reicht gerade für den Lebensunterhalt, für viel mehr jedoch nicht. Diese Menschen erreichen nie das Niveau von Erfüllung, Freude und Reichtum, weil sie sich einer Sache widmen, die viel Zeit und Energie verbraucht – und die ihnen einen gerade ausreichenden Lebensunterhalt sichert.

Verstehen Sie mich nicht falsch: Ich behaupte nicht, daß es leicht wäre, sich aus den Fesseln einer stumpfsinnigen Alltäglichkeit zu befreien. Seinen Platz in dieser Welt zu sichern erfordert ein großes Maß an Liebe, an Begeisterung und an Hingabe an die Sache, die Ihnen viel bedeutet. Wenn Sie diese Voraussetzungen aber erfüllen, wird Sie Ihre Umwelt dafür in reichem Maße belohnen. Mit Ihrer Begeisterung werden Sie eine ganz neue Produktivität erreichen und so Dinge zustande bringen, die Ihnen kein anderer nachmachen kann.

Dritte Falle: Das Versäumnis, Ziele zu setzen und Pläne für die finanzielle Zukunft zu entwerfen.

Ist Ihnen klar, daß die meisten Menschen mehr Zeit in die Vorbereitung eines zweiwöchigen Urlaubs als in die Planung ihrer finanziellen Zukunft investieren? Viele denken über ihre finanzielle Entwicklung überhaupt nicht nach, in die Planung des bevorstehenden Wochenendurlaubs investieren sie aber fünf, sechs oder noch mehr Stunden. Einige wenige Stunden mit ihrem Broker oder Finanzberater oder einfach nur mit Nachdenken verbrachte Zeit könnten den Grundstein für lebenslangen finanziellen Erfolg legen. Doch trotz des geringen Aufwands sind die meisten Menschen »zu beschäftigt«, um die Schritte zu unternehmen, die es ihnen erlauben würden, auch auf finanziellem Gebiet Erfolg zu haben. Intuitiv wissen wir alle, daß Sparen und richtige Planung uns zum gewünschten Ziel bringen würden, und die meisten von uns wissen auch, daß Zeit und eine Änderung unserer Gewohnheiten für uns vorteilhaft wären. Warum also haben nicht mehr Menschen finanziellen Erfolg? Ich glaube, es liegt daran, daß die Wichtigkeit von Zielen unterschätzt wird.

Der zentrale Punkt bei der Festlegung von Zielen ist der folgende: Wenn Ihnen nicht klar ist, wohin Sie sich bewegen, werden Sie nie wissen, wann Sie angekommen sind oder ob Sie überhaupt in die Richtung des Ziels gehen.

Planung und Zielsetzung sind außerordentlich wichtig und nützlich. Ich halte beispielsweise alle meine Ziele in einem Tagebuch fest. Ich schreibe auch auf, warum ich diese Ziele erreichen will und welche Kosten bis zu ihrer Erreichung zu erwarten sind. Diese Methode ist außerordentlich wirkungsvoll, denn wenn Sie gute Gründe haben, die für ein bestimmtes Ziel sprechen, werden Sie auch einen Weg finden, es zu erreichen. Und falls Sie erkennen sollten, daß die Kosten wohl zu hoch werden (bzw. das Ganze zu zeitraubend, zu teuer, zu risikoreich ist), können Sie das Ziel gleich aufgeben und so wertvolle Zeit und Energie sparen. Dieses Verfahren ist ein Grund dafür, daß ich bisher jedes Ziel, daß ich schriftlich »begleitet« habe, auch erreicht habe. Die wenige Zeit, die ich in die Analyse des eventuellen Erfolgs und der eventuellen Kosten investiert habe, hat es mir ermöglicht, von vornherein zu entscheiden, ob ein Ziel die mit seiner Erreichung verbundenen Kosten und Anstrengungen rechtfertigen würde.

Vielleicht haben Sie schon einmal gehört, daß ein Ziel, das nicht schriftlich festgehalten ist, eher einen Wunsch als ein Ziel darstellt. Sie sollten aber nicht nur wünschen und hoffen, daß sich die Dinge in Ihrem Sinne entwickeln mögen. Stellen Sie einen Plan auf – und setzen Sie ihn um. Machen Sie sich klar, welche Kosten auf Sie zukommen . . . und wenn

die Aussichten lohnend erscheinen, sollten Sie nicht zögern. Viel zu viele Menschen erreichen ihre Ziele nie, weil sie entweder nicht ausreichend dahinterstehen oder aber die Kosten unterschätzen. Sie setzen sich Ziele wie: Ich will eine Villa, einen Porsche, einen Privatjet, den Weltfrieden, eine intakte Familie. Alle diese Dinge sind wahrscheinlich sogar erreichbar, sie sind aber mit hohen Kosten und enormem Einsatz verbunden. Bevor Sie sich ein Ziel setzen, sollten Sie sich darüber klarwerden, ob Sie den Preis für dessen Erreichung auch zahlen wollen. Wenn Sie sich nach dieser Überlegung dann für ein Ziel entschieden haben, werden Sie erstaunt sein, was Sie alles erreichen können.
Erinnern Sie sich, wann Steven Spielbergs Film ›E. T.‹ im Kampf um die Oscars dem Film ›Gandhi‹ unterlag? Erinnern Sie sich an die letzte Folge der Serie ›M*A*S*H‹? Ich erinnere mich daran, als ob es gestern gewesen wäre. Es war im Jahr 1983! Die Zeit ist erstaunlich schnell vergangen. In den nächsten zehn Jahren werden Millionen – vielleicht auch Milliarden – von Menschen Erfolg oder Mißerfolg kennenlernen. Einige werden sich in finanzieller Abhängigkeit aus dem Arbeitsleben zurückziehen, andere werden riesige Vermögen anhäufen, ihre Träume realisieren und auch Dritten ermöglichen, viel zu verdienen. Lassen Sie keinen Tag mehr bis zum Beginn der Umsetzung Ihrer eigenen Pläne verstreichen. Nutzen Sie dieses Buch als ein Werkzeug, und beschäftigen Sie sich regelmäßig mit ihm. Das wichtigste aber ist: Nutzen Sie Ihren eigenen Willen, um einen Plan für Ihre finanzielle Zukunft auszuarbeiten. Sie brauchen diesen Plan. Wenn Sie ihn richtig aufstellen und befolgen, werden Sie schon bald die ersten Früchte Ihres verdienten finanziellen Erfolgs ernten.

Vierte Falle: Das Versäumnis, das System der freien Marktwirtschaft zu unserem und unseres Geldes Vorteil zu nutzen.

In der heutigen Zeit werden jeden Tag Menschen Millionäre, werden neue Technologien in kürzester Zeit entwickelt. An den Börsen der Welt werden Millionen Dollar gewonnen und verloren – und das oft schon vor 10 Uhr morgens. Im heutigen weltweit verbundenen Wirtschaftssystem müssen Sie weder ein Erfinder noch ein Finanzgenie sein, um finanziellen Erfolg zu haben. In einigen Fällen reicht es aus, sich an die anzuhängen, die eine Begabung zur Schaffung von Reichtum haben. Der beste mir bekannte Weg, Ihr Geld so hart arbeiten zu lassen, wie Sie selbst es auch tun, ist der Aktienmarkt. Dieser ist durch eine Vielzahl von Fonds zugänglich.

Mir ist klar, daß allein der Gedanke an die Anlage in Aktien viele Menschen erschauern läßt. Ich denke aber nicht an Spekulation, sondern mir geht es einfach darum, vom phantastischen System der freien Marktwirtschaft zu profitieren. Dieses System erlaubt es, über den Aktienmarkt in Firmen, in das fähige Management und in die Technologien zu investieren und am Gewinn beteiligt zu sein.

Vor Jahren sind Sie vielleicht an einer Reklame für Satellitentelefone vorbeigefahren und haben sich gesagt: »Mensch, ich bin mir sicher, daß diese Dinger in wenigen Jahren in jedem Auto und in jeder Aktentasche stecken werden.« Wenn Sie nach dieser Feststellung nicht Aktien eines Unternehmens gekauft haben, das Satellitentelefone herstellt, sollten Sie von Rechts wegen erschossen werden! (Das nur am Rande!) Sollten Sie vor zehn Jahren in einem der Warenhäuser der großen Kaufhauskette Wal-Mart gewesen sein und die Meinung gehabt haben, daß es sich um einen tollen Laden handelt, und sollten Sie trotz dieser Einschätzung keine Wal-Mart-Aktien gekauft haben, sollte man Sie aufhängen! (Bitte tun Sie es nicht, diese etwas drastischen Beispiele dienen nur zur Illustration.) An fast allen neuen Entwicklungen, Produkten und Dienstleistungen, die nachgefragt werden, können Sie durch den Kauf von Aktien teilhaben. Sie können Eigentümer eines Teils des Unternehmens werden, ohne

auch nur einmal selbst Hand anzulegen, wenn es um die Entwicklung und den Verkauf des Produktes geht. Es ist einfach faszinierend.
Es mag übertrieben klingen, ich glaube aber wirklich daran:
Noch niemals in der Geschichte hatten so viele Menschen die Möglichkeit, reicher zu werden, als sie es sich in ihren verwegensten Träumen vorstellen können. Langfristig zu investieren ist einfach: Sie heben den Hörer ab und weisen Ihre Bank an, Aktienfonds für Sie zu erwerben. Und wenn Sie nicht genau wissen, was Sie tun können, dann ziehen Sie Fachleute zu Rate. Die Dienste der besten Anlageberater der Welt stehen Ihnen für Pfenniganteile an jeder investierten Mark zur Verfügung. Das ist wirklich preiswert!
Warum nutzen nur so wenige Menschen die Mechanismen des freien Marktes dazu, finanziellen Gewinn zu erzielen? Auf diese Frage gibt es meiner Meinung nach eine ganz einfache Antwort: Unwissenheit. Viele Menschen beschäftigen sich überhaupt nicht mit der Funktionsweise der Finanzmärkte, und auch die Schulen vermitteln nur selten die Grundlagen der Wirkungsweise von Märkten. In vielen Fällen ist dieser Mangel an Wissen dafür verantwortlich, daß sich Hoffnungen und Träume nicht erfüllen. Und in diesem mangelnden Wissen des Durchschnittsbürgers lag auch der Grund für meinen Wunsch, dieses Buch zu schreiben.

Fünfte Falle: Das Versäumnis, das Geld da einzusetzen, wo es für uns und andere Werte schaffen kann.

Ja genau, hier geht es um Spenden. Ich glaube, daß der verbreitetste Fehler, den Menschen auf dem Weg zum Reichtum machen, der ist, daß sie zuwenig abgeben. In einer Welt, in der permanenter Wettbewerb herrscht und in der wir immer damit beschäftigt sind, um unseren Anteil am Reichtum zu kämpfen, vergessen wir manchmal, uns an unserem Wohlstand und unserem Reichtum zu erfreuen. Wir vergessen, etwas zurückzugeben, und manchmal horten wir sogar. Wir streben nach dem, was uns das Geld unserer Meinung nach ermöglichen soll: nach Wertschätzung, nach Macht, nach mehr Möglichkeiten und nach Freiheit, nach Sicherheit und nach dem Spaß, den Geld ermöglicht. Ins Grab mitnehmen können wir unser Geld aber nicht, und horten nützt niemandem etwas.

Finanzieller Erfolg verlangt, wenn Sie ihn erst einmal errungen haben, daß Sie ihn für eine lohnende Sache einsetzen. Dieser Einsatz hat dann mehrere Auswirkungen. Zunächst wäre in diesem Zusammenhang die Freude daran zu nennen, auf etwas Einfluß zu nehmen. Zu wissen, daß man dazu beigetragen hat, diese Welt ein bißchen zu verbessern, ist ein ganz unglaubliches Gefühl. Zweitens zeigt Ihnen eine Spende, die Sie machen, daß Sie wirklich ausreichend Geld haben, und befreit Sie von dem Druck, der auf Ihnen lastete – Sie erkennen, daß Ihre Bedürfnisse wirklich gestillt sind und daß Sie genug haben. Und drittens: Auch wenn dies natürlich nicht der wichtigste Grund für eine Spende sein soll, ermutigt eine Spende eventuell andere dazu, auch Ihnen gegenüber großzügig zu sein, in einigen Fällen in weit größerem Maße, als Sie es selbst gewesen sind.

Ich bin der Meinung, daß jeder von uns versuchen sollte, zehn Prozent seines Einkommens zu spenden. Ich weiß wohl, daß es schwierig ist, diesen Vorsatz umzusetzen, aber er kann zu großem Erfolg führen. Zehn Prozent sind nicht die magische Zahl für Spenden, aber zehn Prozent sind sowohl ein großzügiger als auch tragbarer Satz, und aus diesem Grunde werden sie auch seit langem als der Anteil am Einkommen genannt, der gespendet werden sollte.

Die Spenden und die damit geleistete Hilfe für andere fällt oft mehrfach auf Sie zurück. Ich habe schon oft erfahren, daß dies wirklich so ist, und ich bin sicher, daß auch Sie von derartigen Fällen wissen. Die Menschen neigen dazu, an diese

Gesetzmäßigkeit des Reichtums zu glauben. Natürlich fällt der Schritt nicht leicht, dann tatsächlich zum Scheckheft oder Überweisungsformular zu greifen. Die meisten Menschen schieben die Spende vor sich her und reden sich ein, daß sie, sowie sie »reich« geworden sind, eine Stütze der Gemeinschaft sein werden und viele gute Taten vollbringen können. Vergessen Sie aber nicht, daß Sie die Gewohnheiten, die Sie jetzt annehmen, wahrscheinlich Ihr gesamtes Leben lang haben werden. Wie wahrscheinlich ist es, daß Sie Ihre mangelnde Spendenbereitschaft überwinden, wenn Sie erst zu Geld gekommen sein werden?

Natürlich kann ich Ihnen keine konkreten Zahlen anbieten, die wiedergeben würden, welche Gegenleistungen Sie erhalten könnten, wenn Sie regelmäßige Spenden zu einem Teil Ihres täglichen Lebens machen würden. Ich kann Ihnen aber folgende Geschichte erzählen...

Die meisten Menschen würden den Bankier, Finanzier und Philanthropen J. P. Morgan, der um die Jahrhundertwende seine größten Erfolge hatte, als einen der reichsten Männer in der amerikanischen Geschichte bezeichnen. Während eines Besuches der medizinischen Fakultät Ivy League wurde Morgan um eine finanzielle Unterstützung für den Bau neuer Institutsgebäude gebeten. Morgan hatte wenig Zeit und bat die Mitarbeiter, ihm nur kurz die Baupläne der neuen Gebäude zu zeigen. Kaum waren die Pläne ausgerollt, tippte Morgan auf drei Gebäude, erklärte: »Ich spende jenes, das dort und dieses hier« – und hatte den Raum verlassen, noch ehe ein Wort des Dankes ausgesprochen werden konnte.

Das ist Macht! Genau darum geht es im Zusammenhang mit Reichtum. Es geht um die Möglichkeit, mit einem Fingerzeig zu etwas beizutragen – vielleicht sogar zu einem großen Fortschritt für die Menschheit. Und wenn Sie nun denken, daß J. P. Morgan erst großzügig wurde, nachdem er ein großes Vermögen erworben hatte, irren Sie sich und haben außerdem rein gar nichts verstanden. Tatsächlich verhält es sich nämlich folgendermaßen: Die Möglichkeit, entscheidend auf die Entwicklung der Welt einzuwirken, war es, die Morgan dazu motivierte, seinen phantastischen Reichtum anzuhäufen.

Auch wenn Sie nichts von dem behalten, was ich zu gemeinnützigen Spenden geschrieben habe, so sollten Sie doch versuchen, sich folgende Frage einzuprägen: »Fällt es leichter, ein Zehntel des Tagesverdienstes oder ein Zehntel eines Vermögens zu spenden?« Anders ausgedrückt lautet die Frage: Fällt es leichter, zehn Mark von einhundert zu spenden oder hunderttausend Mark von Ihrer ersten Million gemeinnützigen Zwecken zuzuführen?

Der Kernpunkt dessen, was ich hier beschreibe, ist die Einschätzung: Spenden ist eine Gewohnheit, wie alle anderen Gewohnheiten auch. Seien Sie versichert: Egal, wie wohlhabend Sie sind, hunderttausend Mark bleiben hunderttausend Mark. Wenn Sie schon von Ihrem kleinen Einkommen nichts abgeben können, ist es wenig wahrscheinlich, daß Sie spenden werden, wenn Ihre Einkünfte gestiegen sind. Diese Einsicht hat mich zu einer Überprüfung meines eigenen Spendenverhaltens gezwungen, und ich hoffe, sie wird auch Ihnen helfen.

Eine letzte Bemerkung zu Spenden. Die große Zahl von gierigen Menschen, die reich geworden sind, macht es mir unmöglich zu behaupten, daß wohltätige Spenden eine Bedingung für die Anhäufung von Reichtümern sind. Allerdings habe ich diese Personen nie wirklich als reich betrachtet, und viele von ihnen haben in den letzten Jahren ihr Vermögen verloren. Wie ich schon bemerkt habe, geht Reichtum meiner Meinung nach weit über das Vorhandensein von Geld hinaus. Reichtum bedeutet Fülle und Wohlstand, aber auch Gesundheit, Glück, Liebe, Sorge, Teilen und Lernen. Reichtum ist die Möglichkeit, etwas zu bewegen.

Die Bibel drückt es am besten aus (Matthäus 16,26): »Was hülfe es dem Menschen, wenn er die ganze Welt gewönne und nähme doch Schaden an seiner Seele?« Sie sollten nicht bis zum Umfallen für Ihre erste Million arbeiten und dabei vergessen, was Sie wirklich sind: ein reicher, mitfühlender Mensch.

Grundrezept für die Bewältigung der fünf Schritte zum Reichtum

Zutaten:

- Wille zum Reichtum
- Vertrauen in das System der freien Marktwirtschaft
- Verständnis des Zusammenhangs zwischen Zeit und Geld

Wille zum Reichtum

Das wichtigste ist, Reichtum wirklich zu wollen. Ein starker Wille kann viele Fehler und Mängel ausgleichen. Um was für eine Art von Willen aber geht es hier? Es handelt sich um den festen Glauben an die Möglichkeit des Erfolgs. Es geht darum, der Bildung von Reichtum wirklich den Vorrang einzuräumen und das Stadium des Wünschens hinter sich zu lassen. Es geht darum, wirklich zu glauben, daß Sie genug Grips, die Begabung und die Energie haben, ein Vermögen anzuhäufen.
Die meisten Menschen würden gern viel Geld haben, doch sind sie auch bereit, sich voll und ganz dafür einzusetzen? Die Statistiken zeigen, daß der Großteil der Bevölkerung bedauerlicherweise relativ unbegütert ist. Kann das notwendige Engagement erzeugt werden? Ich glaube ja. Es gibt erstaunliche neue Methoden im Bereich des Persönlichkeitstrainings, die Ihnen helfen können, Ihr Ziel schnell zu erreichen. Und es ist mit Sicherheit nützlich, ein derartiges Bewußtsein

zu entwickeln. Calvin Coolidges berühmter Ausspruch hat heute genauso Gültigkeit wie zu dem Zeitpunkt, als Coolidge vor Jahrzehnten murmelte:

> **Nichts in der Welt wird je die Beharrlichkeit ersetzen.**
>
> **Begabung nicht – es gibt nichts mehr als Menschen mit Begabung, aber ohne Erfolg.**
>
> **Bildung nicht – die Welt ist voll von gebildeten Versagern.**
>
> **Genie nicht – Genies, denen die Anerkennung versagt bleibt, haben fast schon sprichwörtlichen Charakter.**
>
> **Allein Beharrlichkeit und Entschlossenheit sind allmächtig.**

Zum Reichtum entschlossen zu sein bedeutet, sich mit Reichtum zu beschäftigen. Sie sollten über Geld, Finanzen, Anlagemöglichkeiten und Steuern lesen, reiche Menschen treffen und von ihnen lernen und aus der Beschäftigung mit Reichtum Ihr Hobby machen. Verstehen Sie mich nicht falsch. Ich möchte nicht, daß Sie wie Ebenezer Scrooge werden und all das vernachlässigen, was nichts mit Geld zu tun hat. Halten Sie das richtige Maß, aber lernen Sie ein Leben lang über Reichtum, was Sie zu diesem Thema nur lernen können. Für alles, was Sie im Leben erreichen wollen, müssen Sie arbeiten. Das gilt für eine intakte Familie und eine interessante Karriere ebenso wie für Ruhm. Warum sollte es dann bei der Bildung eines Vermögens anders sein?
Berücksichtigen Sie auch Ihre eigenen Erfahrungen, verlassen Sie sich nicht nur auf die Erkenntnisse und Meinungen anderer. Nehmen Sie das für sich an, was Ihnen für Sie selbst nützlich erscheint, und vergessen Sie den Rest. Es gibt keine

absoluten Wahrheiten, und viel zu viele Menschen verlassen sich auf eine einzige Quelle, auf nur eine Meinung. Diese eine Meinung mag ihre Berechtigung haben, informieren Sie sich aber auch über andere Ansichten, und ziehen Sie Ihre eigenen Schlüsse. Es handelt sich schließlich um Ihr Leben und um Ihr Geld!

Ein Gebiet, das Sie unbedingt beherrschen müssen, sind die Steuern. Hier dürfen Sie nie den Anschluß verlieren, denn die Steuergesetzgebung ist ständig im Wandel begriffen und manchmal auch radikalen Änderungen unterworfen. Ungefähr ein Drittel des gesamten Einkommens, das Sie während Ihres Lebens erzielen werden, wandert in die Kassen des Staates. Stellen Sie sicher, daß Sie die Informationen haben, die Sie benötigen, um die anfallenden Steuern vollständig zu zahlen, aber auch die, die verhindern, daß Sie nur einen Pfennig zuviel zahlen. Wenn Ihnen nach guten Taten ist, können Sie immer noch weitere Mittel für Aufgaben in Ihrer Gemeinde zur Verfügung stellen, dort können Sie auch direkt sehen, was aus dem Geld gemacht wird.

Ein Weg, Ihren Willen zum Reichtum zu stärken, besteht darin, sich mit Menschen zusammenzutun, die ein ehrliches Interesse daran haben, daß Sie Ihre Träume verwirklichen. Glauben Sie mir, es gibt viele davon, Spezialisten, die ein Interesse am Wohlstand ihres Kunden haben. Wenden Sie sich an einen Börsenmakler oder einen Finanzplaner, an einen Wirtschaftsprüfer oder einen Versicherungsvertreter, an einen Steueranwalt oder einen Vermögensberater. Es gibt Personen, die behaupten, sie seien all dies zusammen, und manche verfügen auch über die notwendigen Kenntnisse. Ich glaube aber, daß es wichtig ist, sich der Unterstützung mehrerer Personen zu versichern, die unterschiedliche Meinungen vertreten.

Vielleicht wollen Sie es aber auch allein versuchen. Diese Möglichkeit besteht natürlich, aber meine Erfahrungen haben gezeigt, daß es auch für eine im Finanzbereich erfahrene Person wie mich sehr schwer ist, alle Änderungen im wirtschaftlichen, rechtlichen und gesetzgeberischen Umfeld zu verfolgen. Daher verlasse ich mich immer auf fachmännischen Rat. Meiner Meinung nach sind die Dienste guter Anwälte, Börsenmakler und Wirtschaftsprüfer das Geld auf jeden Fall wert.

Vertrauen in das System der freien Marktwirtschaft

Die Industrienationen stehen heute vor einer Vielzahl von Problemen. Diese sind insbesondere sozioökonomischer Natur oder beziehen sich auf die Umwelt. Träumereien von der Flucht auf eine tropische Insel, auf der die Menschen Tauschhandel betreiben und von Steuern noch nie etwas gehört haben, werden vor diesem Hintergrund verständlich. Die Realität sieht aber folgendermaßen aus: Aus der Perspektive des Anlegers läßt sich nur feststellen, daß das System der freien Marktwirtschaft funktioniert! Jeder, der je sein Vertrauen in dieses System gesetzt hat, hatte recht damit.

Die einfachste Möglichkeit, am wirtschaftlichen Wachstum eines Landes teilzuhaben, bietet der Aktienmarkt mit der passiven Teilhabe an Unternehmen, die Produkte herstellen und verkaufen. Ich weiß wohl, daß das nach Risiko klingt, aber – und das kann ich nur wiederholen – es geht mir nicht um pure Spekulation. Ich spreche über solide, langfristige Investitionen. Einigen Lesern mag sich die Frage aufdrängen: »Wenn das System so gut funktioniert, warum nehmen nicht alle daran teil?« Die Antwort auf diese Frage heißt: Gefühl. Die Zwillingsgefühle Angst und Gier führen zu den Schwankungen des Marktes. Warum aber haben die Menschen Angst vor dem Markt? Nun, das liegt an einem Charakteristikum der Märkte; die Preise der Aktien steigen und fallen täglich. Die Investoren vergessen leicht, daß sich gute Aktien auf ihren wahren Wert zurückbewegen und mit der Zeit auch weiter steigen. Auch die Medien tragen das ihre dazu bei, die Angst der potentiellen Anleger noch zu schüren. In der aktuellen Finanzberichterstattung wird viel zu sehr betont, welche Aktien Tagessieger sind und welche zu den Verlierern des Tages zählen. Die Journalisten machen riesiges Aufheben von einer Steigerung des Kurses der IBM-Aktien um einen Punkt oder wenn McDonald's um zwei Punkte nachgeben. Die beiden Punkte bedeuten in der Regel gar nichts, und außerdem ist es, wenn es in der Zeitung steht, sowieso schon Schnee von gestern. Nie würde ein Journalist schreiben: »Wieder ein ganz normaler Tag an der Wall Street. Die Anleger hielten ihre Aktien und mehrten durch die Teilnahme am Wachstum unserer Wirtschaft langfristig ihr Vermögen.« Dieser Bericht würde auf jeden Tag zutreffen, und der Wirtschaftsjournalist würde sich selbst überflüssig machen.

Ich kann die Anrufer gar nicht zählen, die verlangen, daß man für sie die Aktien kauft, die »Tagessieger« sind. Es ist die schiere Gier, die in diesen Kaufaufträgen zum Ausdruck kommt. Warum sollte jemand die Aktie kaufen, die gerade wegen großer Kurssteigerungen in die Schlagzeilen geraten ist? Ich werde das nie verstehen. Auch die Sorgen wegen einiger Punkte Kursverlust werden an mich herangetragen; diese Anfragen spiegeln Angst wider. Einige Neuigkeiten geben tatsächlich Hinweise auf die weitere Entwicklung eines Unternehmens – in den weitaus meisten Fällen sind diese »wichtigen Ereignisse« aber nichts als Wind vor der Hoftür.

Natürlich hat es an den amerikanischen Börsen auch schon schlechte Zeiten gegeben. In den vergangenen hundert Jahren kam es sechsundzwanzigmal zu einer anhaltenden Abwärtsbewegung (bear market), in die gleiche Zeit fielen aber weitaus mehr Aufwärtsbewegungen des Marktes (bull market). Diese Feststellung ändert nun allerdings nichts an der Tatsache, daß Aktien auch fallen können. Wenn Sie von dieser Aussicht in Sorge versetzt werden, sollten Sie sich die folgenden beiden Fragen stellen:

- Trifft es zu, daß der amerikanische Aktienmarkt in den vergangenen hundert Jahren jedes einzelne Mal nach einem Rückgang der Kurse (andere benutzen die Worte Kursverfall, Kurskorrektur, Kurseinbruch, oder – noch schlimmer – Crash) wieder auf sein vorheriges Niveau zurückgekehrt ist?
- Trifft es zu, daß der Markt nach jeder dieser Kurserholungen schließlich auf neue Höhen geklettert ist?

Die Antwort auf beide Fragen lautet: »Ja!«
Die Zeit ist das wichtigste für eine erfolgreiche Anlage – nicht der Zeitpunkt. Wenn Sie sich für die Aktienanlage entschieden haben, verfallen Sie nicht in den Fehler zu versuchen, die finanziellen Auswirkungen von Neuigkeiten zu beurteilen. Sie sollten diesen Fehler auf jeden Fall vermeiden, egal, ob Sie direkt in Aktien investieren oder Anteile an Aktienfonds erwerben. Stellen Sie sich nur darauf ein, daß Sie Ihre Papiere einigen Schwankungen ausgesetzt sehen werden, und verkaufen Sie nicht. Der Ratschlag, Zeiten mit anhaltenden Kursrückgängen zu meiden, klingt logisch, nur kann eben niemand in eine Kristallkugel sehen und die Kursentwicklung vorhersagen. Ihr Versuch, rückläufige Kursentwicklungen zu meiden, wird nur dazu führen, daß Sie auch die Aufwärtsentwicklungen nicht mitmachen können.
So wie stets im Leben, können Sie sich auch bei Aktienanlagen nicht auf dem ausruhen, was Sie schon haben. Sie müssen sich darauf konzentrieren, mehr zu erreichen, zu sparen und zu investieren. Ihr Ziel heißt Wachstum, und dieses Ziel werden Sie nur dann erreichen, wenn Sie ein solides Anlageprogramm aufstellen und diese Planung dann, wenn nicht ganz

radikale Umwälzungen eine Revision des Programmes erzwingen, auch umsetzen. Haben Sie Vertrauen in die freie Marktwirtschaft!

Der Zusammenhang zwischen Zeit und Geld

Bei ihren Entscheidungen übersehen die Anleger oft die wichtigen Beziehungen zwischen Zeit, Geld, Renditen und Inflation. Diese Beziehungen sind deshalb so wichtig, weil ohne Annahmen über jede der Variablen eine Planung unmöglich wird. Stellen Sie sich zum Beispiel vor, Sie hätten 100 000 Mark gespart (das ist schon eine ganz schöne Summe) und würden sich nun heute entschließen, sich mit diesem Betrag zur Ruhe zu setzen. Die Zinsen sollen während der folgenden 25 Jahre das Einkommen darstellen, das Sie ausgeben können. Nehmen wir nun an, Sie haben genau das getan, 25 Jahre sind vergangen, und Sie haben, genau wie geplant, nach wie vor 100 000 Mark auf der Bank. Welchen Wert haben diese 100 000 Mark nun? »Hunderttausend Mark natürlich!« werden Sie antworten, und diese Antwort ist selbstverständlich richtig. Was aber, wenn Sie nun erkennen müssen, daß ein neues Auto inzwischen 105 000 Mark kostet, daß Sie monatlich 1500 Mark für Nahrungsmittel ausgeben müssen und daß sich Ihre Stromrechnung auf 6000 Mark im Jahr beläuft? Was sind Ihre 100 000 Mark unter diesen Umständen noch wert? Aus diesem Beispiel ist ein wichtiger Schluß zu ziehen: *Auf den Wert des Geldes kommt es nicht an, wichtig ist allein die Kaufkraft.*

Wir alle kennen die Geschichten von unseren Eltern oder Großeltern, die »in der guten alten Zeit« für »fünf Mark am Tag« gearbeitet und dabei gut gelebt haben. Inflation gab es gestern, gibt es heute, es wird sie immer geben – und sie ist der größte Feind des Anlegers. Ich werde mich später genauer mit der Bekämpfung der Auswirkungen der Inflation befassen, im Augenblick reicht es aus zu erkennen, daß ein ausschließlich in einer Geldsumme ausgedrücktes Ziel nicht genügen kann. Sie müssen auch bedenken, wie Sie die Entwicklungen berücksichtigen, die unmittelbar auf Ihren Lebensstandard einwirken.

Inflation stellt eine schlechte Nachricht dar. Die gute Nachricht ist die Beziehung zwischen Zeit und Geld: der Zeitwert des Geldes. Dieser Faktor ist für Sie als Anleger der bei weitem günstigste. Wenn Sie über ausreichend Zeit verfügen, müssen Sie keine großen Summen sparen, um Ihr Ziel zu erreichen. Die Umkehrung dieser Aussage ist natürlich ebenso gültig: Je weniger Zeit Ihnen bleibt, desto mehr müssen Sie sparen.

Haben Sie zum Beispiel das Ziel, zu dem Zeitpunkt, an dem Sie sich aus dem Berufsleben verabschieden werden, Millionär zu sein, und es bleiben Ihnen noch vierzig Jahre (Sie sind 25 Jahre alt und wollen mit 65 in den Ruhestand gehen), um dieses Ziel zu erreichen, müssen Sie während der folgenden vierzig Jahre monatlich nur 85 Mark sparen (bei einer angenommenen Rendite von 12 Prozent).

Wenn Sie das gleiche Ziel haben, aber schon 45 Jahre alt sind, müssen Sie in den Ihnen verbleibenden zwanzig Jahren monatlich mehr als das Zehnfache des Betrages zurücklegen, nämlich jeden Monat ungefähr 1011 Mark! Diese kleine Rechnung läßt die Wirkung von Zeit und Zinseszins ganz offensichtlich werden. Dieselbe Rechnung ergibt bei angenommenen 15 Prozent Rendite (anstelle von nur 12 Prozent), daß Sie in den folgenden zwanzig Jahren monatlich nur 668 Mark sparen müssen. Die Auswirkungen der Höhe der Rendite sollten Sie, insbesondere langfristig, nicht unterschätzen.

Das besprochene »Grundrezept« faßt die Überzeugungen zusammen, die notwendig sind, um die fünf Schritte zum Reichtum zu meistern und sie so zu meistern, daß unglaubliche Reichtümer geschaffen werden. Das Geheimnis, das diesen Schritten ihre ganze Kraft verleiht, liegt darin, die Unterschiede zwischen den Elementen, die außerhalb Ihrer

Wie man Millionär wird					
Der bei verschiedenen Renditesätzen monatlich zu sparende Betrag (in Mark)					
Verbleibende Zeit		4 %	8 %	12 %	15 %
10 Jahre	(120 Monate)	6 793	5 469	4 347	3 634
15 Jahre	(180 Monate)	4 065	2 892	2 002	1 496
20 Jahre	(240 Monate)	2 728	1 699	1 011	668
25 Jahre	(300 Monate)	1 946	1 053	532	308
30 Jahre	(360 Monate)	1 441	672	286	144
35 Jahre	(420 Monate)	1 095	437	156	68
40 Jahre	(480 Monate)	847	287	85	32

Kontrolle liegen (dazu gehören zum Beispiel der Markt, die Wirtschaft, Zinsraten) und den Elementen, die Sie kontrollieren können, zu verstehen. In diese letzte Gruppe fallen insbesondere konsequente und konstruktive Verhaltensweisen auf finanziellem Gebiet – und genau das sind die fünf Schritte zum Reichtum. Diese Verhaltensweisen sind das einzige, was Sie direkt voll und ganz beeinflussen können. Ohne sie ist jede Art von Finanzplanung wertlos, und ohne sie sind alle Gelegenheiten der Welt nutzlos.

Jedem der fünf Schritte werde ich mich detailliert widmen, doch im Moment soll eine einfache Auflistung ausreichen. Jeder Schritt wird mit zwei Halbsätzen beschrieben: der Verhaltensweise und der ihr zugrundeliegenden Überzeugung. Schreiben Sie diese Grundsätze ab, und lernen Sie sie eventuell auch auswendig. Ich habe mir diese fünf Sätze in meinen Kalender geschrieben und werfe täglich einen Blick darauf. Handhaben Sie es, wie Sie wollen, aber stellen Sie sicher, daß die Beachtung der Grundsätze genauso zur täglichen Routine wird wie das Zähneputzen. Sie werden sehen: Sie werden reicher werden, als Sie es sich je vorgestellt haben.

Die fünf Schritte zum Reichtum sind:

① Bezahlen Sie sich selbst zuerst; es ist in Ordnung, einen Teil für sich zu behalten.
② Streben Sie nach der Verwirklichung Ihres Traumes; wenn Sie beruflich tun, was Ihnen gefällt, ergibt sich das Geldverdienen von allein.
③ Halten Sie sich an einen Plan; die Landkarte wird zu Ihrer Welt.
④ Setzen Sie Ihre Mittel ein; Geld fließt dahin, wo es am besten behandelt wird.
⑤ Handeln Sie mit Wirkung; um zu leben, müssen Sie auch geben.

Ich weiß, daß diese Sätze sehr einfach wirken – und sie sind es auch! Der Grund dafür, daß diese Ratschläge so alt sind wie das Geld selbst und sich seit ihrer Entstehung nur wenig geändert haben, liegt auf der Hand: Sie funktionieren! Die Schwierigkeit liegt dann auch nicht darin, sie zu verstehen, sondern darin, sie in die Tat umzusetzen. Die meisten Menschen können erkennen, daß die fünf Schritte einen Weg aufzeigen, der zu Reichtum führt, doch leider verfügen die wenigsten über die Entschlußkraft und die Disziplin, den Weg auch wirklich zu gehen.

Wie Sie dieses Buch sinnvoll nutzen

Gewohnheiten, die unseren Grundüberzeugungen nicht entsprechen, sind wertlos. Diese Gewohnheiten wirken im Grunde sogar zerstörerisch, und wir arbeiten immer wieder daran, sie abzulegen. Ein Beispiel: Sie wissen, daß Rauchen schädlich für Sie ist, und Sie rauchen trotzdem. Es ist Ihnen klar, daß Sie diese Gewohnheit aufgeben sollten. Wenn Sie aber glauben, daß Rauchen schädlich für Sie ist und Sie nicht rauchen, dann ist dieses Verhalten unterstützungswürdig.

Was ich damit sagen will, ist folgendes: Gute Verhaltensweisen fußen auf bestimmten Grundüberzeugungen.
Da diese Grundüberzeugungen der Grundstein für große Taten sind, sollten wir eine Definition dafür geben:

Grundüberzeugung: die absolute Überzeugung, daß etwas wahr oder zutreffend ist.

Grundüberzeugungen werden erlernt. Sie sind das Ergebnis von Erziehung und Erfahrung und helfen uns, Entscheidungen zu treffen. Wir wissen, daß wir nicht aus dem vierten Stock springen dürfen, weil wir uns bei Sprüngen aus einer gewissen Höhe in der Vergangenheit schon weh getan haben. Wir erkennen, ohne darüber nachzudenken, daß der Sprung aus großer Höhe zu unterlassen ist. Die meisten unserer Grundüberzeugungen führen uns zur richtigen Entscheidung. Einige allerdings tun dies nicht, und einige wenige wirken sogar destruktiv.
Leider werden nicht alle Grundüberzeugungen aus den besten Quellen erworben. Sein Wissen über Diäten von Eltern zu übernehmen, die ungesunde Eßgewohnheiten haben, ist zum Beispiel nicht der richtige Ansatz. Ebensowenig ist anzuraten, sich auf der Basis der von den Tabakherstellern geschalteten Werbung eine positive Grundeinstellung zum Rauchen zu formen.
Das gleiche gilt auch auf dem Gebiet der persönlichen Finanzen. Bedauerlicherweise erwerben die meisten von uns ihr Wissen über Reichtum und Geld von Menschen, die zwar gute Absichten verfolgen, denen aber die Erfahrung auf diesem Gebiet fehlt.
Im schlimmsten Fall erhält man sogar Ratschläge, die vollständig falsch sind. Mir selbst haben Menschen erzählt, daß Geld die Wurzel allen Übels sei. Was diese Aussage betrifft, halte ich es eher mit den Worten George Bernard Shaws, der als Grundüberzeugung formulierte: *»Der Mangel an Geld ist*

> *Charakter ist ganz einfach lang gehegte Gewohnheit.*
> Plutarch

die Wurzel allen Übels.« Mir erschien es schon immer so, daß die dunklen Seiten der Menschen ans Tageslicht kamen, wenn sie unter Geldmangel litten. Außerdem haben die, die behaupten, alle Reichen seien schlecht und niederträchtig, selbst sowieso noch keinen Reichtum geschaffen. Warum sollten Sie also als Rollenvorbilder auf finanziellem Gebiet dienen?

Eines der Ziele dieses Buches ist es, Ihnen dabei zu helfen, eine positive Grundeinstellung zum Geld zu entwickeln.

Der Schlüssel zur Entwicklung dieser positiven, unterstützend wirkenden Grundeinstellungen liegt in der fortwährenden Aufnahme von positiven Beispielen und Tips. Gleichzeitig sollten Sie die Beispiele und Vorbilder, die Sie behindern, abbauen. Stellen Sie ihre Richtigkeit in Frage, und verdrängen Sie sie anschließend. Das Ziel dabei ist, Ihnen das Werkzeug an die Hand zu geben, das Ihnen helfen wird, riesige Reichtümer zu schaffen.

Durch die Formulierung der fünf Schritte zum Reichtum in zweiteiligen Sätzen – im ersten Teil die Verhaltensweise und im zweiten Teil die zugehörige Grundüberzeugung – stellt dieses Buch eine wasserdichte Methode zur Umsetzung dieser Prinzipien dar. Nehmen wir zum Beispiel den ersten Schritt:

Bezahlen Sie sich selbst zuerst;
es ist in Ordnung, einen Teil für sich zu behalten.

»Bezahlen Sie sich selbst zuerst« ist die Verhaltensweise, die Sie erlernen müssen, um finanziellen Erfolg zu haben und die erste Falle zu umgehen: das Versäumnis, Reichtum zur Priorität zu erklären.

»Es ist in Ordnung, einen Teil für sich zu behalten« ist die Grundüberzeugung, die dazu führt, daß Sie ein Sparverhalten entwickeln, das es Ihnen erlaubt, sich selbst zuerst zu bezahlen. Wenn Sie diese Grundüberzeugung erst einmal verinnerlicht haben, ergibt sich das entsprechende Verhalten wie von selbst – es wird Teil Ihrer Persönlichkeit und bringt Sie auf dem Weg zur Verwirklichung Ihrer Träume voran. Viele Menschen sind eben nicht davon überzeugt, daß es in Ordnung ist, einen Teil für sich zu behalten, und schaffen es daher auch nicht, sich selbst zuerst zu bezahlen. Wie sehr sie es auch versuchen – sie bringen die Selbstdisziplin nicht auf, weil sie in bezug auf Geld widersprüchliche Überzeugungen haben.

Sie verlangen von sich, gegen ihre Grundüberzeugungen zu handeln, und sind dann frustriert, wenn es ihnen nicht gelingt, ihr Verhalten zu ändern. Arbeiten Sie folglich zuerst an einer Veränderung Ihrer Überzeugungen, indem Sie sich weiterbilden, Erfahrungen sammeln und die richtigen Beispiele und Tips verinnerlichen. Entwickeln Sie dann die zugehörigen Verhaltensweisen, und sehen Sie schließlich, wie Sie dank dieses Vorgehens die Fallen auf dem Weg zum Reichtum umgehen.

Wir säen unsere Gedanken
und ernten unsere Handlungen.
Wir säen unsere Handlungen
und ernten unsere Gewohnheiten.
Wir säen unsere Gewohnheiten
und ernten unseren Charakter.
Wir säen unseren Charakter
und ernten unser Schicksal.
Anonymus

Die Gewohnheit
Ich bin dein steter Begleiter.
Ich bin dein größter Helfer und deine schwerste Last.
Ich werde dich vorwärts bringen oder dich ins Verderben stürzen.
Ich folge deinen Befehlen voll und ganz.
Die Hälfte der Dinge, die du tust, könntest du getrost mir überlassen, und ich würde sie schnell und sicher erledigen.
Ich bin leicht zu handhaben – du mußt nur streng zu mir sein.
Zeige mir genau, wie du etwas getan haben willst, und schon nach einigen Wiederholungen werde ich es automatisch tun.
Ich bin der Diener aller großen Menschen und leider auch der aller Versager.
Diejenigen, die groß sind, habe ich groß gemacht.
Diejenigen, die Versager geworden sind, habe ich dazu gemacht.
Ich bin keine Maschine,
arbeite aber mit maschinengleicher Genauigkeit und der Intelligenz eines Menschen.
Du kannst mich zu deinem Nutzen einsetzen oder zu deinem Verderben –
für mich macht das keinen Unterschied.
Nimm mich, trainiere mich, sei streng zu mir,
und ich werde dir die Welt zu Füßen legen.
Behandle mich leichtfertig, und ich werde dich zerstören.
Wer ich bin? Ich bin die Gewohnheit!

Anonymus

Machen Sie sich ganz klar, daß die Bewältigung der fünf Schritte bedeutet, daß Sie fünf Grundüberzeugungen erwerben müssen, fünf Verhaltensmuster entwickeln und fünf Fallen aus dem Weg gehen müssen. Dieses Programm ist im Grunde genommen ganz einfach, und ich hoffe, daß Sie in diesem Punkt mit mir übereinstimmen.

Der erste Schritt: 1

Bezahlen Sie sich selbst zuerst – es ist in Ordnung, einen Teil für sich zu behalten

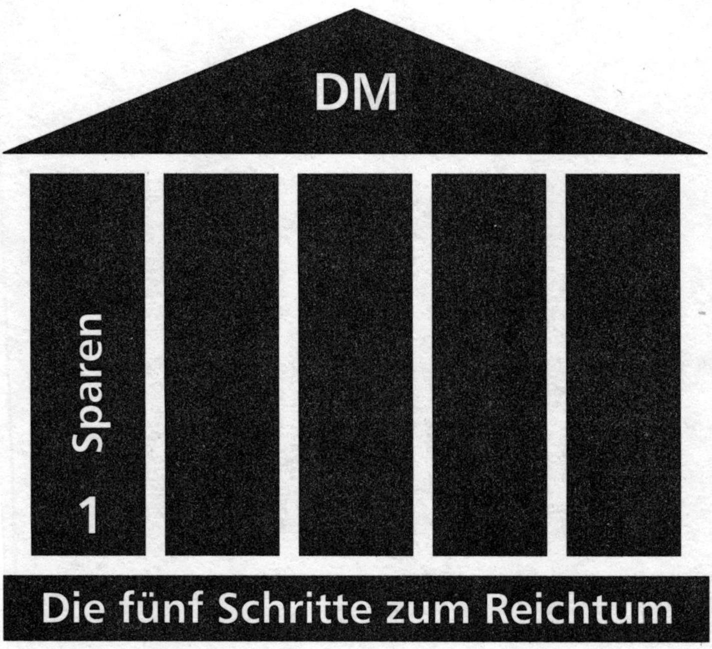

> *Das größte aller Übel und das schlimmste Verbrechen ist Armut ... unsere vordringlichste Aufgabe, deren Erfüllung alle anderen Überlegungen untergeordnet werden sollten, ist es, nicht arm zu sein.*
>
> George Bernard Shaw

An einem sonnigen Nachmittag im Jahre 400 vor Christi Geburt schlendert der griechische Philosoph Sokrates über den Athener Marktplatz. Er bleibt an diesem und jenem Stand stehen, begutachtet die Angebote und spricht mit den Händlern. Ein Freund, der den Philosophen begleitet, fragt ihn, warum er so gern auf den Markt geht, dort aber nie etwas kauft. »Ich bin immer wieder verwundert, wie viele Dinge es gibt, die ich nicht brauche«, antwortet Sokrates.

Oft nutzen wir unser monatliches Einkommen in einer Art und Weise, die es uns unmöglich macht, den Reichtum zu genießen, den wir eigentlich schon erworben haben. Wir bezahlen unsere Einkäufe beim Metzger, Bäcker, Kerzenhersteller und bei allen anderen, denen es gelingt, uns etwas zu verkaufen, weil wir gerade Lust darauf haben. Auf diese Weise geben wir unser gesamtes Monatseinkommen aus und behalten nie wirklich Geld für uns selbst zurück. Der Grund dafür liegt in der Tatsache, daß wir vergessen, uns selbst die finanzielle Priorität einzuräumen, die wir allen jenen zugestehen, die sich bemühen, uns unser hartverdientes Geld abzunehmen. *Wir geben unsere gesamte Wirtschaftskraft aus!*

Auf Reichtum programmieren

Es gibt einen Weg, ohne stetige Einkommenssteigerungen zu Reichtum zu gelangen, der viel einfacher ist, als Sie denken. Wir werden uns jetzt damit beschäftigen, warum Sie wirklich nicht immer mehr brauchen, um ein glückliches und wohlhabendes Leben zu führen. Dabei wird sich zeigen, daß die Beschäftigung mit dem, was schon vorhanden ist, und damit, wie diese Mittel verwaltet und genossen werden können, auch dazu führt, daß die Vermehrung des Reichtums leichter und spannender wird, als sie es je war. Wenn Sie erst gelernt haben, einen Teil Ihrer Wirtschaftskraft für sich zu behalten, indem Sie sparen, wird sich Ihr Blickwinkel verändern. Sie werden aufhören, sich über jeden Groschen Gedanken zu machen, und anfangen, Möglichkeiten zu finden, die es Ihnen erlauben werden, auf angenehme Weise beträchtlichen Reichtum zu erwerben. In den letzten Kapiteln dieses Buches werden Sie erfahren, wie Sie endlich soviel verdienen können, wie Ihnen wirklich zusteht. Im Moment geht es aber darum, sich die Freiheit zu nehmen, das zu genießen, was Sie schon haben. Die Beherrschung dieser Technik der Wahrung des Vermögensniveaus ist die Voraussetzung für den nächsten Schritt.

Mir ist klar, daß all dies nicht wie fundierte, an Zahlen orientierte Ratschläge für das Anhäufen der ersten Million klingt – es ist aber zutreffend. Wenn Sie in Ihrem Leben Reichtum wollen, müssen Sie damit aufhören, sich über Ihren Geldmangel zu beklagen, und damit anfangen, sich auf Ihren fi-

> *Mein Problem liegt darin, meinen Brutto-Lebensstil mit meinem Netto-Einkommen in Einklang zu bringen.*
> Errol Flynn

nanziellen Reichtum zu konzentrieren. *Ich glaube, daß das meiste, auf das wir uns konzentrieren, zu unserer Wirklichkeit gehören wird.* Reiche Menschen konzentrieren sich auf ihren Reichtum, arme Menschen konzentrieren sich auf den Mangel. Denken Sie darüber nach! Wieviel Monat ist am Ende Ihres Geldes noch übrig? Hilft es Ihnen, wenn Sie Ihr Hauptaugenmerk darauf richten, wie Sie die Rechnungen bezahlen werden? Fühlen Sie sich dabei reich? Ich glaube nicht, daß es so ist. Ich glaube vielmehr, daß die fortwährende Beschäftigung mit der Frage, wie die Rechnungen zu zahlen sein werden, nur ein Ergebnis haben wird: bezahlte Rechnungen und keinen Pfennig für Ihre Zukunft gespart. Und wenn sich das gleiche Spiel Monat für Monat und Jahr für Jahr wiederholt, kommt man nie auf einen grünen Zweig.

Den Angaben der Sozialverwaltung zufolge sind von den Amerikanern, die mit 65 das Rentenalter erreichen,

- 45 Prozent von ihren Verwandten abhängig,
- 30 Prozent auf die Unterstützung von Wohltätigkeitseinrichtungen angewiesen,
- 23 Prozent noch in einem Arbeitsverhältnis,
- und nur 2 Prozent fähig, ihren Ruhestand selbst zu finanzieren.

Tatsache ist also, daß 98 Prozent der Bevölkerung so sehr damit beschäftigt sind, für ihren Lebensunterhalt zu sorgen, daß sie nichts für die Sicherung ihrer finanziellen Freiheit tun können. Von Merrill Lynch erstellte Studien zeigen, daß ein Fünfundfünfzigjähriger im Durchschnitt ein Nettoguthaben von 2300 Dollar besitzt. Finden Sie dieses Ergebnis nicht niederschmetternd?

Die meisten Menschen arbeiten während ihres gesamten Lebens hart, versäumen es aber, sich anzugewöhnen, weniger auszugeben, als sie verdienen. Auch in einem Land, das als jenes der unbegrenzten Möglichkeiten gilt, gelingt es den

weitaus meisten Frauen und Männern nicht, ein Leben ohne finanzielle Sorgen zu führen. Ich behaupte, daß die meisten von uns leicht unglaublich wohlhabend sein könnten und die Möglichkeit hätten, Träume zu verwirklichen, wenn sie sich nur an einer Strategie orientieren würden. Eine Ursache der Misere liegt darin, daß wir unser Verhalten an Vorbildern orientieren, doch diese Vorbilder sind, wie die Statistik vermuten läßt, nicht immer die besten.
Hier sind noch einige erstaunliche Zahlen aus den Vereinigten Staaten von Amerika:

Es ist eine Tatsache, daß 85 Prozent der Männer in ihrem 65. Lebensjahr keine 250 Dollar für ihren Lebensabend auf die Seite gelegt haben.
Es ist eine Tatsache, daß weniger Männer mit 68 über 100 Dollar Guthaben verfügen als mit 18.
Es ist eine Tatsache, daß 95 Prozent all jener, die zugeben, finanziell versagt zu haben, dieses Versagen mangelnder Finanzplanung zuschreiben.

Genau durch diese Art von Statistiken fühlte ich mich gezwungen, mir meine eigene Planung einmal genauer anzusehen. Ich hoffe, Ihnen geht es ähnlich. Jetzt aber zu der Frage, die sich bei der Betrachtung der Statistiken aufdrängt. Was machen die zwei Prozent, denen es gelungen ist, finanziell unabhängig zu sein, um diesen Reichtum zu erwerben? Die Antwort – ich glaube, Sie ahnen es schon – liegt auf der Hand. Sie folgen den fünf Schritten zum Reichtum, die im letzten Kapitel beschrieben wurden.
Wie ich schon festgestellt habe, besteht eine der Grundvoraussetzungen darin, weniger auszugeben als Sie verdienen und so Rücklagen für die Zukunft zu bilden. Für die meisten Menschen klingt dieser Rat abschreckend. Sie glauben, daß sie dazu Dinge aufgeben müßten, die ihnen am Herzen liegen, und daß sie sich ab sofort dem Diktat eines strengen

Budgets unterwerfen müssen. Das Ganze klingt so bedrohlich, daß sie es gar nicht erst versuchen. Die Wahrheit ist aber, daß die meisten Menschen Geld für Dinge verschwenden, die sie gar nicht wirklich wollen, und sich so um das bringen, was sie sich zwar wünschen, sich aber nicht mehr leisten können.

Wirklicher Reichtum basiert auf einem positiven Cash-flow, und dieser ist auf zwei Arten zu erreichen. Ein Weg führt über weniger Ausgaben, der andere über mehr Einkünfte. Wir werden beide Möglichkeiten diskutieren, ich glaube aber, daß ein erster Schritt darin bestehen sollte, die Ausgaben in den Griff zu bekommen. Dieser Schritt fällt in der Regel leichter, und Sie können schon heute mit seiner Umsetzung beginnen. Nebenbei bemerkt: Egal, wieviel Sie im Laufe Ihres Lebens auch verdienen, einen Weg, mehr als diese Summe auszugeben, werden Sie immer finden können. Wenn Sie also Ihre Ausgaben nicht in den Griff bekommen, wird Sie dies um all Ihr Geld bringen. Natürlich macht es mehr Spaß, mehr Geld zu verdienen. Es besteht kaum ein Zweifel daran, daß die meisten Menschen davon träumen, viel Geld zu verdienen und es dann auch auszugeben. Mehr zu verdienen bedeutet aber noch nicht automatisch, daß man mit dem zusätzlichen Geld auch umgehen kann. Und nur dann sind höhere Einkünfte auch sinnvoll. *Die größte Lüge, die sich die Menschen selbst einreden, ist die, daß sie reich wären, wenn sie nur mehr verdienen würden.*

Genau dies hat mir vor einigen Jahren ein Mann klargemacht, den ich nie getroffen habe. In der Zeit, in der ich für eine große Brokerfirma an der Wall Street arbeitete, saß ich eines Nachmittags im Büro und rief einige Dutzend potentielle Kunden »kalt« an. Die meisten Broker tun dies am Anfang ihrer Karriere, um sich einen Kundenstamm aufzubauen. Ich wählte also die Nummer eines Mannes namens Fred Johnson. Er nahm ab, und es entwickelte sich folgender Dialog:

»Mr. Johnson, hier spricht Tod Barnhart. Ich bin Börsenmakler bei XYZ.«
»Was woll'n Se denn von mir?« dröhnte es zurück.
»Nun, Mr. Johnson, ich möchte Ihnen helfen, Ihr Geld richtig zu verwalten«, sagte ich voller Zuversicht.
»Ich habe kein Geld!«
Jeder reagiert von Zeit zu Zeit falsch, aber in den nun folgenden Sekunden unterlief mir ein wirklich großer Fehler, der mein Leben entscheidend beeinflussen sollte. Mr. Johnson, so schien es mir, wollte mich mit seiner Antwort verkohlen. Ich war jung, und mein Selbstvertrauen war – nun, man könnte wohl sagen: ein wenig zu stark ausgebildet. Mr. Johnson stellte ich mir auf jeden Fall als einen Großinvestor vor, der, wenn er erst als Kunde gewonnen wäre, mein Ansehen in der Firma steigen lassen würde. Darüber hinaus war ich davon überzeugt, daß ich sein Vermögen mit meinen Marktkenntnissen weiter vergrößern könnte, wenn er mir nur einige Millionen überlassen würde. Ich schäme mich noch heute für die Antwort, die ich damals gab: »Hören Sie, ich weiß genau, daß, wenn ich Sie auf den Kopf stellen und schütteln würde, zehn Riesen aus Ihren Taschen fallen würden.«
Ich dachte mir, daß er wahrscheinlich täglich von Dutzenden von Maklern angerufen würde und mich nur schnell loswerden wollte. Eine schlagfertige Antwort, so hatte ich mir gedacht, würde seine Aufmerksamkeit erregen.
Er antwortete mit einer Stimme, die ich nie vergessen werde: »Hör mir mal gut zu, mein Sohn! Vor acht Jahren mußte ich aufhören zu arbeiten. Heute habe ich keine fünf Pfennig mehr, und die Sozialhilfe bringt's auch nicht. Ich kann nicht mal für mich selber sorgen, und vielleicht fliege ich auch noch aus meiner Wohnung. Das einzige, was mir bleibt, ist besseren Zeiten nachzutrauern. Wenn Sie mich vor zwanzig Jahren angerufen hätten, vielleicht hätte ich dann das Sparen für die Zukunft nicht immer weiter vor mir hergeschoben. Jetzt ist es einfach zu spät. Trotzdem vielen Dank für den Anruf.«

Ich war sprachlos! Ich dachte damals, daß fast jeder, der über fünfzig oder sechzig war, reich wäre, nur weil diese Menschen so lange Zeit gehabt hatten zu sparen. Ich sagte nur noch »Entschuldigen Sie bitte«, legte den Hörer auf und dachte darüber nach, wieviel Schmerz dieser Anruf bereitet haben mußte. Es mußte schrecklich sein, in eine solche finanzielle Notlage zu geraten, nachdem man die meiste Zeit seines Lebens hart gearbeitet hatte. Diese Art von Telefongesprächen hat mich dazu gebracht, mir und anderen dabei helfen zu wollen, nie in eine derartige Situation zu geraten.

Immer wieder höre ich: »Es fällt so schwer.« Es ist aber einfacher, als Sie denken, und es ist auf jeden Fall leichter, als in eine finanzielle Notlage zu geraten. Ein Versager auf finanziellem Gebiet zu sein, das ist wirklich unangenehm.

Das Problem ist folgendes: Den meisten von uns ist nichts oder zumindest fast nichts über Reichtum beigebracht worden. Die meisten Menschen wachsen in der Überzeugung auf, daß sie zuerst alle Rechnungen bezahlen müssen und dann mit dem, was noch übrig bleibt, tun können, was sie wollen. Diese Strategie ist natürlich nicht ganz unsinnig, sie fördert zum Beispiel unseren Respekt vor Gläubigern. Leider hat uns aber noch niemand gesagt, daß wir selbst genauso wichtig sind wie unsere Gläubiger. Niemand hat uns je gesagt, daß es in Ordnung ist, zu sparen und sich selbst zuerst zu bezahlen.

Und was ist nun das Ergebnis dieser Prägung? Am Ende des Monats haben wir die Person, der unser Haus gehört, bezahlt (durch Miet- oder Hypothekenzahlung), die Person, der unser Auto gehört, ist bezahlt, ebenso die Reinigung, der Supermarkt und so weiter. Wir haben an jeden gezahlt, außer an uns selbst! Schon die ganz einfache Regel, daß (was Rechnungen betrifft) Sie selbst genausoviel wert sind wie Ihr Friseur, kann Ihr Leben zum Besseren wenden, wenn Sie sie nur befolgen. Ihr Hauptaugenmerk wendet sich dann sofort vom Bezahlen der Rechnungen auf die Investition von Ersparnissen, und nach dieser Änderung des Blickwinkels sind Sie auf dem richtigen Weg. Der erste Schritt zum Reichtum und die wichtigste Regel auf dem Weg zum finanziellen Erfolg lautet: **Bezahlen Sie sich selbst zuerst; es ist in Ordnung, einen Teil für sich zu behalten.**

In meinen Augen gibt es drei grundlegende Schritte auf dem Weg zu einer Änderung Ihrer finanziellen Situation:

① Die Erkenntnis, daß Sie da, wo Sie sich finanziell jetzt befinden, eigentlich nicht auf Dauer bleiben wollen.
② Die Ableitung zwingender Gründe für eine Veränderung.
③ Die Umsetzung einer gutdurchdachten Planung in die Realität und das Verfolgen des einmal festgelegten Plans.

Der erste Schritt besteht also in der Erkenntnis. In einigen Fällen hilft diese schon allein, die finanziellen Veränderungen herbeizuführen, in anderen Fällen brauchen die Betroffenen noch ein paar Anreize mehr. Die Menschen neigen dazu, Veränderungen dann vorzunehmen, wenn sie etwas erreichen wollen, oder aber, wenn sie etwas auf jeden Fall vermeiden wollen.

Der zweite dieser beiden Anreize ist in der Regel der stärkere. Lassen Sie mich dazu ein Beispiel darstellen: Welche der beiden Situationen würde Sie zu sofortigem Handeln mit dem Ziel der Veränderung Ihrer finanziellen Lage veranlassen? Die Möglichkeit, Ihr Traumhaus an einem Gebirgssee zu kaufen, oder die Aussicht, aus Ihrer Wohnung geklagt zu werden, weil Sie die Miete nicht mehr zahlen können?

Ich glaube seit eh und je, daß die Menschen ihr Bestes tun, wenn sie vor einer großartigen Möglichkeit stehen, doch habe ich die andere Seite der Münze schon öfter gesehen: Man tut fast alles, um zu verhindern, das zu verlieren, was man schon hat. Bei einem Kampf zwischen Inspiration und

> *Ich lebe sehr über meine Verhältnisse, daß man auch sagen könnte, mein Einkommen und ich lebten getrennt.*
> E. E. Cummings

Verzweiflung zeigt sich in der Regel, daß die Verzweiflung die Muskeln stärker spielen lassen kann. In Anlehnung an Anthony Robbins könnte man sagen: Wir werden von den Zwillingskräften Schmerz und Genuß beherrscht, und die meisten Menschen würden mehr tun, um Schmerz zu vermeiden, als sie je tun werden, um Genuß zu erreichen. Und noch einmal, in anderen Worten formuliert: Die Menschen zeigen mehr Reaktion und Kampfgeist, wenn sie in die Enge getrieben sind.

Was hat alles dies nun aber mit der Mehrung von Reichtum zu tun? Mit dieser Frage kommen wir zur zweiten Etappe auf dem Weg zur Veränderung unseres finanziellen Umfeldes: positiver Druck. *Wenn Sie Ihr Ausgabeverhalten ändern wollen, müssen Sie im Innersten davon überzeugt sein, daß der Mangel an finanzieller Sicherheit schmerzhafter sein wird als die Anstrengungen, die Disziplin und die Planung, die zur Erlangung dieser Sicherheit notwendig sind.* Allein das Wissen um Menschen wie den genannten Fred Johnson sollte Ihnen dabei Anreiz genug sein.

Die Kraft von Träumen und Phantasien soll hier nicht unterschätzt oder in Abrede gestellt werden. Auch diese werden Ihnen helfen, und zwar nicht zuwenig. Ich habe allerdings herausgefunden: Wenn man vor der schwierigen Frage steht, etwas zu kaufen, was man wirklich nicht braucht, übt die Peitsche eine stärkere Motivation zum Verzicht aus als das Zuckerbrot. Der Einsatz ist hoch, denn wenn Sie sich nicht dazu entschließen können, regelmäßig zumindest einen kleinen Teil Ihres Einkommens zu sparen, könnte es sein, daß Sie

bei Ihrem Ausscheiden aus dem Berufsleben vor dem Nichts stehen.
Der dritte Schritt auf dem Weg zu einem veränderten Verhalten ist zwar am leichtesten zu erklären, aber am schwierigsten wirklich umzusetzen. Sie müssen unbedingt eine vernünftige Planung aufstellen, wie Sie Ihre Ziele erreichen können, und diesen Plan Punkt für Punkt verwirklichen. In späteren Kapiteln werden wir uns eingehend mit Finanzplänen befassen und der Frage nachgehen, wie Sie sofort damit beginnen können, Ihre eigene Planung umzusetzen. Schon jetzt sollten Sie für sich festlegen, daß Sie der Planung Vorrang einräumen werden. Sie werden dann stetige Fortschritte auf dem Weg zur Realisierung Ihrer Träume feststellen können.
Die einfache Übung, die wir jetzt machen wollen, soll Sie schon ein wenig anregen. Mein Ziel ist es, soviel Unbehagen bei Ihnen zu erzeugen, daß Sie erkennen, wie wichtig es ist, sofort damit anzufangen, sich selbst zuerst zu bezahlen. Bei manchen Menschen hat diese Übung eine sofortige Veränderung ihres Ausgabeverhaltens zur Folge. Andere wiederum brauchen noch ein bißchen mehr Druck, und das ist dann auch kein Beinbruch. Sie sollten sich aber schon jetzt fest dazu entschließen, alles zu tun, was zur Veränderung Ihres Denkens und damit auch Ihres Handelns notwendig sein wird. Füllen Sie die folgende Übung ehrlich aus – sie könnte unabsehbare Folgen für Sie haben.
Ihnen geht es wahrscheinlich wie den meisten Menschen: Sie sind entsetzt darüber, wieviel Geld in einer relativ kurzen Zeit schon durch Ihre Hände geflossen ist und wie wenig Sie davon im Moment noch in Händen halten. Gegen Ihr bisher erzieltes Lebenseinkommen wirkt die Summe, die Sie gespart haben, wahrscheinlich ziemlich armselig. Die Konsequenz aus dieser Feststellung ist offensichtlich: Schon ein anderer Umgang mit dem Geld, das Sie schon haben, könnte Ihr Leben verändern. Wenn Sie nichts anderes täten, als sich

Tragen Sie Ihre Antworten in die vorgesehenen Lücken ein
Gesamteinkommen, das Sie in Ihrem Leben bisher verdient haben (Lohn/Gehalt multipliziert mit der Anzahl der Arbeitsjahre):
Gesamtsumme der liquiden Mittel, über die Sie im Moment verfügen (Ersparnisse, Aktien, Anleihen, Bargeld usw.):

selbst von nun an zuerst zu bezahlen (in der Form eines Spar- oder Investitionsplans), würden Sie, auch ohne mehr zu verdienen, mit der Zeit wohlhabend werden. Ich habe bisher noch niemanden getroffen, der auf diesem Gebiet nicht noch etwas lernen konnte. Führen Sie sich immer vor Augen: *Nicht was Sie verdienen, macht Sie reich, sondern das, was Sie behalten!*

Es gibt einen Ausdruck, der oft im Zusammenhang mit Muskelkraft und Training gebraucht wird und von dem ich glaube, daß er auch auf die Finanzen angewandt werden kann: »Nutze es, oder du wirst es verlieren.« Die Fähigkeiten, über die Sie auf dem Gebiet der Verwaltung Ihres Geldes verfügen, müssen Sie kontinuierlich einsetzen, sonst verkümmern sie. Diese Überlegung wird in der Bibel bei Matthäus 25,14-29 sehr deutlich:

> **Gleichwie ein Mensch, der über Land zog, rief seine Knechte und vertraute ihnen seine Habe an;**
> **und einem gab er fünf Zentner Silber, dem andern zwei, dem dritten einen, einem jeden nach seiner Tüchtigkeit und zog hinweg.**
> **Alsbald ging der hin, die die fünf Zentner empfangen hatte, und handelte mit denselben und gewann andere**

fünf. Desgleichen, der die zwei Zentner empfangen hatte, gewann zwei andere.
Der aber den einen empfangen hatte, ging hin und machte eine Grube in die Erde und verbarg seines Herrn Geld. Über eine lange Zeit kam der Herr dieser Knechte und hielt Rechenschaft mit ihnen.
Da trat herzu, der die fünf Zentner empfangen hatte, und legte fünf Zentner dazu und sprach: Herr, du hast mir fünf Zentner anvertraut, siehe da, ich habe damit andere fünf Zentner gewonnen.
Da sprach sein Herr zu ihm: Ei, du frommer und getreuer Knecht, du bist über wenigem getreu gewesen, ich will dich über viel setzen; gehe ein zu deines Herrn Freude.
(...) [ebenso erging es dem zweiten Diener]
Da trat auch der hinzu, der einen Zentner empfangen hatte, und sprach: Herr, ich wußte, daß du ein harter Mann bist (...) und ich fürchtete mich, ging hin und verbarg deinen Zentner in die Erde. Siehe, da hast du das Deine. Sein Herr aber antwortete und sprach zu ihm: Du böser und fauler Knecht! (...) so solltest du mein Geld zu den Wechslern getan haben, und wenn ich gekommen wäre, hätte ich das Meine zu mir genommen mit Zinsen.
Darum nehmet von ihm den Zentner und gebet ihm dem, der die zehn Zentner hat.
(...)
Und den unnützen Knecht werft in die Finsternis hinaus; (...).

Immer wieder habe ich Menschen sagen hören: »Wenn ich nur mehr Geld verdienen würde, könnte ich mich wohlhabend fühlen oder ich könnte meine Rechungen bezahlen oder das Geld dazu nutzen, gute Dinge zu tun oder für die Zukunft zu sparen.« Diese Liste scheint sich ewig fortsetzen zu lassen.

Glauben Sie mir aber bitte den folgenden Satz: *Bevor Sie durch neuen Geldzufluß dauerhaft reich werden können, müssen Sie lernen, die Mittel, über die Sie schon verfügen, richtig einzusetzen.*

Viele reiche Sportler oder Filmstars verschwenden ihren Reichtum, weil sie zwar gelernt haben, viel Geld zu verdienen, aber nicht über genug Geschäftssinn verfügen, um die wenigen allgemeingültigen Regeln des Reichtums zu verstehen. Vor einigen Jahren stand in den Zeitungen, daß Elvis Presley bei seinem Tod über ein Nettovermögen von fünf Millionen Dollar verfügte. Ich weiß nicht, wie viele Millionen Presley im Laufe seiner Karriere verdient hat, aber bei jemandem, der früher 38 000 Dollar für Weihnachtsgeschenke ausgab, erscheinen fünf Millionen wie nichts. Wahrscheinlich fällt auch Ihnen ohne langes Nachdenken ein gutes Dutzend hochbezahlter, berühmter Menschen ein, die durch ihr schlechtes Ausgabeverhalten in eine ähnliche finanzielle Lage geraten sind. Uns allen fällt das Sparen schwer, bei einem großen Einkommen fällt es aber noch schwerer, wenn nicht von vornherein schon gute Verhaltensweisen erworben worden sind. Die Gewohnheiten bleiben nämlich dieselben, nur die Ausgaben und Probleme werden viel größer.

Von Donald Trump gibt es eine amüsante Geschichte, welche die Dinge in die rechte Perspektive rückt. Zu einer Zeit war Trump mehrere Milliarden Dollar schwer und besaß vor allem in New York City ein riesiges Immobilienvermögen. Nachdem er von einigen der Banken, denen er Millionen schuldete, unter Zwangsverwaltung gestellt worden war, traf er auf einem Gang durch die Straßen der Stadt auf einen Obdachlosen. Dieser wühlte im Müll und war in finanzieller Hinsicht offensichtlich sehr schlecht gestellt. Trumps erste Reaktion war, auf diesen Obdachlosen herabzusehen. Er besann sich aber und sagte: »In finanzieller Hinsicht ist er besser gestellt als ich.« Jemand fragte Trump: »Wie kommen Sie zu dieser Äußerung, der Mann besitzt ganz offensichtlich überhaupt nichts.« Auf diese Frage antwortete Trump folgendes: »Er hat gar nichts, ich aber stehe mit einigen hundert Millionen Dollar in den Miesen.«

Natürlich stammt dieses Beispiel nicht aus dem finanziellen Alltag, der Sinn wird aber klar. Wenn wir eine Hoffnung auf Reichtum bewahren wollen, müssen wir mit den Mitteln arbeiten, die uns zur Verfügung stehen. Dabei ist unerheblich, wie groß oder klein diese im Augenblick auch aussehen mögen.

Benjamin Franklin schrieb 1758 in *The Way to Wealth:* »Wenn Sie reich werden möchten, denken Sie sowohl an Sparen als auch an Mehren. Die Kolonien haben Spanien nicht reich gemacht, denn Spaniens Ausgaben sind größer als seine Einnahmen.«

Mein Ziel ist es natürlich nicht, Ihnen nahezulegen, zum unzuverlässigen Schuldner zu werden, nur weil Sie Zahlungen an sich selbst Priorität eingeräumt haben. Aber um Ihrer Zukunft willen müssen Sie kontinuierlich einiges von dem, was Sie verdienen, für sich behalten.

Gleich werde ich Ihnen zeigen, woher Sie das Geld, das Sie sparen sollen, nehmen können. Schon jetzt aber sollten Sie sich dazu entschließen, von nun an fest nach dem Grundsatz zu verfahren, sich selbst zuerst zu bezahlen. Machen Sie sich das Schlagwort »Es ist in Ordnung, einen Teil für sich zu behalten« zu eigen. Schreiben Sie es sich in Ihren Kalender oder in Ihr Tagebuch, sprechen Sie es sich immer wieder vor, und entwickeln Sie es so zu einem Teil Ihrer alltäglichen Gedankenwelt.

Vergessen Sie nicht: *Ein erfolgreicher Mensch langweilt sich nie, wenn es um Grundsätze geht.* Er wiederholt sie immer wieder, bis er seine Fähigkeiten perfektioniert hat, und dann übt er noch ein wenig weiter. Dieser Weg führt dann zur Meisterschaft. Die reichen Menschen üben diese Strategien täglich, und sie werden ihnen nie langweilig.

Die 10-Prozent-Strategie

Seit alters her gelten zehn Prozent als Richtwert für Sparen und Investitionen in die Zukunft. Sparen Sie jeden einzelnen Monat zehn Prozent Ihres Einkommens, und Sie werden reicher werden, als Sie je zu träumen gewagt haben. Natürlich kann es in einigen Situationen auch notwendig sein, mehr zu sparen. Dies gilt insbesondere dann, wenn Sie für die Zeit nach dem Ausscheiden aus dem Arbeitsleben große Pläne haben. Ihre Sparquote hängt von Ihrem Alter, der Zeit, die Ihnen im Arbeitsprozeß verbleibt, und der Rendite ab, die Sie mit Ihrem Vermögen erwirtschaften können. *Machen Sie aber auf jeden Fall einen Anfang, und beginnen Sie damit, die 10-Prozent-Regel auf alle Ihre Einkünfte anzuwenden.*
Wieviel Geld können Sie ansammeln, wenn Sie die 10-Prozent-Regel während der nächsten zehn Jahre anwenden? Ein Jahreseinkommen? Nicht ganz, denn zusätzlich sammeln sich im Verlauf der zehn Jahre Zinsen an. Und genau dieser Zinseffekt macht aus den »nur« zehn Prozent, die Sie gespart haben, einen großen, lohnenden Betrag. Wenn Sie im Moment noch nicht sparen und auch nicht richtig wissen, woher Sie das dafür notwendige Geld nehmen sollen, sollten Sie sich intensiv mit dem nächsten Abschnitt dieses Buches beschäftigen. Darin geht es um die Aufstellung eines Budgets und darum, wie man das Geld auftreibt, das man dann investieren kann.
Ein Weg zu regelmäßigem Sparen führt über einen monatlichen oder wöchentlichen Investitionsplan. Brokerfirmen haben die richtigen derartigen Angebote – einige buchen das Geld von Ihrem Girokonto ab, andere senden Ihnen jeweils einen Brief, wenn im Rahmen des Plans Zahlungen fällig werden. Es handelt sich hier um sogenannte systematische oder automatische Investitionspläne. Ihr Arbeitgeber steht Ihnen möglicherweise mit vermögenswirksamen Leistungen zur Seite. Auch Sie können sich an dieser Form des Sparens

beteiligen und kommen gar nicht erst in Versuchung, einen Monat einmal nicht zu sparen, da das Geld direkt auf ein spezielles Konto überwiesen wird.

Bekommen Sie die Ausgaben in den Griff

In den letzten Abschnitten habe ich wiederholt darauf hingewiesen, daß Sie, wenn Sie irgend etwas in Ihrem Leben vermehren wollen, zuerst das in den Griff bekommen müssen, was Sie schon haben. Genau um dieses Prinzip geht es in einer meiner Lieblingsanekdoten:

John D. Rockefeller jr. führte eines Tages ein R-Gespräch von einem öffentlichen Münzfernsprecher. Am Ende des Gesprächs gab der Automat die eingeworfene Münze, obwohl es sich um ein R-Gespräch gehandelt hatte, nicht heraus. Rockefeller stellte daher eine Verbindung zur Vermittlung her und wurde von dem dortigen Mitarbeiter sofort nach Name und Adresse gefragt, damit ihm das Geld erstattet werden könnte. Rockefeller begann zu antworten: »Der Name ist John D. . . . Ach, vergessen Sie es einfach, Sie würden mir sowieso nicht glauben.«

Dies war der Mann, der das Rockefeller Center in New York finanziert und viele wohltätige Stiftungen gegründet hatte. Er hatte von seinem Vater John D. sr. Milliarden geerbt und hatte dennoch nicht vergessen, was ein Dollar wert war. Wenn selbst jemand, der so reich ist, seine Ausgaben derart streng überwacht, sollte man sich überlegen, ob man nicht

> *Was nicht der Sheriff nimmt, nimmt das Finanzinstitut. Ich habe mehr Schläuche an mir als ein Staubsauger.*
>
> John Barrymore

viel von ihm lernen kann. Im übrigen sollten Sie auch über den folgenden Satz nachdenken: *Schon während Sie die Gewohnheiten und Fähigkeiten erwerben, die mit Wohlstand verbunden sind, geben Sie diese an Ihre Kinder und Enkel weiter und tragen so dazu bei, auch deren finanzielle Zukunft zu sichern.*

Die Familie Rockefeller ist während der letzten hundert Jahre reich geblieben, weil sie der Aufgabe, den Kindern die Bedeutung von Reichtum und Verantwortung beizubringen, große Bedeutung beigemessen hat. John D. III, ein Rockefeller der dritten Generation, hatte diese Grundsätze verinnerlicht. Er hat seinen Kindern nie einfach nur das Taschengeld ausgezahlt, sondern setzte sich zu ihnen und brachte ihnen bei, wie sie das Geld richtig verwalteten. John Ds Tochter Alida erinnert sich: »Mein Vater setzte sich zu mir und gab mir fünfzehn Cents zum Ausgeben, fünfzehn Cents zum Sparen, fünfzehn Cents, die ich spenden mußte ... es war unser Ritual.« Aus diesem Beispiel sind so viele Lehren zu ziehen, daß man ein ganzes Buch allein damit füllen könnte. Hier wollen wir uns aber auf einen Aspekt beschränken.

Mir geht es hier um Budgets. Das klingt zwar abschreckend, doch Sie sollten sich nicht abschrecken lassen. Auch wenn Sie versucht sein sollten, die nächsten Seiten zu überschlagen, geben Sie der Versuchung nicht nach! Es geht hier um einen wichtigen Schritt in Ihrer finanziellen Entwicklung und um eine der Grundlagen dafür, sich selbst zuerst zu bezahlen. Die gute Nachricht ist in diesem Zusammenhang, daß es sehr viel leichter ist, als Sie denken, Ihre Ausgaben in den Griff zu bekommen. Und wenn Sie diesen Schritt erst getan haben, werden Sie sehen, daß Sie über mehr Geld verfügen, als Sie je gedacht haben. Diese Absätze werden Ihnen erlauben, mehr von den Dingen zu kaufen, die Sie wirklich wollen. Ich werde nicht den Verzicht auf Dinge, die Ihnen lieb und teuer sind, predigen.

Bei den meisten Menschen reicht, um sie dazu zu bringen,

ihre Ausgaben in den Griff zu bekommen, schon aus, daß sie sich einmal klarmachen, wohin ihr Geld fließt. Sollten Sie immer noch nicht von der Notwendigkeit der Budgetierung überzeugt sein, dann denken Sie einmal darüber nach, wie oft Sie zum Geldautomaten gehen und sich einen Stapel Zwanzigmarkscheine holen. Und dann überlegen Sie, wie schnell diese Scheine, ohne auch nur eine Spur zu hinterlassen, wieder verschwinden. Wohin geht das ganze Geld? Was haben Sie als Gegenwert erhalten?

Mir ging es die ganze Zeit genauso. Ich dachte natürlich, ich wüßte, wohin das Geld verschwand, tatsächlich war es mir aber überhaupt nicht klar. Es gab Zeiten, da mußten meine Frau und ich auf Dinge verzichten, die wir uns wirklich wünschten und die wir auch verdient hätten, weil wir kleine Vermögen für Sachen ausgaben, die wir wahrscheinlich gar nicht richtig wollten und brauchten.

Stellen wir uns ein anderes Bild vor: Wie oft haben Sie sich schon vorgenommen, Ihr Kreditkartenkonto vollständig auszugleichen und dann doch wieder nur die absolut notwendige Summe überwiesen? Sie sind ein vernünftiger Mensch – Sie kaufen nichts, was Sie sich nicht leisten können. Warum zögern Sie mit der Zustimmung zu diesem Satz?

Der einfachste und wirkungsvollste Weg, sicherzustellen, daß Sie über das Geld verfügen, um sich selbst zuerst zu bezahlen, ist Ausgabenkontrolle. Und dafür wiederum gibt es eine ganz einfache Methode:

Schreiben Sie es auf.

Schreiben Sie alles auf, was Sie kaufen, jede einzelne Mark, die Sie ausgeben, in ein Notizbuch – und Sie werden sehen, wie schnell Sie Ihre Finanzen in den Griff bekommen. Ich weiß, wovon ich spreche. Bei mir hat es schließlich auch funktioniert! Ein Effekt, der sofort einsetzt, wenn Sie Ihr Notizbuch angefangen haben, ist der folgende: Sie verzichten noch vor dem Kauf auf manche Dinge, weil Sie voraussehen, wie schlecht Sie sich fühlen werden, wenn Sie die Ausgabe eintragen müssen. Sie wissen, daß Sie sich dann selbst fragen würden, wie es zu dieser unnützen Ausgabe gekommen ist. Genau um diese Selbsterkenntnis geht es. Sie hält uns nämlich von den Impulskäufen ab, die das Loch in unserer Hosentasche darstellen.

Die Ausgabenliste hat einen lustigen Effekt. Es ist, als ob Ihnen die Ausgaben noch einmal ins Gesicht schauen und Sie dazu zwingen, ihren Wert neu zu beurteilen. Sie werden sich fragen: »Wird mich dieser Einkauf darin hindern, etwas zu kaufen, das ich wirklich gern haben will?« Oder: »Was kann ich nicht machen, wenn ich dieses Geld jetzt für eine bestimmte Sache ausgebe?« Die Wirtschaftswissenschaftler sprechen in diesem Zusammenhang von Opportunitätskosten.

Im Zusammenhang mit allen Dingen, die man nur für Geld erhalten kann, existiert eine Lebensregel: *Wir können alles haben, das wir uns wirklich wünschen, wenn wir dafür arbeiten, aber wir können nicht alles haben!* Nun würden Sie mir vielleicht antworten: »Tod, ich dachte, Sie wären Optimist. Ich will aber alles.« Ich würde dann darauf antworten, daß Sie alles haben können, was Sie sich von Herzen wünschen, nicht aber *alles*. Sehen Sie ein, daß Sie einfach nicht genug Geld und Zeit haben können, um alles in der Welt zu haben oder zu tun. Davon abgesehen wäre es so, daß, sowie Sie alles hätten, jemand etwas Neues erfinden würde, das Sie dann wiederum haben müßten. Sie müssen Entscheidungen treffen, und Sie kommen nicht umhin, Prioritäten zu setzen. Mein Ziel ist es, Ihnen dabei zu helfen, alle Dinge wegzuschieben, die Sie davon abhalten, sich zuerst zu bezahlen und einen Teil Ihres Geldes für sich zu behalten.

Die Verkäufer von Massenartikeln haben es in der heutigen Gesellschaft leicht, uns gezielt anzusprechen und uns so fast zu *zwingen*, ihre Artikel zu kaufen – auch wenn wir dies in einigen Fällen gar nicht wollen. Allein die Werbung, die täglich auf uns einstürmt – wenn Sie glauben, daß Sie gegen deren Auswirkungen immun seien, denken Sie einfach noch einmal darüber nach. Welchen Grund hat es Ihrer Meinung nach, daß die Firmen in ihrer Werbung Bilder verwenden, die nicht einmal etwas mit dem beworbenen Produkt zu tun haben? Die Unternehmen wissen, daß sie jedes Gefühl, das uns gefällt, mit ihrem Produkt in Verbindung bringen können und daß wir dann wie Pawlowsche Hunde genau so reagieren, wie sie es wünschen. Es gibt nur einen Grund dafür, daß Unternehmen bereit sind, Milliarden Mark für Werbekampagnen auszugeben und absolut groteske Preise für 30 Sekunden Werbung während eines Pokalendspiels zu zahlen: Es funktioniert!

Die ganze Sache wird noch durch das Sofort-Befriedigungs-Syndrom kompliziert. Wir wollen etwas *sofort*, und manchmal dauert uns auch schon die Wartezeit auf sofort zu lange. Die Werber wissen, wie sie uns kriegen, und sie erwecken den Eindruck, daß wir das Gefühl, das wir jetzt wollen, durch den Kauf ihrer Produkte erhalten. Auf der anderen Seite fallen Sparen und Investieren für Ziele, die es wert sind, in die Kategorie »langfristige Befriedigung«. Es dauert in der Regel einige Zeit, bis das Sparen Ergebnisse zeigt, und diese Tatsache kann entmutigend wirken.

Weil Sie durch das Aufschreiben Ihrer Ausgaben immer die Ziele vor Augen haben, funktioniert diese Methode so gut. Indem sie die finanziellen Ziele, die Sie sich gesetzt haben, immer wieder vor sich sehen, verinnerlichen Sie sie. Und in diesem Sinne können Sie aus ihnen auch eine sofortige Befriedigung ziehen.

Lassen Sie mich Ihnen eine wichtige Frage stellen? Was würden Sie tun, um Millionär zu werden?

Den meisten Menschen fällt eine Reihe von Dingen ein, die sie zu tun bereit wären. Was wäre aber, wenn Ihnen gesagt würde, daß die regelmäßige Kontrolle Ihrer Ausgaben Sie zum Millionär machen würde? Würden Sie es dann tun? Ich hoffe, Sie würden. Die traurige Wahrheit aber ist, daß den meisten Menschen selbst diese kleine Anstrengung schon zuviel ist. Die Menschen wollen Ergebnisse sehen, ohne sich dafür anstrengen zu müssen. Sowohl Sie als auch ich wissen, daß das Leben so nicht funktioniert. Wenn Sie ein einziges Element hinzufügen, nämlich investieren, dann ist das einfache Aufschreiben Ihrer Ausgaben der erste Schritt auf dem Weg zum Millionär. Fangen Sie also sofort damit an.

Lassen Sie mich ein Beispiel vorrechnen: Was würde passieren, wenn Sie jeden Tag das Kleingeld aus Ihren Hosentaschen oder eine Mark in einen Topf werfen würden? Einmal abgesehen von wirklich armen Menschen, kann ich mir niemanden vorstellen, der nicht eine Mark pro Tag erübrigen könnte. Nehmen wir also an, Sie hätten entschieden, diesen Betrag täglich zu sparen. Am Ende des Monats würden Sie dann Ihre 30 Mark nehmen und investieren. Dieses investierte Geld würden Sie nicht wieder abheben.

Die Ergebnisse der Rechnung sind außerordentlich verblüffend. Ein Achtzehnjähriger, der bis zu seinem sechsundfünfzigsten Lebensjahr täglich eine Mark spart, hätte am Ende einige Millionen Mark zusammen – und das ohne irgendwelche ungewöhnlichen Manöver bei Finanzplanung und Anlage. Würde er seine Ersparnisse in einen Fonds investieren, der, sagen wir, 15 Prozent pro Jahr bringt (und ich kann Ihnen auch mehrere Fonds nennen, deren Ergebnisse im Durchschnitt noch höher liegen), würde der Wert seiner Investitionen auf 2,65 Millionen Mark anwachsen. Das ist viel Geld! Und dies ist besonders dann ein hoher Betrag, wenn Sie bedenken, daß dieser Mensch nichts anderes getan hat, um für seine finanzielle Zukunft vorzusorgen.

In dem gerade genannten Beispiel beträgt die investierte Summe insgesamt 17 000 Mark. Können Sie sich vorstellen, die anderen 98 Prozent der Bevölkerung der Vereinigten

Staaten würde diese Strategie konsequent umsetzen? Können Sie sich das Wachstum und den Wohlstand vorstellen, die auf diese Weise geschaffen würden? Wie viele Arbeitsplätze würden auf diese Weise in Wissenschaft und Forschung entstehen können? Wieviel Wirtschaftskraft stünde zum Wohle des Landes zur Verfügung? Dieses einfache Konzept ist atemberaubend, es wird aber in keiner Schule gelehrt. Das Prinzip des Zinseszins könnte mit Recht das achte Weltwunder genannt werden.

Natürlich könnten Sie jetzt einwenden: »Aber Tod, ich bin jetzt vierzig, und in den letzten fünfundzwanzig Jahren habe ich keinen Gedanken ans Sparen verschwendet. Wie kann ich das wieder wettmachen?« Lassen Sie mich auch dazu ein Beispiel geben: Wie viele ungefähr Vierzigjährige kennen Sie, die auf einige Flaschen Bier am Tag und vielleicht ein paarmal im Monat auf Fleisch zum Abendessen verzichten könnten? Ganz einfache Veränderungen wie diese würden schon zu einer Einsparung von fünf Mark am Tag führen. Nicht jeder kann täglich diese Summe einsparen, das ist klar. Aber jeder, dessen Einkommen sich in die Nähe des Medians der Einkommensverteilung bewegt und der nicht vollständig von Bier und Fett abhängig ist, sollte dazu leicht in der Lage sein.

Tatsache ist, daß fünf Mark, die so angelegt werden, wie ich es eben beschrieben habe (bei einer angenommenen Jahresrendite von 15 Prozent) nach 25 Jahren zu einem Guthaben von etwas über einer Million führen würden.

Lesen Sie das ruhig noch einmal. Es ist verrückt, was die Kraft des Zinseszins bewirken kann, wenn sie für Sie und nicht gegen Sie arbeitet. Es geht in meinen Beispielen übrigens nicht darum, Ihren ganzen Lebensstil zu verändern, es geht nur um eine oder fünf Mark am Tag. Jeder Amerikaner (Nichtraucher und Kinder mitgerechnet) gibt jedes Jahr durchschnittlich 192 Dollar für Tabakwaren aus. Das ist genug Geld, jeden von uns während seines Lebens reich werden zu lassen, wenn es nur gespart und investiert würde. Für Raucher bedeutet das, daß allein der Verzicht auf Tabakwaren eine enorme Veränderung ihrer finanziellen Zukunft bedeuten kann. Verstehen Sie mich richtig: Wenn Sie noch nicht genug für sich und Ihre Familie sparen, so könnten Sie es schaffen, wenn Sie nur ein wenig mehr darauf achten, wofür Sie Ihr Geld ausgeben.

Manche Menschen sehen Budgetierung als einen Plan für die Zukunft und nicht als eine Dokumentation der Vergangenheit. Ich ziehe es vor, meine Ausgaben zu überwachen und nicht Budgets bis zum Jahr 2010 aufzustellen. Davon würde ich mir zu eingeengt vorkommen. Ich nenne meine Ausgabenaufzeichungen das »Kontrollbudget« und empfehle es als ein der Ausgabenplanung überlegenes Konzept. In der zukünftigen Entwicklung unseres Ausgabeverhaltens sind meiner Meinung nach einfach zu viele Unsicherheiten, als daß man auf die Mark genau planen könnte. Außerdem glaube ich, daß die meisten Menschen das Geld schon auftreiben, wenn es um Dinge geht, die sie wirklich wollen oder brauchen. Hier geht es darum, sich Ihrer Ausgaben so bewußt zu werden, daß Geld nur noch für die Dinge ausgegeben wird, die Sie wirklich haben wollen. Dieses Bewußtsein wird durch eine Rangfolge, die Sie Ihren Ausgaben zuordnen, verstärkt. Auf diese Methode gehe ich gleich noch näher ein. Ich bin überzeugt, daß es Ihnen genauso gehen wird wie mir.

Wenn Sie die Rangfolge Ihrer Ausgaben beachten und sie jeden Monat Ihrem Einkommen gegenüberstellen, werden Sie instinktiv wissen, was Sie als nächstes zu tun haben. Fünf Schritte führen zu einer erfolgreichen Anwendung der Budgetkontrolle:

① Errechnen Sie Ihr Gesamteinkommen.
② Wählen Sie die Ausgabengruppen, die für Sie relevant sind.
③ Setzen Sie Budgets für die jeweiligen Gruppen fest.

AUSGABENORGANISATION													
Nettomonats-einkommen		Jan.	Febr.	März	Apr.	Mai	Juni	Juli	Aug.	Sept.	Okt.	Nov.	Dez.
Ausgabenkategorien	Budget	3000	3000	3000	3000	3000	3000	3000	3000	3000	3000	3000	3000
Auto	400	600											
Geschäft	300	300											
Unterhaltung	300	300											
Nahrungsmittel	200	200											
Verschiedenes	200	200											
Hypotheken	700	700											
Personal	400	400											
Sparen	300	300											
Strom/Wasser/Gas	200	200											
Gesamtausgaben	3000	3200											
Differenz	0	–200											

Ich bin wirklich reich: Mein Einkommen ist höher als meine Ausgaben, und meine Ausgaben entsprechen meinen Wünschen.
Edward Gibbon

④ Schreiben Sie alles auf – kontrollieren Sie Ihre Ausgaben.
⑤ Ordnen Sie Ihren Ausgaben Prioritäten zu (A, B, C, D).

Am Ende dieses Buches finden Sie in Abbildung 2 ein Blankoformular für die monatliche Ausgabenkontrolle. Hier soll das Vorgehen an einem Beispielblatt verdeutlicht werden.
Errechnen Sie erst Ihr monatliches Gesamteinkommen (oder teilen Sie Ihr Jahreseinkommen durch zwölf), und schreiben Sie es in das dafür vorgesehene Feld im oberen Teil des Blattes. Ich verwende an dieser Stelle immer mein Nettoeinkommen. Bei den meisten Menschen steht hier für jeden Monat die gleiche Zahl. Sollten Sie nicht zu dieser Gruppe gehören und ein schwankendes Monatseinkommen haben, kann es hilfreich sein, dieses zu glätten und für jeden Monat die gleiche Summe einzusetzen. Dies ist insbesondere dann sinnvoll, wenn sich Ihre Ausgaben von Monat zu Monat nur wenig unterscheiden. Einige Personen ziehen für das Kontrollbudget wöchentliche oder vierteljährliche Zeiträume vor.
Für mich hat es sich bewährt, mich einmal im Monat hinzusetzen und alle Zahlen in die Budgettabelle einzutragen. Wenn Sie wollen, können Sie die ausgefüllten Blätter in einem Ordner archivieren und so den Überblick über die Jahre behalten. In einem zweiten Schritt wählen Sie die Ausgabenarten aus, die Sie berücksichtigen wollen, und schreiben diese in die linke Spalte. Einige mögliche Ausgabenarten liste ich Ihnen hier auf:

Bekleidung	Reinigung
Beruf/Reisen	Reparaturen/Renovierungen
Ferien	Restaurantbesuche
Fortbildung	Sparen/Investitionen
Geschenke	Spenden
Gesundheit/Fitneß	Strom/Gas/Wasser
Hauspersonal	Taschengeld/Bargeld
Haustiere	Telefon
Hypotheken	Transportkosten
Kinder	Unterhaltung
Kinderpflege	Verbraucherkredit
Kraftfahrzeug	Verschiedenes
Medizinische Versorgung	Versicherung
Miete	Zeitungen/Zeitschriften/Bücher
Nahrungsmittel/Haushalt	Zinszahlungen

Diese Liste stellt nur ein Beispiel dar. Ich kenne niemanden, der alle Kategorien benutzt. Wählen Sie die aus, die Ihren Bedürfnissen am besten entsprechen (ein kurzer Blick auf den Verwendungsnachweis in Ihrem Scheckheft oder auf die letzten Kontoauszüge hilft Ihnen bei der Auswahl). Schreiben Sie die ausgewählten Kategorien in die linke Spalte Ihrer Tabelle. Passen Sie auf, daß Sie Kategorien wählen, die wirklich zu Ihrem Ausgabeverhalten passen und die die Zuordnung der einzelnen Ausgaben nicht allzu kompliziert machen. Zum Beispiel habe ich in meiner Tabelle Telefon, Satellitentelefon, Strom und Wasser in einer Kategorie zusammengefaßt. Je weniger ich differenzieren muß, desto leichter fällt es mir, mit meiner Tabelle klarzukommen. In die Kategorie »Gesundheit/Fitneß« fällt bei meiner Frau und mir alles vom Haarschnitt bis zum Beitrag für das Fitneßstudio. Es kann sein, daß Sie einige Kategorien neu definieren oder hinzufügen müssen. Ein Hinweis noch: Versuchen Sie, in die Kategorie »Verschiedenes« sowenig wie irgend möglich zu schreiben. Es ist besser, Ausgaben einer anderen Gruppe zuzuordnen, als sie ohne großes Nachdenken unter »Verschiedenes« zu buchen. Während des ersten Monats, in dem ich meine Ausgaben aufgeschrieben habe, habe ich diesen Fehler noch viel zu häufig gemacht, und »Verschiedenes« wies am Monatsende einen höheren Betrag als alle anderen Zeilen auf. Sie haben schließlich das Ziel, genau zu erfahren, wohin Ihr sauer verdientes Geld fließt.

Der dritte Schritt auf dem Weg zu einer funktionierenden Kontrolle ist die Festlegung der Budgets für die einzelnen Ausgabenkategorien. Schreiben Sie diese Summen neben die Bezeichnung der Kategorie. Hinweise auf die richtige Höhe gibt auch hier ein Blick auf den Kontoauszug oder den Verwendungsnachweis des Scheckhefts. Ihre Miet- oder Hypothekenzahlungen sind Ihnen bekannt, auch das, was Sie für Ihren Wagen zahlen, und die Versicherungsbeiträge können Sie recht schnell einsetzen. Andere Kategorien sind etwas schwieriger zu budgetieren. Schreiben Sie einige vernünftig erscheinende Zahlen in die Kästchen, und ändern Sie sie gegebenenfalls während der ersten Monate einige Male, bis Sie Ihr Ausgabeverhalten annähernd richtig beschrieben haben.

Der vierte Schritt ist dann natürlich die tägliche Niederschrift der Ausgaben. Ein Beispiel für die tägliche Ausgabenliste finden Sie hier im Text. Abbildung 1 am Ende des Buches ist ein Blankoformular.

Durch diese genaue Buchführung gewöhnt man sich an, seine Ausgaben gewissenhaft zu überwachen. Am Anfang wird

Formular zur Erfassung der Tagesausgaben

Datum	Betrag	Kategorie	Art	Priorität
1. Januar	600 DM	Kfz	Kreditkarte	A
1. Januar	25 DM	Kfz-Benzin	bar	A
1. Januar	30 DM	Verschiedenes	bar	C oder D

Ihnen diese Selbstüberwachung ein wenig schwerfallen (darüber dürfen Sie sich nicht wundern), doch schon nach kurzer Zeit wird Ihnen diese Art der Buchführung in Fleisch und Blut übergegangen sein, genau wie das Zähneputzen. Sie können sich das Formular im Anhang kopieren oder auch einfach einen Notizblock verwenden. Ich habe lange Zeit einen Spiralblock benutzt und immer nur das Datum in die obere Ecke geschrieben. Jetzt schreibe ich meine Ausgaben in meinen Tagesplaner. Von Andy Warhol wird gesagt, daß er alle Beträge bis auf den Penny genau aufschrieb. Ich selbst runde allerdings immer auf volle Dollar – machen Sie es, wie Sie es mögen. Sie können Ihren Notizblock immer bei sich haben oder einfach die Kassenbons aufbewahren und die Buchführung dann zu Hause erledigen. Sie sollten sich für die Methode entscheiden, die am ehesten sicherstellt, daß Sie tatsächlich alle Ausgaben aufschreiben. Strengen Sie sich wirklich an durchzuhalten.

»Charakter«, so wird gesagt, sei die Fähigkeit, eine vernünftige Entscheidung auch umzusetzen, nachdem sie getroffen wurde. Versprechen Sie sich selbst, es drei Monate lang zu versuchen und sich dann die Ergebnisse anzusehen. Sie müssen auch nicht mein System verwenden; es gibt Dutzende anderer (Sie können auch ein eigenes Ausgabenkontrollverfahren entwickeln). Sie sollten aber auf jeden Fall einen Weg suchen, Ihre Ausgaben ab sofort unter Kontrolle zu bringen. Millionen glücklicher, wohlhabender, erfolgreicher Menschen in den Vereinigten Staaten haben die Ausgabenkontrolle zu einer täglichen Routineübung gemacht. Fangen Sie an, es ihnen gleichzutun.

Der fünfte und letzte Schritt besteht aus der Festlegung von Prioritäten. Dieses Vorgehen führt dazu, daß Sie Ihre Wünsche ordnen, und hilft Ihnen so, sich auf die Dinge zu konzentrieren, die Sie wirklich haben wollen.

Lassen Sie mich dazu ein Beispiel geben. Als junger Mann am Anfang meiner Karriere wollte ich unbedingt einen bestimmten Anzug haben, der meine »Berufskleidung« vervollständigen würde. Es handelte sich um einen tiefblauen Zweireiher von Armani, der (die Information erübrigt sich eigentlich) ein kleines Vermögen kostete. Leider ließ es meine sehr sparsame Erziehung im Grunde nicht zu, eine derartige Ausgabe vernünftig zu begründen. Bei meiner Familie und meinen Freunden hatte teure Kleidung nie große Wertschätzung genossen – die Priorität »A« hätten sie meinem Traumanzug folglich nie zugebilligt. Für mich lagen die Dinge seit Beginn meiner Berufstätigkeit jedoch anders. Passende Kleidung war an meinem Arbeitsplatz wichtig, und daher erhielt der Kauf des Anzugs für mich die Priorität »A«. Offensichtlich unterscheiden sich die Dinge, die in die A-Kategorie eingeordnet werden, von Mensch zu Mensch. Jeder einzelne hat seine eigene Rangordnung, und es kommt auch gar nicht so sehr darauf an, welche Dinge Sie in die A-Kategorie einordnen – wichtig ist, daß Sie die Entscheidung darüber wohlüberlegt treffen.

Am besten kann man die Prioritäten zuordnen, während man das Geld ausgibt. Danach können Sie dann realistische Ziele für spätere Ausgaben ableiten. Immer dann, wenn Sie auf Ihrem Tagesblatt eine Ausgabe notieren, schreiben Sie ein A, B, C oder D an das Ende der Zeile. In die Monatsübersicht übernehme ich diese Einordnung in der Regel nicht.

Als Anhaltspunkt für die Zuordnung der Prioritäten können Sie folgende Definitionen benutzen:

Ⓐ notwendig (Nahrungsmittel, Miete, Gas, Ersparnis usw.)
Ⓑ wichtig (Kleidung, Geschenke, Beiträge für das Fitneßstudio usw.)
Ⓒ angenehm (Restaurantbesuche, Autozubehör, Ausflüge usw.)
Ⓓ unnütz (Impulskäufe, Krempel usw.)

In der Kategorie D findet sich in der Regel Krimskrams, irgendwelches Zeug, dem Sie im Laden nicht widerstehen konnten, und all das, was Sie noch kurz vor der Kasse in Ihren Einkaufswagen geworfen haben. Ich habe mir den Spaß gemacht, einige Dinge aufzulisten, die ich in die Kategorie D einordnen würde. Außerdem habe ich eine kurze Beschreibung hinzugefügt und den Betrag aufgeschrieben, den man auf dem Flohmarkt noch dafür erlösen könnte. Und zum Schluß habe ich dann ausgerechnet, welche Größe der Betrag in zwanzig Jahren erreicht hätte, wenn ich das Geld sinnvoller angelegt hätte. Das Ganze ist nur ein Gedankenexperiment, nur eine Berechnung von jemandem mit einer lebhaften Phantasie. Einige dieser »wichtigen« Dinge gehören mir selbst, und bei manchen habe ich mich vor dem Kauf gerade noch zurückhalten können. Einige tragen tatsächlich dazu bei, meine Lebensqualität zu verbessern, die meisten tun dies aber nicht. Ich überlasse es Ihnen, sich zu überlegen, was in welche Gruppe gehört.

Ich gebe ja zu, die Zusammenstellung dieser Tabelle hat mir viel – vielleicht ein wenig zuviel – Spaß gemacht. Auf der Basis der Einkaufspreise der genannten Artikel habe ich einmal überschlagen, auf wieviel die ausgegebene Summe in zwanzig Jahren angewachsen wäre, wenn sie nur richtig angelegt worden wäre. Es wären ungefähr 1000 Dollar zusammengekommen und diese wären bis zum Jahr 2016, wenn man davon ausgeht, daß sich die Summe alle fünf Jahre verdoppelt (unter Anwendung der Regel der 72 und bei einer angenommenen Rendite von 15 Prozent jährlich; auf beides werde ich später noch genauer eingehen), auf einen Betrag von 16 000 Dollar angewachsen.

Ich will nicht darauf drängen, überhaupt keine Sachen mehr zu kaufen, die Spaß machen. Es geht mir nur darum zu zeigen, daß sich das Geld, das Ihnen möglicherweise zum Sparen fehlt, durch etwas mehr Aufmerksamkeit bei den Ausgaben auftreiben läßt. Besondere Aufmerksamkeit ist bei Artikeln, die in die Kategorie D fallen, also angebracht.

Gegenstand/Beschreibung	Flohmarktwert (in Dollar)
Schuhe aus falschem Wildleder (hergestellt in Korea)	0,25
Australischer Cowboyhut (nach einem Rodeo gekauft und in den sieben Minuten Fahrt nach Hause stolz getragen)	2,00
Freiheitsstatue aus Porzellan	0,25
Karibik-Schnorchelausrüstung – Luxusausführung (auch im heimischen Pool gut zu benutzen)	1,00
Aufblasbares Ein-Mann-Gummiboot	5,00, wenn der richtige Käufer vorbeikommt
Professionelle Boccia-Ausrüstung (in Originalverpackung)	2,00
Becher mit der motivierenden Aufschrift »Whatever it takes« und zugehöriger Untersatz	1,50
142teiliges Pinselset für Profis	1,50
Aqua-Sound-III-Musikgürtel (eine angenehm zu tragende, wasserdichte Hülle für Radios und Kassettenrecorder, kann bei allen Wassersportarten verwendet werden und ist auch ganz toll in der Badewanne, schwimmt sogar!) Über den Kauf dieses Dings bin ich noch immer nicht hinweggekommen	0,50
Größenjustierbare Schneeketten (immer nützlich, wenn Schneestürme durch das sonnige Texas fegen)	00
Zweiteilige Keramikkeksdose in Schweineform (würde gut zu den Glastieren im Regal passen, wenn wir welche hätten)	0,50
Climbometer (Climbometer mit bahnbrechender Technik, macht jede Fahrt im Geländewagen zu einem Riesenspaß, da es die Steigung des Hügels, der gerade erklommen wird, mit seiner »Kleiner-schwimmender-Jeep-in-Glasröhre-Technik« anzeigt. Hintergrundbeleuchtung für Nachtfahrten. Einbau mit Hilfe der Selbstklebestreifen auf der Rückseite oder der Montageklammern außerordentlich einfach. Das ist mein Lieblingsstück in dieser Sammlung. Es wird dauerhaft am Jeep befestigt und führt garantiert zu beschleunigtem Wertverlust des Wagens)	(100,00)

Soll das heißen, daß man wirklich 70 000 Dollar bei Woolworth ausgeben kann?
Bob Krasnow,
als er das erstemal die Wohnung
von Ike und Tina Turner sah

Der wichtigste Grund für die Zuordnung von Prioritäten liegt folglich darin, daß Sie merken, wo unnötige Ausgaben für Dinge in den Kategorien C und D getätigt werden und dadurch dazu gebracht werden, sorgfältiger über Ihre Einkäufe nachzudenken, sich Ziele zu setzen und das zu kaufen, was Sie sich wirklich wünschen. In Kapitel 3 widmen wir uns der Planung Ihrer finanziellen Zukunft.

Das ist denn der richtige Moment, sich die »Wunsch«-Ziele zu setzen und auch diesen Prioritäten zuzuordnen. In diesem Buch gehe ich nicht detailliert auf Setzung und Erreichung bestimmter materieller Ziele ein. Es kann aber auf jeden Fall ein guter Ansatzpunkt sein, sich alle Dinge, die Sie sich wirklich wünschen, auf ein Blatt zu schreiben und jeder Position eine Dringlichkeitsstufe zuzuordnen. Sie werden erstaunt sein, wie schnell Sie sich danach auf die Erfüllung Ihrer Wünsche zubewegen.

Wenn ich mich hinsetze, um meine Ziele festzulegen, gehe ich immer noch einen Schritt weiter und setze jeweils ein festes Zeitlimit. Jeder Fachmann für Zielsetzung, den ich bisher getroffen habe, hat die Bedeutung von festen Daten für die Zielerreichung unterstrichen. Ich habe herausgefunden, daß das wirklich phantastisch funktioniert. Sollten Sie bisher noch auf regelmäßige Zielsetzung und die Festlegung eines zeitlichen Rahmens bis zu ihrer Erreichung verzichtet haben, rate ich Ihnen, noch *heute* damit anzufangen.

In einem letzten Schritt addieren Sie dann die Ausgaben in Ihrer Tagesübersicht und tragen Kategorie für Kategorie in

das Monatsformular ein. In der Vergangenheit habe ich sogar versucht, die täglichen Zwischenstände auszurechnen (und mit Bleistift zu vermerken), um immer zu wissen, welche Ausgaben in welcher Kategorie im laufenden Monat schon angefallen waren. Dazu addiere ich die Tageswerte zu dem Gesamtbetrag vom Vortag, radiere dann den alten Gesamtbetrag aus und schreibe den neuen in das Feld. Mir fällt dieses Verfahren recht leicht, da ich nur wenige Ausgaben am Tag tätige und nur einige wenige Ausgabekategorien betroffen sind.
Am Ende jedes Monats errechne ich die Gesamtausgaben in jeder Kategorie und vergleiche diese Zahl mit dem budgetierten Wert. Ich kann mein Budget oder mein Ausgabeverhalten dann so anpassen, daß ich meine Planwerte erreichen kann. Und noch ein Tip: Eine weitere nützliche Information gewinne ich dadurch, daß ich mir zu jeder Ausgabe notiere, ob ich sie mit Kreditkarte (und mit welcher), mit einem Scheck oder bar bezahlt habe. Wenn Ihnen diese Information auch hilft, sollten Sie sie in der Aufstellung Ihrer täglichen Ausgaben berücksichtigen.

Wie Sie finanzielle Ängste besiegen

Wenn es um Geld geht, kommen viele Gefühle ins Spiel. Auf den ersten Blick erscheint das nicht sehr logisch, denn Geld wird in Zahlen ausgedrückt, und Zahlen drücken keine Gefühle aus. Man kann sie addieren, subtrahieren, multiplizieren und dividieren. Wenn Sie einmal etwas länger darüber nachdenken, werden Sie erkennen, daß sich die tiefverwurzelten Einstellungen – und die zugehörigen Gefühle –, die wir alle haben, vielmehr darauf beziehen, was es bedeutet, Geld zu haben. Manche Menschen glauben zum Beispiel, daß arm zu sein bedeutet, edel zu sein, und daß Reichtum das Böse und die Selbstsucht impliziert. Wir alle wissen, daß diese angenommenen Zusammenhänge der Wahrheit in keiner Weise gerecht werden. Wohltätigkeit und positive Lebenseinstellung sind, genau wie Verderbtheit, quer durch die Gesellschaft festzustellen. Unmöglich ist es auch, allgemein festzulegen, welche Summe ein Mensch besitzen muß, um als reich zu gelten. Ein Teenager kann sich mit 200 Mark in der Tasche absolut unglaublich fühlen, während der millionenschwere Landbesitzer sich bei einem Blick auf seine Gemeinkosten schon ganz blank vorkommt. In seinem Roman *Texas* stellt James Michener seine Auffassung der verschiedenen Grade des Reichtums dar:

1 Million	bis	20 Millionen Dollar	=	Komfortabel
20 Millionen	bis	50 Millionen Dollar	=	Wohlhabend
50 Millionen	bis	500 Millionen Dollar	=	Reich
500 Millionen	bis	1 Milliarde Dollar	=	Sehr reich
1 Milliarde	bis	5 Milliarden Dollar	=	Texas-reich

Ich habe in Texas gehört, wie von 100 Millionen Dollar als einer »Einheit« gesprochen wurde, als wenn dies die kleinste Größe wäre. Es kommt nicht darauf an, welches Ziel Sie verfolgen oder wieviel Sie haben, es kommt darauf an, die Möglichkeiten, die Sie haben, positiv zu nutzen. Durch das Genießen des Ansammelns von Reichtum und durch Teilen des Glücks »fühlt« man sich reich.

Jedes einzelne Mal, wenn wir versuchen, Änderungen unseres Lebens durchzusetzen, spüren wir Angst. Und in einigen Fällen wird diese Angst so groß, daß sie uns lähmt. Wenn es zu einer solchen Erscheinung kommt, ist es wichtig, diese Lähmung sofort zu bekämpfen und sie sich nicht verhärten zu lassen. Die von Patrick Swayze dargestellte Figur sagt in dem Film *Point Break:* »Angst führt zu zögern, und dieses Zögern wird dazu führen, daß deine größten Ängste wahr werden.«

Wenn es um das Reichwerden geht, ist die Angst vor der Veränderung besonders akut. Es ist dabei nur natürlich, daß die Vorstellung, sich mit einer Reihe von unbekannten Dingen auseinanderzusetzen, zunächst einige Befürchtungen weckt. Wie der Volksmund sagt: »Der einzige Mensch, der sich auf den Wechsel freut, ist ein Baby mit einer nassen Windel.« Wir sollten uns aber auch an General Douglas MacArthurs Ausspruch erinnern: »Es gibt keine Sicherheit auf der Welt, es gibt nur Möglichkeiten.« Der Wunsch nach vollständiger Sicherheit und die Angst vor jeder Änderung sind für Ihre finanzielle Gesundheit eine Katastrophe. In der Zeit, in der wir leben, begegnet man Veränderungen überall, und wenn wir uns ihnen nicht anpassen, werden sie uns überrollen. Eine Welt ohne Veränderungen wäre im übrigen auf jeden Fall auch eine Welt ohne Wachstum. Wenn Sie sich nicht neuen Herausforderungen stellen, wird sich Ihr Leben in keinem Bereich weiterentwickeln.

Natürlich, den Wechsel zu wagen, impliziert auch das Risiko von Fehlschlägen. Wir sollten uns aber immer vor Augen führen, daß wir aus jedem Fehlschlag Lehren ziehen können, und aus diesem Grunde haben die erfolgreichsten und reichsten Menschen auf der Welt auch mehr Fehlschläge überstehen müssen als der Normalbürger. Besonders auf finanziellem Gebiet gilt, daß eine Reihe von Fehlschlägen den Reichen das Wissen beigebracht hat, das sie benötigen, um erfolgreich zu sein.

Eine Möglichkeit, Ihre Erfolgschancen zu erhöhen, besteht darin, Veränderungen zu antizipieren. Mehr Geld bringt unweigerlich größere Verantwortung und mehr Wahlmöglichkeiten mit sich. Sie müssen sich auf diese Entscheidungssituationen einstellen und sich überlegen, wie Sie mit ihnen umgehen werden. Stellen Sie sich vor, wie Sie sich selbst gern sehen würden, und bleiben Sie nicht da stehen, wo Sie noch sind. *Sehen Sie sich als reich, stellen Sie sich den Erfolg, die Kosten und die Probleme, die damit verbunden sind, vor, und erkennen Sie dann, daß diese Probleme für Sie*

> *Es ist viel besser, große Dinge zu wagen, große Triumphe zu feiern, auch wenn es auf dem Weg zu Fehlschlägen kommt, als sich in die Reihe der schlichten Geister einzuordnen, die weder viel Freude noch viel Leid erfahren, weil sie in der Grauzone leben, in der es weder Sieg noch Niederlage gibt.*
>
> Theodore Roosevelt

lösbar sind. Viele Menschen befürchten, sobald sie mit dem Sparen anfangen, Fehler zu machen und Geld zu verlieren oder aber – und das scheint noch schlimmer – sich beim Versuch zu blamieren. Die Wahrheit sieht so aus: Sie werden Fehler machen, einige von diesen Fehlern werden auch teuer sein, aber was bedeuten diese Kosten, wenn Sie es nicht einmal versuchen würden? Sie müssen sich ganz klar sagen, daß *der einzige Weg, wirklich zu versagen, im Verzicht auf den Versuch liegt.*

Ich habe mir ein Zitat in meinen Kalender geschrieben, das meiner Meinung nach genau das ausdrückt. Ich hoffe, Sie erkennen den Wert der Aussage auch.

Der zweite Schritt: 2

Streben Sie nach der Verwirklichung Ihres Traumes – wenn Sie eine Arbeit finden, die Ihnen gefällt, ergibt sich das Geldverdienen von allein

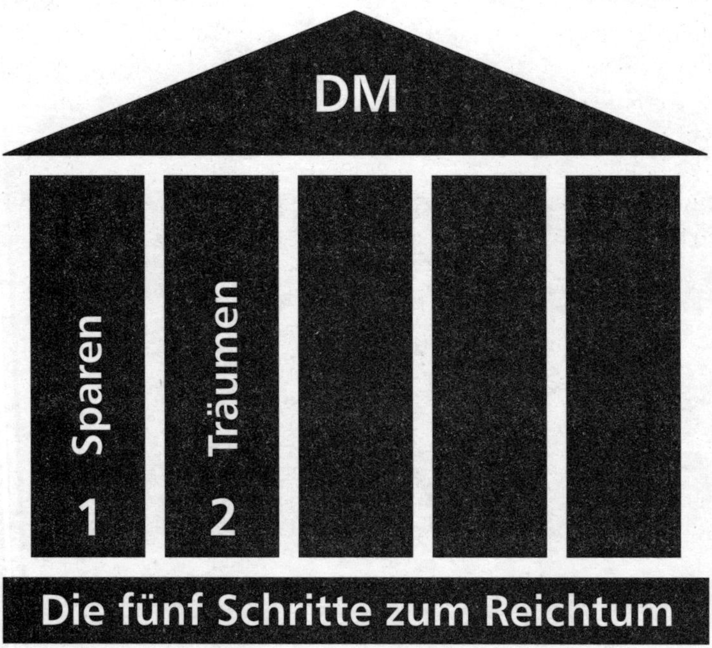

Um wirklich Frieden mit sich selbst zu finden, muß ein Musiker musizieren, ein Maler malen und ein Dichter schreiben.
Abraham Maslow

Mehr als einer hätte sich mit Schaudern abgewandt, wenn er den Tagesablauf von Pablo Casals hätte verfolgen müssen. Im Alter von neunzig Jahren litt Casals unter Arthritis, konnte nur mühsam gehen, sein Rücken war gebeugt und sein Schritt eher ein Schlurfen. Ein Lungenemphysem machte jeden Atemzug zur Qual. Es war traurig, diesen Mann so von der Zeit gezeichnet zu sehen. Pablo Casals, einer der größten Musiker des 20. Jahrhunderts, bot einen mitleiderregenden Anblick.

Seine erste morgendliche Handlung bestand darin, sich noch vor dem Frühstück geduldig und unter Schwierigkeiten zum Klavierhocker zu bewegen. Norman Cousins beschreibt in seinem Buch *Anatomy of an Illness*, was geschah, wenn Casals verkrümmte, geschwollene Hände sich sanft dem Klavier näherten: »Langsam entspannten sich die Finger und streckten sich nach den Tasten, wie sich die Knospen einer Pflanze nach dem Sonnenlicht strecken. Sein Rücken spannte sich, und er schien freier zu atmen.« Casals begann mit Bachs *Wohltemperiertem Klavier*, gewann mit jedem Anschlag Kraft und Ausdruck. »Er begleitete summend sein Spiel und sagte dann, daß Bach hier – und dabei legte er eine Hand auf sein Herz – zu ihm spreche. Anschließend spielte Casals kraftvoll, ausdrucksstark und sehr kontrolliert ein Konzert von Brahms. Die Liebe zur Musik, zu seiner Kunst, verwandelte seinen Körper. Er wurde erfüllt von Gefühl und künstlerischer Inspiration, und sein Körper ähnelte dem eines gesunden, kraftvollen Pianisten.« Cousins schreibt weiter: »Seine jetzt beweglichen und krafterfüllten Finger eilten mit erstaunlicher Geschwindigkeit über die Klaviatur. Sein ganzer Körper schien mit der Musik zu verschmelzen. Nichts wirkte mehr eingefallen und steif, der Pianist schien beweglich und anmutig und gänzlich befreit von den Auswirkungen der Arthritis.«

Die Verwirklichung Ihres Traums anzustreben bedeutet zu erkennen, was Sie aus tiefstem Herzen wirklich wollen, und die Verwirklichung bedeutet auch, sich immer weiter auf eine persönliche Selbstverwirklichung hinzubewegen. Es geht darum, das zu finden, was Sie derart zufriedenstellt, daß Sie vollständig darin aufgehen und sich der große Erfolg sozusagen zwangsläufig aus Ihrer Begeisterung heraus ergibt. Es geht darum, Ihre Ziele immer mehr dem Sinn Ihres Lebens anzunähern, bis diese beiden Bereiche schließlich verschmelzen.

Anders ausgedrückt, ist das Streben nach der Umsetzung Ihres Traums die Entdeckung dessen, was Sie so gern tun, daß Sie es auch ohne Bezahlung täten. Wenn Sie diese Aufgabe erst gefunden haben und sie gut und mit Engagement ausfüllen, dann wird Ihre Umwelt darauf in einem Maß reagieren, das Sie nie für möglich gehalten hätten.

Begabung, Intelligenz, eine sehr gute Erziehung stellen, jede für sich genommen, keine Garantie für Erfolg dar. Es muß noch etwas anderes hinzukommen: die Sensibilität zu erkennen, wonach andere Menschen suchen, und der Wille, ihnen dies zu geben. Weltlicher Erfolg ist davon abhängig, anderen zu gefallen. Niemand wird Ruhm, Anerkennung oder Beförderung erlangen, weil er oder sie denkt, dies wäre verdient. Jemand anders muß genauso denken.

John Luther

Es gibt zwei Wege, die zum finanziellen Wohlstand führen. In diesem Buch werden Sie die beiden unterschiedlichen, aber parallel verlaufenden und sich ergänzenden Wege zur Bildung eines persönlichen Vermögens kennenlernen: den aktiven und den passiven Weg. Der zweite Schritt auf dem Weg zum Reichtum beschreibt den aktiven Ansatz, die Bildung von Reichtum ausschließlich auf der Basis Ihrer eigenen Ressourcen. Der dritte und vierte Schritt sind passive Ansätze. Es geht dann darum, Ihr Geld für Sie arbeiten zu lassen, während Sie sich nicht darum kümmern.
Die meisten Menschen glauben, daß nur *Arbeit* die Bildung von Wohlstand für sie selbst und ihre Familie ermöglicht. Nun ist es zwar richtig, daß man im Leben nichts erreichen kann, ohne zumindest etwas körperliche oder geistige Anstrengung zu investieren. Die Unterstellung, daß man sich die Finger wundarbeiten muß, ist allerdings nicht zutreffend. Durch die Lektüre dieses Buches werden Sie lernen, wie Sie zu großem Reichtum gelangen können, indem Sie nur Ihrem Gefühl folgen und so Ihren Weg auf eine sowohl interessante wie auch angenehme Weise gehen können. Wir sind vielleicht nicht alle Musiker, Sportler oder Filmstars, ich glaube aber, daß jeder von uns über eine besondere und herausragende Begabung verfügt, über etwas, das ihn von den anderen abhebt und das er für seine Mitmenschen einsetzen kann. *Der Sinn unseres Lebens ist es, dieses »Etwas« zu entdecken.* Falls Sie wirklich nicht glauben können, daß es so einfach ist, reich zu werden, daß es genügt, eine Aufgabe zu finden, die einen begeistert und die einem Selbstverwirklichung erlaubt, sollten Sie die folgende Diskussion aufmerksam verfolgen – sie könnte Ihr Leben von Grund auf verändern.
Ich habe meine eigenen Gedanken über Geld und Arbeit entwickelt: Geld an sich ist weder gut noch schlecht, es stellt einfach eine Maßeinheit der Energie dar. Energie ist dabei als Wert zu verstehen, den man erzeugt und für den andere Men-

> *Wenn Sie mit etwas Erfolg haben, dann ist das kein Ergebnis von Arbeit. Es ist ein Ergebnis des Lebens. Sie haben Spaß daran, in dieser Welt Ihren Beitrag zu leisten.*
>
> Andy Granatelli

schen zu zahlen bereit sind. Ehrlich und fair verdientes Geld ist ein Maß für die Intensität Ihrer Anstrengungen: Das Geld fließt dann in direktem Verhältnis zu der *Qualität* und der *Quantität* Ihrer Handlungen für andere.

Ein Chirurg kann zum Beispiel mit einer zehnstündigen lebensrettenden Operation genausoviel verdienen wie ein Rockmusiker mit zwei im Fernsehen gesungenen Stücken. Die Leistung des Arztes ist für den Patienten qualitativ wichtig, während die Leistung des Musikers, auch wenn Qualität hier eine kleine Rolle spielen mag, eher in Richtung Quantität geht. Der Musiker erreicht viele Menschen mit seinem Lied und dessen Aussage. Diese ist zwar eventuell bewegend, aber nicht, wie der chirurgische Eingriff, eine Frage von Leben und Tod.

Was folgt nun aus diesem Beispiel? Die Sache, der Sie sich vollständig widmen wollen, muß entweder eine überwältigende Bedeutung für eine einzelne Person haben *oder* aber auf viele Menschen wirken. Es gibt nur diese beiden Alternativen für den Weg zum Erfolg.

Im Lexikon wird Arbeit definiert als »(...) auf ein wirtschaftliches Ziel gerichtete, planmäßige Tätigkeit des Menschen, gleichgültig, ob geistige oder körperliche Kräfte eingesetzt werden.« So verlockend klingt das nicht, oder? Ich glaube nicht, daß die gängigen Auffassungen von Arbeit die Menschen dazu bringt, ihr Bestes zu geben. Im Grunde denke ich sogar, daß diese Ansichten Millionen von Menschen ihrer Würde und damit letztlich auch der wichtigsten Jahre ihres

Lebens berauben. Manche Menschen geben, um ihren Lebensunterhalt zu verdienen, lebenswichtige Dinge wie ihre Familie, Reisen und ihre Gesundheit auf. Sie tun dies, weil sie meinen, ihnen stehe keine andere Möglichkeit offen.

Es ist aber folgendermaßen: *Auch wenn Sie im ständigen Konkurrenzkampf bestehen, bleiben Sie doch nur einer unter vielen Kämpfern.* Es spielt in meinen Augen keine Rolle, wie viele Autos Sie haben oder wie hoch Ihr Monatsgehalt ist. Wenn Sie, nur um Ihr Auskommen zu haben, einer Tätigkeit nachgehen, die Sie gerade noch ertragen können oder die Sie sogar hassen, leben Sie nach meiner Auffassung am Existenzminimum. Aber verstehen Sie mich bitte nicht falsch: Ich vertrete hier nicht die Meinung, daß Sie nur das tun sollen, wonach Ihnen im Augenblick gerade ist. Auch diejenigen, die ihren Beruf lieben, sagen sich nicht jeden Morgen beim Aufwachen: »Ich kann es gar nicht erwarten, wieder ans Werk zu gehen.« Jeder spürt dann und wann einen gewissen Widerwillen, und wir alle müssen uns um Selbstdisziplin bemühen. Auch der kreativste und unberechenbarste Musiker muß von Zeit zu Zeit auf Tournee gehen und das Geld zum Bezahlen seiner Rechnungen verdienen. Eine Arbeit, die Sie erfüllt, hilft Ihnen aber, nicht aus dem Ruder zu laufen. Die Schauspielerin Katharine Hepburn hat es einmal so formuliert: »Das Leben muß gelebt werden. Und wenn man schon für sich sorgen muß, dann sollte man sich wirklich etwas suchen, das zumindest interessant ist.«

Um uns voll zu entfalten und auch die finanzielle Belohnung dafür zu erlangen, müssen wir herausbekommen, wo unsere »Lebensaufgabe« liegt. »Lebensaufgabe« definiere ich als »eine Verbindung von Vision, Zweck und Gelegenheit«. Und das klingt doch schon viel besser als die traditionelle Definition von Arbeit! Auf den folgenden Seiten werden wir gemeinsam herausbekommen, wo Ihre Vorlieben liegen, welches Ihre Lebensaufgabe ist und wie Sie vorgehen müssen,

um unter Einsatz der Mittel, über die Sie verfügen, der Verwirklichung Ihres Traumes näherzukommen.
Der Anfang dieses Weges besteht darin, die Regel des zweiten Schrittes zu verinnerlichen: Streben Sie nach der Verwirklichung Ihres Traumes, eine Aufgabe, die Sie erfüllt, wird auch dazu führen, daß Sie Geld verdienen.
Dieser Schritt läßt sich am besten in den folgenden fünf Teilschritten beschreiben:

Die fünf Grundlagen des Reichtums

① Entdecken
② Träumen
③ Entscheiden
④ Handeln
⑤ Steuern

1. ENTDECKEN SIE, WER SIE SIND

Verdrängen Sie in den nächsten paar Minuten alle Gedanken an die Notwendigkeit des Geldverdienens, und denken Sie darüber nach, wer Sie sind. Sie sind vielleicht versucht einzuwenden: »Wer ich bin – was hat das mit einer Steigerung meines Einkommens zu tun?« Nun, es ist so, daß Sie, wenn Sie Ihr Einkommen verfünffachen wollen, auch fünfmal die Person sein müßten, die Sie jetzt sind. Allerdings – und dies zu Ihrer Beruhigung – wird es ausreichen, Sie selbst zu sein. Die meisten Menschen haben aber – und hier liegt das Problem – einen Großteil des Enthusiasmus und der Antriebskraft verloren, über die sie einmal verfügt haben. Aus diesem Grunde erleben sie auch nicht den Erfolg, den sie verdienen.
Der erste Schritt ist die Erkenntnis darüber, wer Sie im tiefsten Inneren sind, was Sie antreibt. Welche Bedürfnisse

> *Weder Zufall noch Vorsehung oder Schicksal können den festen Willen eines entschlossenen Menschen zerstören, behindern oder beeinflussen.*
> Ella Wheeler Wilcox

haben Sie, und an welchen Werten orientieren Sie sich? Brauchen Sie Anerkennung, Unterstützung, Sicherheit oder Liebe? Stellen Leistung, Abenteuer, Freiheit, Familie oder Gesundheit wichtige Werte für Sie dar? Wenn all Ihre Wünsche und Bedürfnisse erfüllt wären und Sie ausschließlich Sie selbst sein könnten, an welchen Werten würden Sie Ihr Leben auszurichten versuchen? Wo und mit wem würden Sie die meiste Zeit verbringen? Was treibt Sie wirklich an? Woran liegt Ihnen tatsächlich am meisten?

Viele Menschen, die ich danach gefragt habe, was sie wirklich motiviert, antworten: »Ich weiß, was mich antreibt. Geld motiviert mich.« Und immer wieder antworte ich auf diese Aussage: »Nein! Es geht letzten Endes gar nicht um das Geld. Im Grunde geht es Ihnen um das Ergebnis, um das, was Sie mit dem Geld erreichen können. Es geht um Ziele wie Sicherheit, Freiheit, Macht und all das, was Sie glauben, sich durch Geld sichern zu können. Es gibt nur einen Weg, sich wirklich zu motivieren, und der liegt im Streben nach diesem Endergebnis, das Ihnen wirklich wichtig ist. Wenn Sie dies tun, verwirklichen Sie Ihren Wunsch tatsächlich und werden sich nicht mehr darum kümmern müssen, Wege zu finden, Geld zu verdienen. Das Geld wird dann seinen Weg zu Ihnen finden.«

Ich behaupte, daß wir aufhören sollten, allein der allmächtigen Mark hinterherzulaufen. Vielmehr sollten wir einen Teil unserer Zeit der Suche nach uns selbst und nach unseren wirklichen Wünschen widmen. Darin liegt das Geheimnis eines reichen Lebens. In seinem Roman *Roots* schreibt Alex

Haley: »Sie werden niemals jemanden versklaven können, der sich seiner selbst bewußt ist.« Die Idee, sich selbst und seiner inneren Natur zu folgen, ist alt. Sokrates war schon vierhundert Jahre vor unserer Zeitrechnung der Meinung, daß der Schlüssel der persönlichen Entwicklung in der Selbsterkenntnis liege. Und Abraham Maslow vertrat zu Beginn unseres Jahrhunderts die Ansicht, daß der Drang nach Selbstverwirklichung (das heißt, all das zu erreichen, was wir erreichen können) die stärkste Kraft auf der Erde sei, wenn wir nur richtig damit umgehen könnten.

Um das Beste aus uns herauszuholen, reicht es nicht, uns mit Selbstdisziplin zu Tätigkeiten zu zwingen, die wir im Grunde nicht mögen. Wir müssen vielmehr den tieferen Sinn in unserem Leben und unserer Arbeit entdecken können. Denken Sie einmal darüber nach, was sich in Ihrem beruflichen und privaten Leben ändern könnte, wenn Sie Ihre Zukunft ganz und gar selbst in der Hand hätten und in der Lage wären, ein Vermögen mit etwas zu verdienen, das eine fast ohne Anstrengung realisierbare Umsetzung Ihrer Begabungen und Fähigkeiten wäre. Diese Tätigkeit würde Sinn machen und ein Ziel in sich darstellen. In diesem Ansatz liegt viel Kraft!

Ein Schlüssel zur Steuerung Ihrer finanziellen Zukunft liegt darin, Ihr Leben und Ihre Werte zur Deckung zu bringen. *Es geht darum, Ihr Leben an den Werten, die Ihnen wichtig sind, auszurichten.* Eine Situation, in der Sie mit dem Ziel, mehr Geld zu verdienen, länger im Büro sitzen müssen, während einer der für Sie wichtigsten Werte Ihre Familie ist, von der Sie durch Mehrarbeit länger getrennt würden, führt zu einer Wertekollision. Das heißt, daß zwei Ihnen wichtige Werte – Ihre Familie und Ihr beruflicher Erfolg – die gleichen Ressourcen beanspruchen. Wenn Sie nicht wirklich davon überzeugt sind, daß die Mehrarbeit der beste Weg ist, Ihrer Familie zu zeigen, wie Sie um sie besorgt sind, und die Familie auch dieser Meinung ist, würden Sie nicht glücklich werden. Auch in den Unternehmensleitungen beginnt man langsam, diesen Zusammenhang zu begreifen. Flexiblere Arbeitszeiten und mobilere Arbeitsplätze werden Realität: Viele Berater und andere Geschäftsleute arbeiten von zu Hause aus oder nutzen mobile Büros. Die Folge ist, daß diese Menschen effektiver arbeiten, da die Trennung zwischen den verschiedenen Lebensbereichen aufgehoben ist.

Um nun die Werte zu bestimmen, die für Sie wirklich wichtig sind, sollten Sie die folgende Frage beantworten:

Welche Inhalte sind für ein sinnvolles Leben wichtig?

Eine kleine Auswahl der vielen möglichen Antworten gibt die folgende Liste. Welcher der genannten Bereiche bzw. Aspekte spielen zur Beantwortung der Frage für *Sie* die größte Rolle?

- ☐ Freiheit
- ☐ Liebe
- ☐ Aufregung
- ☐ Sicherheit
- ☐ Gesundheit
- ☐ Leidenschaft
- ☐ Ehrlichkeit
- ☐ Integrität
- ☐ Dinge bewegen
- ☐ Intelligenz
- ☐ Der Beste sein
- ☐ Spaß
- ☐ Abenteuer
- ☐ Glück
- ☐ Mut
- ☐ Lernen
- ☐ Persönlichkeitsentwicklung
- ☐ Kreativität
- ☐ Einfallsreichtum
- ☐ Macht
- ☐ Familienbindung
- ☐ Respekt
- ☐ Unterstützung
- ☐ Herausforderung
- ☐ Schönheit
- ☐ Humor
- ☐ Unabhängigkeit
- ☐ Vertrauen
- ☐ Erfüllung
- ☐ Selbstdarstellung
- ☐ Kommunikation
- ☐ Gefühlsbindung
- ☐ Akzeptanz/Anerkennung
- ☐ Geistige Bindung

Andere:

____

____

____

____

____

Als ich das erstemal vor einer solchen Liste saß, dachte ich, daß es mir sehr leichtfallen würde, eine Entscheidung über den für mich wichtigsten Punkt zu treffen. Stimmen nicht alle überein, wenn es im Leben darum geht, was wichtig ist? Die Antwort auf diese Frage ist ein ganz entschiedenes Nein! Ein kleiner Test wird Ihnen vor Augen führen, wie unterschiedlich wir alle sind: Bitten Sie Ihren Ehepartner oder einen Freund, sich die Liste anzuschauen. Sie werden erstaunt sein, wie sehr sich das Ergebnis von Ihrer Wahl unterscheiden wird.

Sie können unglaublich viel über Menschen lernen, wenn Sie ihnen nur einige Fragen über ihre Werte stellen. Die Antworten verraten Ihnen innerste Bedürfnisse und Wünsche, und diese Art von Information über Ihre Mitmenschen kann sowohl im Privat- als auch im Berufsleben außerordentlich nützlich sein. Im Geschäftsleben bedeutet das Wissen um die Werte der Partner, daß keine falschen Mauern eingerissen werden müssen. Wenn klar ist, wo die wichtigsten Bedürfnisse Ihrer Kunden liegen, können Sie sich darauf konzentrieren, wie Ihr Produkt diese Bedürfnisse am besten befriedigen kann. In einer persönlichen Beziehung hilft das Verständnis für die Werte des Partners oder Freundes, das Verhältnis zwischen Ihnen zu festigen. Möglicherweise entdekken Sie auch Züge an Ihrem Gegenüber, die ihm selbst noch nicht bewußt sind.

In Übereinstimmung mit den Werten anderer zu handeln klingt nach Manipulation, doch darum geht es hier nicht. Es ist überhaupt nichts Negatives, danach zu streben, anderen Menschen zu helfen, ihre Wünsche zu erfüllen. Genauso sind wir dem anderen nämlich nützlich und erzeugen dabei Reichtum.

An dieser Stelle des Buches möchte ich Sie bitten, fünf Werte auszusuchen, die so wichtig für Sie sind, daß sie wirkliche Bedürfnisse geworden sind. Sehen Sie sich die Liste erneut an, konzentrieren Sie sich aber nur noch auf die Punkte, die

Sie als wichtig angekreuzt haben. Jeden dieser Punkte setzen Sie in den folgenden Satz ein: *»Das Leben ist absolut sinnlos ohne* ________________.«

Trifft der Satz so für Sie zu? Nehmen Sie dann den nächsten Punkt, und konstruieren Sie die nächste Aussage. Wiederholen Sie dieses Verfahren, bis Sie fünf Werte herausgefiltert haben, die wichtiger sind als alle anderen. Schreiben Sie die fünf auf, und wählen Sie aus dieser Liste den Wert, der wichtiger ist als *alle* anderen.

Dieser für Sie wichtigste Wert hat auf Ihre Einstellungen und Ihre Handlungen wahrscheinlich mehr Einfluß ausgeübt als alle anderen Faktoren in Ihrem Leben. Ich bin davon überzeugt, daß Sie erkennen werden, wie die Mehrzahl Ihrer Handlungsweisen in der Vergangenheit unbewußt auf die fünf von Ihnen ausgewählten *Bedürfnisse/Werte* und ganz besonders auf den wichtigsten unter ihnen gerichtet war.

Beschäftigen Sie sich bitte noch einige Minuten mit den fünf von Ihnen am höchsten eingeordneten *Bedürfnissen/Werten.* Bringen Sie diese zuerst in eine Rangordnung:

Bedürfnisse/Werte

① ____
② ____
③ ____
④ ____
⑤ ____

Auf dieser Liste stehen nun nicht einfach nur fünf wohlklingende Worte. Diese Worte stellen zusammen eine Blaupause Ihres Verhaltens dar.

Ein Moment des Nachdenkens wird Ihnen wahrscheinlich klarmachen, daß diese fünf Werte einen großen Einfluß auf die Entscheidungen ausgeübt haben, die Sie in der Vergangenheit getroffen haben, und daß sie auch Ihr jetziges Leben

> *Unglücklich zu sein bedeutet, nicht zu wissen, was man will, aber alle Anstrengungen zu unternehmen, es zu erreichen.*
> Don Herold

beeinflussen. Diese Bedürfnisse/Werte haben Sie in der Wahl Ihres Lebenspartners und Ihrer Freunde beeinflußt, sie haben auf Ihre beruflichen Entscheidungen und die Auswahl Ihres Wohnortes gewirkt und haben vielleicht sogar den Kauf des Wagens, den Sie gerade fahren, beeinflußt.

Wenn Sie den Wert »Familie« an die erste Stelle gesetzt haben, haben Sie in der Vergangenheit wahrscheinlich Angebote, für die Sie Ihre Heimatstadt hätten verlassen müssen, ausgeschlagen. Sollten Sie doch umgezogen sein, so sind Sie wahrscheinlich vor Heimweh fast gestorben und hatten astronomische Telefonrechnungen. Hätten Sie »Erfolg« an die erste Stelle gesetzt und dann vor der Entscheidung gestanden, für einen besseren Arbeitsplatz umzuziehen, hätten Sie sich mit großer Wahrscheinlichkeit auf den Weg gemacht. Bei einer gleich hohen Priorität für Familie und beruflichen Erfolg wäre es zu einer Kollision Ihrer wichtigsten Werte gekommen, und die Entscheidung wäre ein innerer Kampf gewesen. Es ist leicht zu erraten, daß jemand, der dem Abenteuer einen der vorderen Plätze auf seiner Werteliste eingeräumt hat, gern einen Kontinent mit dem Motorrad durchqueren würde – und die Ernährungs- und Fitneßgewohnheiten eines Menschen, der Gesundheit an die erste Stelle gesetzt hat, sind auch leicht zu erraten.

Die Reihe der Beispiele ließe sich beliebig fortsetzen. Es geht aber im Grunde um folgendes: *Das Wissen um die Werte, die einem wirklich viel bedeuten, und die Möglichkeit, Entscheidungen aktiv auf der Basis dieses Wissens zu treffen, geben Kraft, die nicht zur Verfügung stünde, wenn man sich unbewußt von den Werten beeinflussen lassen und Entscheidungen treffen würde, ohne zu wissen, warum sie so und nicht anders fallen.*

Natürlich liegt zwischen dem Gewinnen von Erkenntnissen über sich selbst und der Nutzung dieses Wissens zur Bildung von Reichtum und Glück noch ein großer Unterschied.

Nichts hat für die Bildung von Erfolg so große Bedeutung wie *eindeutige Zielvorstellungen*. Diese sind die Grundvoraussetzung für den finanziellen Erfolg, von dem die meisten Menschen nur träumen. Eine Zielvorstellung ist dabei ganz einfach nur eine entschiedene Aussage über das, was Ihnen am wichtigsten ist. Das Ganze geschieht allerdings nicht zufällig und ohne Ihr Zutun: Es geht um die bewußte Entscheidung darüber, was für ein Mensch Sie sein wollen. Es handelt sich um eine Aussage darüber, welchen Platz Sie in der Geschichte einnehmen wollen – und diese Aussage impliziert immer auch die Ihnen wichtigsten Werte. Es geht also darum, sich darüber klarzuwerden, was man wirklich will.

Die meisten Menschen lassen sich ziellos durch ihr Leben treiben, weil sie noch nie darüber nachgedacht haben, wer sie sind und welchen Sinn ihr Leben hat. Dabei wissen wir alle, was passieren wird, wenn wir unser Schicksal nicht selbst in die Hand nehmen: Wir werden uns an Entscheidungen orientieren, die andere für uns treffen, und unser Leben so den Zielen eines anderen unterordnen. Wir werden zum Werkzeug Dritter, die mit unserer Hilfe *ihre* Träume verwirklichen.

In einigen Fällen muß das nicht einmal schlecht sein, allerdings gilt dies ausschließlich dann, wenn Sie die Ziele, die für Sie ausgesucht wurden, wirklich unterstützen können. Wenn das Unternehmen, bei dem Sie arbeiten, zum Beispiel Ziele hat und Aufgaben verfolgt, die Ihren eigenen nahe kommen, so ist das ideal. Ihr Leben kann aber – sowohl auf finanziellem Gebiet als auch im Bereich der persönlichen Zufriedenheit –

recht unangenehm werden, wenn Sie mit den Werten, Aufgaben und Zielen Ihres Unternehmens nicht übereinstimmen.
Meine Auffassung davon, ein Ziel zu haben, bedeutet nicht, zum Rebell zu werden. Es handelt sich vielmehr darum, zu planen, welchen Sinn das Leben erhalten soll. Wie ich schon gesagt habe, handelt es sich bei diesem Ziel um eine bewußte Entscheidung. Es geht dabei um Gestaltung – um Ihre Gestaltung. Wer sollte schließlich besser dazu geeignet sein, über Ihren Platz in der Welt zu bestimmen als Sie selbst? Die Menschen, die wir als »erfolgreich« betrachten, verlassen sich nicht auf ihr Glück oder auf Dritte, die ihnen sagen, welche Rolle sie spielen sollen. Diese Menschen verlassen sich auf sich selbst und vertrauen auf ihre eigenen Kräfte, um sich durchzusetzen. Zu allen Zeiten haben die großen Denker die Wichtigkeit eines Lebenszwecks betont. Der Essayist Ralph Waldo Emerson schrieb im 19. Jahrhundert: »Glück ist eine andere Bezeichnung für die Beharrlichkeit des Zwecks.« Der am meisten gelesene französische Renaissance-Schriftsteller, Michel de Montaigne, behauptet: »Das größte und ruhmreichste Meisterstück des Menschen ist zu wissen, wie man das Leben an einem Zweck ausrichtet.« Und der Schriftsteller Washington Irving schrieb einmal: »Große Geister haben Ziele, andere haben Wünsche.«
Haben Sie sich nie gewünscht, auf einem Gebiet, auf dem Sie tätig waren, über etwas mehr Überzeugungen, ein wenig mehr Sicherheit und etwas mehr Vertrauen zu verfügen? Haben Sie noch nie Menschen gesehen, die, allen Widerständen trotzend, die Verwirklichung ihrer Absichten in Angriff nahmen? Ist Ihnen noch nicht aufgefallen, daß die erfolgreichsten Menschen der Welt nicht unbedingt die intelligentesten, bestaussehendsten, bestausgebildetsten oder begabtesten sind? Der Grund dafür, daß diese Menschen (einige von ihnen wirken in der Tat ziemlich gewöhnlich) alle Widerstände überwinden und das unglaublich Scheinende schaffen,

liegt darin, daß sie in ihrem tiefsten Inneren davon überzeugt sind, den vor ihnen liegenden Aufgaben gewachsen zu sein. Und was noch wichtiger ist: Sie glauben ohne den Schatten eines Zweifels daran, daß das Blut, der Schweiß und die Tränen, die sie vergießen, sinnvoll eingesetzt sind. Alle großen Gestalten der Geschichte waren innerlich zutiefst davon überzeugt, daß all ihr Tun und alle Erfolge, die sie errangen, auf ein großes, einmaliges Ziel gerichtet waren. Ob sie dabei ihrer Familie dienen wollten, ihrem Unternehmen oder ihrem Land, spielt keine große Rolle. Das wichtigste bleibt die Erkenntnis, daß sie die mächtigste Kraft auf der Welt zu ihrer Verfügung hatten: Entschlußkraft.

Der Sinn Ihres Lebens ist natürlich, wie alles andere auch, das Ihnen wichtig ist, Veränderungen unterworfen. Wir alle haben Überzeugungen gehabt und an Werte geglaubt, von denen wir uns heute nicht mehr vorstellen können, warum sie uns zu einer Zeit so wichtig waren. Der zentrale Punkt ist der folgende: *Es liegt in Ihrer Hand – es gibt keinen anderen, der Art und Ausmaß Ihrer Überzeugungen und Visionen kennen könnte.* In einigen Jahren werden Sie vielleicht feststellen, daß sich Ihre Zukunftsaussichten und Ihre Träume verändert haben, aber auch in dieser Situation wird die Entscheidung darüber, was als nächstes zu tun ist, ganz allein bei Ihnen selbst liegen.

Bevor wir dazu kommen, wie Sie Ihr eigenes Lebensmotto ableiten können, möchte ich Ihnen meines anvertrauen. Ich habe es mir in meinen Kalender geschrieben und lese es noch heute mehrmals am Tag, obwohl ich es natürlich schon seit langer Zeit auswendig kann. Versuchen Sie, aus dem folgenden Satz die Werte herauszukristallisieren, die für mich die größte Bedeutung haben.

Lebensmotto: Tod Barnhart

> **Ich weiß, daß es der Zweck meines Lebens ist zu lieben, mitfühlend, mutig und lustig zu sein; Menschen zu bewegen und auf das Leben anderer in großem Maß einzuwirken; Spaß zu haben und dankbar allen Reichtum auf jedem Gebiet anzunehmen.**

Ihr Lebensmotto kann kürzer oder länger sein, darauf kommt es nicht an. Nutzen Sie die Hinweise, die ich Ihnen im folgenden geben werde, und, *bitte*, strengen Sie sich bei der Formulierung wirklich an. Ich kenne Menschen, deren Ziel im Leben es einfach ist, »glücklich zu sein und Spaß zu haben«. Wie auch immer Sie sich entscheiden, vergessen Sie nicht, daß es um Ihr Lebensmotto geht und daß Sie dies nicht auf der Basis von Zielen Dritter und Erwartungen, die andere in Sie setzen, formulieren sollten. Und es geht auch nicht darum aufzuschreiben, wie alle anderen Sie sehen. Es handelt sich hier um Ihre persönliche Aussage zu dem, was Sie sein wollen und wie Sie in Erinnerung bleiben möchten. *Es handelt sich um Ihre persönliche Erklärung zur Ausrichtung Ihres Charakters.*

General Norman Schwarzkopf hat einmal geschrieben, daß er gern folgende Inschrift auf seinem Grabstein eingemeißelt hätte: »Ein guter Soldat, der seine Familie geliebt hat.« Offensichtlich ist der General ein Mann, der mit sich im reinen ist und über eine klare Aussage zu seinem Leben verfügt. Alle von uns sollten danach streben, genau diesen Punkt auch zu erreichen.

Ich möchte Sie nun dazu auffordern, die fünf von Ihnen auf die ersten Plätze der Liste gesetzten Bedürfnisse/Werte noch einmal zu betrachten und sie in einem Satz, Ihrem Lebensmotto, zusammenzufassen. Bevor Sie ans Werk gehen, gebe ich Ihnen noch einige Hinweise:

Die Regeln

① Die ersten Worte müssen lauten: »Ich, [dann folgt Ihr Name], weiß, daß es der Zweck meines Lebens ist«.

② Alle fünf von Ihnen als die wichtigsten ausgewählten Werte/Bedürfnisse müssen in dem Motto vorkommen. Dabei ist es nicht zwingend, genau das jeweilige Wort zu benutzen, doch sind dem Sinn nach alle Bedürfnisse/Werte zu berücksichtigen.

③ Die Werte und die Handlungsweisen müssen genau genannt werden. Geld und andere Belohnungen sollten nicht zu genau beschrieben werden. Vermeiden Sie zum Beispiel Sätze wie »eine Million Mark anzusammeln« oder »der Welt bester Harmonikaspieler zu werden«. Bei diesen Aussagen handelt es sich weniger um Werte als um Ziele – die werden wir später definieren. Der Grundgedanke ist der, ein Motto zu entwickeln, das realisierbar ist, egal, ob Ihre Umwelt Sie dabei unterstützt oder nicht.

④ Es muß aus der Formulierung ersichtlich sein, daß Sie in der einen oder anderen Art jeden Tag mit Ihren Werten/Bedürfnissen in Berührung kommen.

⑤ Sie müssen mindestens fünfzehn bis dreißig Minuten in die Erarbeitung des Mottos investieren. Glauben Sie nicht, daß Sie später noch die Zeit haben werden, sich über den Zweck Ihres Lebens Gedanken zu machen. Wieviel Zeit haben Sie denn in den letzten zwanzig, dreißig oder fünfzig Jahren in derartige Überlegungen investiert?

Und nun ans Werk. – Sie sollten Ihre Ideen vielleicht zuerst auf Notizpapier sammeln und daraus dann die endgültige Version erarbeiten.

Ich, ____________________, weiß, daß es der Zweck meines Lebens ist, . . .

Der Satz muß nicht grammatikalisch richtig sein, er braucht für Dritte nicht einmal einen Sinn zu ergeben, wichtig ist, daß er Ihre Gedanken widerspiegelt. Sie müssen Gefühle hineinlegen, denn schließlich soll der Satz Sie anregen – es handelt sich hier nicht um eine Übung von nur theoretischer Bedeutung.
Nachdem Sie es geschafft haben, lehnen Sie sich zurück, und beantworten Sie sich selbst die drei folgenden kurzen Fragen:

① Wie fühle ich mich jetzt mit einem gut durchdachten Motto für mein Leben?
② Wie wird das Leben mit meinem Motto mein Schicksal beeinflussen?
③ Wie fühle ich mich jetzt, wo mein Leben von Grundsätzen geleitet wird, die ich selbst ausgewählt habe, und ich mich nicht mehr an den Plänen anderer orientieren muß?

Die Beantwortung dieser Fragen sollte Ihnen ein Gefühl geben von Sicherheit über Ihre Zukunft, ein Gefühl des Vertrauens darin, daß Sie Ihre Hoffnungen und Träume *werden erfüllen können.*
Und nachdem Sie nun die Grundlagen für den lebenslangen Erfolg geschaffen haben, sollten Sie von dem Augenblick profitieren und sich überlegen, was Sie im Leben wirklich wollen – legen Sie Ihren Traum von einem Lebensstil fest. Welche Art von Beziehungen wollen Sie? Welche Art von Einkommen stellen Sie sich vor? Alles ist möglich, solange Sie nur den Willen haben, sich der Realisierung Ihrer Vorstellungen ganz zu verschreiben.
Robert Kennedy hat es einmal folgendermaßen formuliert: »Andere Menschen sehen die Dinge, die da sind, und fragen: ›Warum?‹ Ich sehe die Dinge, die es noch nie gab, und frage: ›Warum nicht?‹«

2. TRÄUMEN SIE

New Jersey, das Rasthaus »Rusty Cabin« in der Nähe von Hoboken. Wir schreiben das Jahr 1939. Ein magerer Vierundzwanzigjähriger mit pomadigem, zurückgekämmtem Haar arbeitet als Kellner. Er ist jung verheiratet, seine Frau Nancy arbeitet auch, aber mit einem Haushaltseinkommen von 50 Dollar wöchentlich ist der junge Francis nicht gerade wohlhabend. Allerdings sind 9,4 Millionen Amerikaner arbeitslos, und so ist er zufrieden, überhaupt einen Job zu haben. Diese Zufriedenheit und ein großer Traum halten seinen Optimismus aufrecht.
Eines Abends betritt der berühmte Trompeter und Orchesterchef Harry James das »Rusty Cabin«. Der jungenhafte Francis läßt diese Gelegenheit nicht ungenutzt verstreichen. Plötzlich bindet er sich die Schürze ab und steigt auf den nächsten Tisch. James wird später über diesen Augenblick sagen: »Er hatte erst einige wenige Takte gesungen, als ich spürte, wie mir ein Schauer über den Rücken lief. Ich wußte, daß dieser Mann dazu bestimmt war, ein großer Sänger zu werden.« Harry engagiert den jungen Mann für 75 Dollar Wochenlohn als Leadsänger für seine Band, und bald darauf entdeckt die Welt Francis Albert Sinatra.
Der Schlüssel zu Wohlstand und Reichtum liegt folglich darin, niemals davor Angst zu haben, seine Schürze auf den Boden zu werfen. Zucken Sie nie davor zurück, auf den Tisch zu steigen und zu singen!
Jetzt wird es darum gehen herauszubekommen, worum es Ihnen wirklich geht, wofür Sie eintreten und was Sie im Innersten treibt. Wir werden jetzt folgende Fragen stellen und beantworten: Wenn Sie alle Zeit der Welt hätten, über genug Geld verfügen würden und frei wählen könnten, was würden Sie dann tun? Welche Art von Leben schwebt Ihnen vor? Wenn es das Risiko des Fehlschlags nicht geben würde, was würden Sie in Ihrem Leben machen wollen? Diese Art

> *Wenn Ihnen an einer Wunschvorstellung wirklich viel gelegen ist, haben Sie vor Gott und der Natur die Verpflichtung, mit ihrer Umsetzung in die Wirklichkeit zu beginnen – und zwar sofort.*
> Stewart Brand

von Fragen wird Ihnen helfen, sich selbst besser kennenzulernen.

Denken Sie über die Helden unserer Zeit nach, über Sportler, Fernsehstars und berühmte Unternehmer. Arbeiten diese Menschen ausschließlich von acht bis sechzehn Uhr, oder ist der Beruf für sie nicht vielmehr eine Möglichkeit, ihre Persönlichkeit auszudrücken? Sie kennen die Antwort auf diese Frage. Die Menschen suchen nicht nach einem Job, sie suchen nach einer Chance. Ein Job hat nichts mit Kreativität, Phantasie, Inspiration, Begabung oder Begeisterung zu tun, an einem Job hängt das Herz nicht. Und genau darin liegt auch der Grund für die schlechte Bezahlung von Jobs. Sie stellen keinen Schritt auf dem Weg zu finanziellem Reichtum dar, egal, wie hart man arbeitet.

Wenn wir reich werden wollen – ich spreche hier von der aktiven Bildung von Reichtum –, haben wir die Wahl zwischen zwei Alternativen. Entweder wir entscheiden uns für einen Arbeitsplatz, der uns Selbstverwirklichung ermöglicht, oder aber wir ändern unsere jetzige Lage derart, daß wir uns selbst verwirklichen können.

Beginnen wir aber mit der Beantwortung der zentralen Fragen. Ich habe sie eben schon angerissen, jetzt stelle ich sie in etwas veränderter Form erneut. Schreiben Sie als Antwort jeweils mindestens einen Absatz, und bewahren Sie Ihre Antworten auf. Es kann sehr amüsant sein, das, was Sie heute schreiben, in einigen Jahren, wenn Sie alle Ihre Ziele erreicht haben, erneut zur Hand zu nehmen.

Wenn Sie alle Zeit der Welt hätten, über unbegrenzte Mittel verfügen würden und frei wählen könnten – was würden Sie dann tun wollen, um eine Spur auf der Welt zu hinterlassen?

Wenn es das Risiko des Fehlschlags nicht geben würde – welche Art von Leben würden Sie führen wollen?

Wenn Sie heute im Lotto gewinnen würden, würden Sie dann morgen noch zur Arbeit gehen? Würden Sie Ihren Arbeitsplatz behalten wollen? Wenn nicht, was würden Sie machen wollen? Nachdem Sie Ihre finanzielle Freiheit gewonnen hätten, Ferien gemacht und sich ein paar mehr oder weniger nützliche Dinge gekauft hätten – welcher Aufgabe, welcher wohltätigen Sache oder welcher Art von Unternehmung würden Sie sich widmen wollen?

Ehrliche Antworten auf diese Fragen werden Ihnen dabei helfen, sich klarer darüber zu werden, was Sie aus Ihrem Leben machen wollen. Es gibt tatsächlich nur sehr wenige Einschränkungen Ihrer Möglichkeiten. In der Welt, in der wir leben, müssen wir uns über die Deckung unserer Grundbedürfnisse wirklich nicht allzu viele Sorgen machen, und nicht wenige Menschen haben unglaublich viel Energie und Anstrengung in Bereiche investiert, die mit großer Wahrscheinlichkeit noch viel idiotischer waren als Ihr verrücktester Traum. Warum sollten Sie ihn nicht in die Realität umsetzen und außerdem noch Geld verdienen? Wer oder was hält Sie davon ab, Ihrem Schicksal zu folgen?

Der zentrale Punkt für die Umsetzung Ihrer Träume ist, alle

Der vernünftige Mensch paßt sich der Welt an; der Unvernünftige besteht auf dem Versuch, die Welt sich anzupassen. Deshalb hängt aller Fortschritt von unvernünftigen Menschen ab.
George Bernard Shaw

Ihre »Wünsche« noch heute in »Bedürfnisse« umzuwandeln. Der Grund dafür, daß Sie im Leben nicht all das erreichen, was Sie sich wünschen, liegt genau hier: Sie haben Wünsche. Bei meiner Beschäftigung mit Erfolg habe ich einen Zusammenhang erkannt: *Wenn wir wirklich der Überzeugung sind, daß wir etwas verdienen, werden wir es auch irgendwie erreichen.* Wir alle glauben, daß uns Nahrung, Kleidung, Unterkunft und Mobilität zustehen. Und weil wir alle diese Dinge als Bedürfnisse ansehen, kommen auch die meisten von uns täglich in ihren Genuß. Wir stimmen allerdings nicht alle darin überein, daß wir Reichtum in allen Lebensbereichen verdienen, und unsere Lage spiegelt auch diese Auffassung wider.
Ich glaube, daß wir, was zwischenmenschliche Beziehungen, Gesundheit und Finanzen betrifft, *Reichtum* verdienen. Um dieses Ziel aber zu erreichen, dürfen wir nicht einfach nur wollen und wünschen, nein, wir müssen Reichtum wirklich *brauchen.* Nur dann werden wir auch die Motivation für die notwendigen Handlungen aufbringen. Nahrungsmittel allein reichen schließlich auch nicht aus, um den Hunger zu stillen. Zuerst müssen wir noch aufstehen und in die Küche gehen!
Um Ihnen dabei zu helfen, die Handlungsalternativen herauszufinden, die es Ihren wichtigsten Bedürfnissen/Werten ermöglichen werden, Sie zu Ihrem Wunschziel zu bringen, schlage ich die folgende Methode vor: Schreiben Sie jetzt sofort neben die für Sie wichtigsten Werte zehn Dinge, die Sie gern tun, und zehn Möglichkeiten, die Ihnen zum Geldverdienen offenstehen würden. Dabei kann es sich um Alternativen handeln, die in Verbindung mit Ihrer jetzigen Tätigkeit und Ihrem jetzigen Arbeitsplatz stehen, oder aber um Ideen, die sich stark von allem unterscheiden, was Sie bisher getan haben. Versuchen Sie, bei der Aufstellung dieser Liste Spaß zu haben. Machen Sie sich keine Gedanken darüber, daß Ihre Ideen nicht besonders sinnvoll oder momentan undurchführbar erscheinen. Verwerfen können Sie sie nachher

immer noch. Im Augenblick gilt es, kreativ zu sein und wieder wie ein Kind zu denken.

Wenn Sie ein Kind danach fragen, wie es reich werden will, werden Sie wahrscheinlich eine Antwort in der Art von: »Ich will einen Brauselastwagen fahren. So wie sie mit Eiswagen rumfahren, will ich in den Straßen Brause an die Leute verkaufen. Das wäre lustig, und außerdem könnte ich soviel Brause trinken, wie ich wollte!« (Diese Antwort habe ich nicht erfunden; das war tatsächlich mein Traum als Kind.) Einem Erwachsenen erscheint diese Idee albern, aber im Ernst, was ist so albern daran? Jeden Tag wird mit Ideen, die auch nicht besser durchdacht sind als diese, der Grundstein zu Vermögen gelegt.

Denken Sie an den Erfolg von »zwei der langsamsten, pummeligsten Jungen in der siebten Klasse«. So formulierte es Jerry Greenfield, der entschieden hatte, daß ihn nichts auf der Welt glücklicher mache als Eis. Als die beiden Freunde erwachsen waren, investierten sie fünf Dollar in einen Fernlehrgang über Eisherstellung und eröffneten einen kleinen Eisladen in Vermont. Mit der Zeit entwickelte sich ein von ihnen ausgearbeitetes Konzept zu einem Unternehmen mit mehr als 58 Millionen Dollar Jahresumsatz: Ben & Jerry's. Die beiden hatten keinerlei Erfahrung darin, den plötzlichen Erfolg zu verwalten, sie hatten aber eine Sache gefunden, die sie begeisterte – und der Erfolg stellte sich ein.

So, nun lassen Sie Ihrer Phantasie freien Lauf, und träumen Sie. Fragen Sie sich: »Was wäre, wenn?« Das ist dann der erste Schritt auf dem Weg zu all dem, was Sie sich wünschen.

Die folgende Zusammenstellung gibt Ihnen einen Anhaltspunkt dafür, wie Ihre Liste aussehen könnte.

Falls Sie Schwierigkeiten haben sollten, auf Aktivitäten zu kommen, die Ihnen Spaß machen, sollten Sie die folgende einfache Frage beantworten: Setzen Sie für jeden Wert passende Worte in die Lücke im folgenden Satz ein:

Wert	Was Ihnen Spaß macht	Möglichkeiten, Geld zu verdienen
1. Gesundheit	Tanzen Radfahren	Tanzlehrer Reparierte Fahrräder verkaufen Einen Fahrradkurierdienst aufmachen
2. Liebe	Wochenendausflüge Liebesromane	Eine kleine Pension eröffnen Reisen organisieren Romane schreiben, verlegen oder verkaufen
3. Spaß	Musik hören Konzerte besuchen	CD-Verleih und Antiquariat eröffnen Erwachsenen Musikunterricht geben Konzertkarten verkaufen / Konzertagentur eröffnen
4. Abenteuer	Camping Angeln	Reiseführer Rucksackreiseladen eröffnen Neue Ausrüstungsgegenstände entwerfen
5. Sich engagieren	Lehren Mit Kindern arbeiten	Kinderbücher schreiben Nachhilfelehrer Neue Spielzeuge entwickeln Institut für Nachhilfe und Hausaufgabenbetreuung eröffnen

Wenn ich ____________________, bin ich derart versunken, daß ich vollkommen die Zeit vergesse. Jedes Wort, das Sie in diese Lücke einsetzen, könnte für Sie den Schlüssel zu finanziellem Erfolg und Glück bedeuten. Zum Beispiel könnte es sein, daß Sie so gern tanzen, daß Sie alles um sich herum vergessen, wenn Sie auf der Tanzfläche sind. Wenn Sie den Wert Gesundheit oder Fitneß für wichtig erachten, kann Tanzen (oder das Lehren von Tanz) gut in diese Spalte passen. Und nochmals: Es kann sein, daß Ihre Ideen mit Ihrer jetzigen Tätigkeit vereinbar sind, es kann aber genausogut sein, daß es sich um etwas ganz anderes handelt. Beschummeln Sie sich bei dieser wichtigen Übung nicht selbst.

Nachdem Sie nun einige Zeit darauf verwandt haben, Ihre Ideen zu Papier zu bringen, sollten Sie sich einige Fragen stellen.

① Was wäre, wenn ich ein Vermögen dadurch verdienen könnte, daß ich einige der Aktivitäten ausweite, die mir Spaß machen? Wie würde ich mich dabei fühlen? Wie würde dies meine Einstellung zum Leben und zu anderen Menschen verändern?
② Wie wäre es, wenn ich alle alten Komplexe und Vorurteile, die ich in bezug auf Arbeit und Geld habe, über Bord werfen würde und damit anfinge, in einer mir gemäßen Art und Weise den Wohlstand zu schaffen, den ich verdiene?
③ Wie erfolgreich könnte ich sein, wenn ich Reichtum mit dem erlangen wollte, was mir wirklich Spaß macht? Was könnte ich schaffen? Was könnte ich bewegen?

Diese Art von Fragen wird Sie zu der Erkenntnis bringen, daß Ihre Träume es wirklich wert sind, realisiert zu werden, und daß Sie Erfolg haben *können*. Außerdem gewinnen Ihre Träume durch die Antworten auf diese Fragen an Glaubwürdigkeit und Hoffnung. Sie beginnen darüber hinaus nachzudenken, wie Sie die Umsetzung der Träume angehen könnten, und skizzieren so einen ersten, vorläufigen Plan. Und wenn Sie erst mit der Planung angefangen haben, dann haben Sie auch schon begonnen, an die Ergebnisse zu glauben. Sie beginnen zu glauben, daß Sie es schaffen können und daß es die Anstrengungen wert sein wird.
Es wird deutlich, daß mit Fragen viel zu erreichen ist. Fragen leiten uns beim Träumen und führen zu den Ergebnissen, die wir erhalten wollen. Mit einigen wenigen Fragen können Sie eine unbestimmte Idee formen, sie in einen Traum wandeln, dann eine Vision daraus machen und im Geiste den Weg zu ihrer Verwirklichung gehen. *Der Weg von der Idee zum Reichtum wird durch Formulierung und Beantwortung von*

Fragen ermöglicht, die die Bedeutung Ihrer Träume bestätigen.

Im nächsten Abschnitt werden wir uns damit beschäftigen, wie dieser Sprung vom Traum zur Vision zu bewerkstelligen ist. Beginnen werden wir mit der *Kraft der Entscheidung*.

3. ENTSCHEIDEN SIE!

In den fünfziger Jahren ist es schon ein Erfolg, wenn man in Tupelo, Mississippi, irgendeine qualifizierte Arbeit ergattern kann. Elvis Aaron Presley weiß, daß der sicherste Weg darin besteht, seinen Plan, Elektriker zu werden, weiterzuverfolgen – und doch wird er Musiker. Elvis Vater ist ein Mann mit festen Überzeugungen, und er macht aus ihnen auch keinen Hehl: »Du solltest dich entscheiden: entweder wirst du Elektriker, oder du spielst Gitarre. Ich habe noch nie einen Gitarrenspieler gesehen, der auch nur einen Pfifferling wert war.« Der junge Mann wird so gezwungen, die wichtigste Entscheidung seines Lebens zu treffen. Er weiß, daß es verrückt klingt, sichere Berufsaussichten aufs Spiel zu setzen, aber er ist davon überzeugt, daß er seinen Traum verwirklichen kann.

Elvis wurde zur Legende. Er war natürlich auch nur ein Mensch und hat, wie wir alle auch, Fehler gemacht. Aber hinter seiner Tragödie wird eines ganz deutlich: Der Mann hat Spuren hinterlassen. Er hat nach wie vor eine Gefolgschaft, die ihn fast verehrt, und sein Grab in Memphis ist zu einer Pilgerstätte geworden.

Ich kann mir nichts vorstellen, was mehr Macht hat als eine gut getroffene Entscheidung. Sie kann enormen Reichtum, Freude und Glück bringen, wogegen Entschlußlosigkeit oft Sorgen, Schwäche und Versagen zur Folge hat. Schwierige Entscheidungen haben ohne jeden Zweifel die größten Auswirkungen auf Ihr Leben. Napoleon hat es so formuliert:

»Nichts ist schwieriger und daher auch wertvoller als die Kraft, Entscheidungen zu fällen.«

Auf den nächsten Seiten werden Sie zwingende Gründe dafür entwickeln, sich Ihren Träumen zu widmen. Sie werden das Wo und das Warum erkennen. Wohin Sie sich bewegen und warum es so wichtig ist, daß Sie sich auf diesen Weg machen und sich nicht durch Angst oder irgend etwas anderes davon abhalten lassen.

Als wir über Sinn nachgedacht haben, haben wir uns auf uns selbst konzentriert, auf das, was wir sein wollen und was wir aus unserem Leben machen wollen. Wenn wir in der Welt der Unternehmen und Märkte finanziellen Erfolg erzielen wollen, müssen wir uns allerdings auf die Bedürfnisse anderer konzentrieren und diese erfüllen. Damit andere Menschen unserem Produkt oder unserer Dienstleistung einen Wert beimessen, müssen wir *ihre* Bedürfnisse berücksichtigen. Es ist daher wichtig, eine Aussage über die Lebensaufgabe zu erarbeiten, die beschreibt, welche Vorteile anderen Menschen aus unseren Anstrengungen erwachsen werden.

Bevor Sie damit beginnen, über die für Sie gültige Aussage nachzudenken, könnte es hilfreich sein, den von mir für mich erarbeiteten Satz zu lesen.

Bitte beachten Sie, daß die Definition meiner Lebensaufgabe sich nicht auf Zahlen oder Einkommen bezieht, sondern auf eine Dienstleistung beschränkt ist. Es handelt sich nicht um ein Ziel, sondern um eine Aufgabenbeschreibung und damit um etwas, dem ich mich unabhängig vom Ergebnis verschrieben habe. Ziele sind wichtig (wir werden noch darauf

Meine Lebensaufgabe – meine Mission, mein Sinn und meine Chance – liegt darin, anderen Menschen zu helfen, ihre Träume auf finanziellem Gebiet zu erfüllen und ihre Lebensqualität zu erhöhen.

Bleiben Sie nicht im Bett liegen. Es sei denn, Sie verdienen dort Geld.
George Burns

zurückkommen). Die Beschreibung einer Lebensaufgabe sollte aber so abgefaßt sein, daß man diese Aufgabe wirklich jeden Tag erfüllen kann.
Ich bin davon überzeugt, daß ich, auch wenn ich an einem Tag etwas langsamer bin (langsam heißt für mich Schallgeschwindigkeit), meine Lebensaufgabe erfüllen kann, indem ich einigen wenigen Menschen positive Impulse gebe. Die Umsetzung meiner Lebensaufgabe kann sich in vielen verschiedenen Aktivitäten ausdrücken: Schreiben, Reden halten, Auftritte im Rundfunk oder im Fernsehen, in der Beratung einzelner oder auch in der Hilfe für einen Freund. Genau das ist es, was mir an meiner Lebensaufgabe soviel Freude bereitet: Für mich handelt es sich nicht um Arbeit – ich drücke meine Persönlichkeit aus! Ich versuche mir immer vor Augen zu führen, daß ich nicht dadurch gewinne, daß ich andere übervorteile und dadurch ein Vermögen verdiene. Ich gewinne, indem ich anderen Menschen dabei helfe, ihre Bedürfnisse zu erfüllen und mit sich selbst zufriedener zu werden.
Glauben Sie mir, Menschen glücklich zu machen führt zu Reichtum. Fragen Sie nur einige erfolgreiche Menschen.
Hier nun ein paar Regeln für die Beschreibung Ihrer eigenen Lebensaufgabe:

Die Regeln

① Die Beschreibung muß mit den Worten »Meine Lebensaufgabe – meine Mission, mein Sinn und meine Chance – liegt darin« beginnen.

② Sie muß sich auf die Bedürfnisse und/oder Werte anderer Menschen beziehen (Gesundheit, Erfolg, Träume finanzieller Art und so weiter).
③ Sie muß eine von Ihnen auszuübende Handlung implizieren, die ungefähr definiert, wie Sie anderen mit Ihren Begabungen und Fähigkeiten nützlich sein können (das heißt helfen können).
④ Sie muß vollständig zu Ihren Werten passen. Wenn der für Sie wichtigste Wert zum Beispiel Gesundheit ist und Sie als Vertreter für Zigaretten arbeiten, sind Konflikte vorprogrammiert. Wenn Sie in einer solchen Lage nicht bereit sind, Ihre berufliche Tätigkeit zu wechseln (zu diesem Wechsel würde ich eindringlich raten), müssen Sie Ihre Rolle neu definieren. Eine gute Beschreibung könnte (wenn wir einmal annehmen, unter den für Sie wichtigsten Werten seien Freundschaft, Effizienz und Hilfe) etwa lauten: »Meine Lebensaufgabe – meine Mission, mein Sinn und meine Chance – liegt darin, meine Kunden freundlich und effizient zu bedienen.« Der springende Punkt ist dabei, daß Sie vermeiden müssen, sich so zu definieren, daß Sie gegen Ihre Grundüberzeugungen handeln müssen. Eine derart falsche Definition würde Unbehagen erzeugen und wenig Raum für Erfolg lassen. Die Beschreibung Ihrer Lebensaufgabe muß so gut zu Ihnen passen, daß Sie ihr mühelos Folge leisten können.

Eine letzte Bemerkung noch: Machen Sie es sich nicht zu schwer! Sie müssen nicht alle fünf Ihrer wichtigsten Werte in der von Ihnen gewählten Tätigkeit umsetzen können. Wählen Sie einige motivierende Worte aus, und formen Sie daraus einen Satz, der voll und ganz mit Ihren Grundüberzeugungen übereinstimmt. Dieser Satz muß definieren, *was Sie tun.*
Wenn ich gefragt werde, was ich tue, dann zitiere ich als Antwort wörtlich die Beschreibung meiner Lebensaufgabe. »Ich helfe anderen Menschen bei der Verwirklichung ihrer finanzi-

ellen Träume und bei der Verbesserung ihrer Lebensqualität.« Manchmal füge ich, um das Ganze ein wenig zu strekken, auch hinzu: »Ich schreibe und halte Reden über Finanzfragen und berate Menschen auf diesem Gebiet auch.« Bei Bedarf gebe ich dann noch weitere Erklärungen. Wenn Sie gleich Ihre persönliche Beschreibung aufschreiben werden, sollten Sie diese aber nicht an die Adresse Dritter schreiben. Ob Sie die Aussage später auch an andere Menschen weitergeben oder nicht, soll hier keine Rolle spielen. Schreiben Sie so, als würden Sie ein Selbstgespräch führen. Sollten Sie später hin und wieder einen Moment lang in Selbstzweifel verfallen, können Sie Ihre Lebensaufgabe leise vor sich hin sprechen und so neue Kraft und Motivation gewinnen.

Ich habe einmal einen Autoverkäufer kennengelernt, der mir erzählte, er »stopfe den Leuten Autos in den Rachen«, um zu beschreiben, wie er versuchte, die Kunden zum Kauf zu überreden, wenn sie erst die Ausstellungshalle betreten hatten. Was meinen Sie, welche Einstellung er zu sich selbst und zu seinem Beruf hatte? Glauben Sie, er sah sich als Helfer für andere, die er auf dem Weg zum Kauf des Autos leitete, das sie wirklich wollten? Wie erfolgreich und wie zufrieden war er Ihrer Meinung nach? Ich glaube, die Antworten auf diese Fragen sind Ihnen klar.

Es ist unmöglich, langfristig Erfolg zu haben, wenn man nicht wirklich davon überzeugt ist, daß man ein gutes Produkt oder eine nützliche Dienstleistung anbietet. Wenn Ihre Leistung für andere keinen Wert hat, werden Sie sich nicht lange im Geschäft halten können, die Kunden sind schließlich nicht dumm. Kunden sind sogar die schlauesten Menschen der Welt, wenn sie darüber entscheiden müssen, ob und für was sie sich von ihrem sauer verdienten Geld trennen sollen.

Diejenigen, die Sie in Ihrer Branche oder Ihrem Beruf kennen und die besonders erfolgreich sind, haben wahrscheinlich nur eines gemeinsam, was sie von der Masse abhebt: das

Gefühl, daß die Summe, die sie verdienen, direkt proportional zu dem ist, was sie leisten und erarbeiten. Ich kann Tom Cruise nur zu der Antwort gratulieren, die er auf die Frage nach seinen hohen Gagen gab: »Wenn ich es nicht wert wäre, würde man es mir nicht bezahlen. Und von dem Tag an, an dem ich es nicht mehr wert sein werde, wird mir auch niemand mehr diese Summen bieten.«

Genug der Vorrede, es ist Zeit, Papier und Bleistift zu nehmen und Ihre eigene Lebensaufgabe zu formulieren.

Nachdem Sie nun Ihre Lebensaufgabe mit positiven, motivierenden Worten beschrieben haben, sollten Sie sich einige Minuten Zeit nehmen und die folgenden Fragen beantworten:

① Wie denke ich über meine Karriere und meine Arbeit, jetzt, nachdem ich eine gutdurchdachte Beschreibung meiner Lebensaufgabe habe, die genau das ausdrückt, was ich im Innersten fühle?
② Wie wird sich die Umsetzung dieser Lebensaufgabe auf meine Kunden, Kollegen, Untergebenen und meinen Arbeitgeber auswirken, und welche Konsequenzen wird dies für meinen weiteren Lebensweg haben?
③ Wieviel mehr Effizienz und Erfüllung wird mir diese Richtlinie für mein Lebenswerk bringen?

Zusätzlich möchte ich Ihnen noch zwei weitere Fragen stellen. Es sind die wichtigsten in diesem Buch, und sie sollen dazu dienen, Ihnen zu helfen, wirklich hinter Ihrer Lebensaufgabe zu stehen. Ich möchte Sie bitten, über die Antworten mindestens zehn Minuten lang nachzudenken. Eine der beiden Fragen ist positiv formuliert, die andere negativ, und zusammen wirken sie wie Zuckerbrot und Peitsche. Sie tragen damit sowohl der Freude als auch der Qual, die derartige Entscheidungen mit sich bringen, Rechnung. Die erste Frage hilft Ihnen dabei, sich alle Belohnungen vorzustellen, die

Sie erwarten, wenn Sie sich der Anstrengung unterzogen haben, eine Lebensaufgabe zu formulieren, die Ihnen wirklich entspricht. Die zweite hingegen führt Ihnen vor Augen, welche Enttäuschung, welche Frustration und welcher Ärger über das eigene Versagen drohen, wenn Sie sich dagegen entschieden haben. Beide Fragen müssen beantwortet werden, um eine dramatische Veränderung herbeizuführen. Daß Sie eine solche Veränderung wünschen, liegt auf der Hand, denn sonst wären Sie meiner Argumentation nicht bis hierhin gefolgt. *Jetzt werden Sie darüber entscheiden, ob Sie sich ein für allemal an der sorgfältig formulierten Beschreibung Ihrer Lebensaufgabe ausrichten wollen. An diesem Punkt entscheiden Sie darüber, ob Sie je wieder etwas akzeptieren werden, was unter Ihrer maximal möglichen Leistung liegt.* Bitte nehmen Sie sich *jetzt* Zeit für die Beantwortung dieser Fragen.

Was werde ich jetzt und in Zukunft dafür bekommen, daß ich mich den Werten, die ich am höchsten schätze, meiner Lebensbestimmung und meiner Lebensaufgabe verschreibe und diese Inhalte auch lebe? Welche Auswirkungen wird die Entscheidung, wenn ich sie noch heute treffe, gefühlsmäßig, finanziell und in bezug auf mein Selbstwertgefühl haben?

Wie werde ich mich jetzt und in der Zukunft fühlen, wenn ich die Entscheidung jetzt nicht treffe? Wo werde ich heute und in Zukunft finanziell, gefühlsmäßig und in bezug auf mein Selbstwertgefühl stehen, wenn ich die Entscheidung weiter aufschiebe? Werde ich stumpfsinniger und schwächer werden oder nicht? Was wird es mich kosten, wenn ich mich heute nicht entscheiden kann?

Ich hoffe, daß Sie, wenn Sie diesen Satz lesen, schon entschieden haben, daß das Leben viel zuviel Gutes bereithält, als daß Sie noch länger warten könnten, sich der Verwirklichung Ihrer Träume zu widmen. Und ich hoffe, Sie haben erkannt, daß es mehr Qual mit sich bringt, die Entscheidung nicht zu treffen, als den Entscheidungsprozeß durchzuste-

Es gibt nur einen Erfolg: auf deine Weise leben zu können.
Christopher Morley

hen. Sind Sie immer noch nicht sicher? Dann beantworten Sie mir bitte noch einige Fragen. Was wäre, wenn diese Entscheidung wirklich Ihr Leben verändern könnte? Wie wäre es, wenn Sie heute einige wenige, einfache Entscheidungen treffen würden, die Ihren gesamten weiteren Lebensweg beeinflussen würden? Würden Sie die Entscheidung dann treffen? Würden Sie sie jetzt treffen? Und wenn nicht jetzt, wann dann?

Ich habe irgendwann einmal ein Zitat gelesen, das meinem Leben eine neue Richtung gegeben hat.

Ich habe das Zitat gleich mehrmals gelesen, und mir ging ein Licht auf. »Das ist es!« sagte ich mir. Erfolg ist nicht in Zahlen, in Ruhm oder Geld meßbar, Erfolg ist keine Linie, die irgend jemand kurz über der Millionenmarke gezogen hat. Erfolg bedeutet, sein Schicksal selbst in die Hand zu nehmen, und die Fähigkeit, nach dem eigenen Entwurf zu leben. Erfolg ist ein Weg und nicht ein Ziel. Hart für etwas zu arbeiten, nur weil es Geld bringt, ist das, was am allerweitesten vom Erfolg entfernt ist. Wirklichen Erfolg hat man dann erreicht, wenn man selbst entscheiden kann, was man möchte, und dann danach streben kann. Der ganze Weg zu diesem Ziel bringt unter diesen Bedingungen Befriedigung und nicht nur das Erreichen des gesteckten Zieles.

In unserer Gesellschaft wissen viel zu viele Menschen nicht, was sie wollen, und werden in die Tretmühle gezwungen. Der typische Ablauf ist der folgende: Sie verlassen die Schule, nehmen den höchstbezahlten Job an, der ihnen angeboten wird, und kleben sich einen Aufkleber auf das Auto, auf dem zu lesen ist: »Schaffe, schaffe, Häusle baue!« Wir arbeiten

während unseres gesamten Berufslebens hart, arrangieren uns mit den Intrigen am Arbeitsplatz so, daß wir besser nicht darin verwickelt werden und irgendwann glücklich die Altersgrenze erreichen. Der Grundgedanke ist, vierzig Jahre in einem »Job« zu leiden, um dann später »glücklich« zu sein.
Es liegt auf der Hand, daß Sie diesem Muster nicht folgen wollen. Ihr Leben auf Ihre Weise zu leben heißt, daß Sie selbst entscheiden wollen, welche Art von Arbeit Sie ausüben und sich nicht als Sklave schinden lassen.
Nachdem ich Morleys Worte gelesen hatte, habe ich für mich entschieden, immer danach zu streben, mein eigenes Leben zu führen. Ich entschloß mich, nicht mehr alles als gegeben zu betrachten, immer nach Möglichkeiten Ausschau zu halten, anderen nützlich zu sein und das Leben zu genießen. In einem Moment der Inspiration setzte ich mich hin und begann zu schreiben. Ich dachte dabei an zwei Nachbarn, die das Leben unter zwei verschiedenen Blickwinkeln sahen, und ich beschrieb die Situation der beiden. Der eine ist finanziell abgesichert, voller Selbstvertrauen, erfolgreich und um seine Mitmenschen besorgt. Der andere hingegen ist stumpfsinnig, schwach, gebrochen und selbstsüchtig. Ich gab den beiden Namen: Arthur Peace und George Petty. Dann begann ich die Charaktere der beiden auszuformen und fragte mich dabei, wem der beiden ich selbst ähnlicher wäre und welchem ich ähnlich sein oder werden wollte.
Während Sie jetzt die Charakterisierungen lesen, die ich vor Jahren geschrieben habe, stellen Sie sich bitte selbst die Fragen, die sich meine beiden erdachten Personen stellen.

Arthur Peace lebt nach seinen eigenen Vorstellungen. An diesem Tag erwacht er wie jeden Morgen, als die ersten Sonnenstrahlen auf sein Gesicht fallen. Er steht auf und lächelt dabei in sich hinein. »Heute wird ein schöner Tag«, denkt er. Er wirft einen kurzen Blick in den Spiegel und ist mit dem, was er sieht,

zufrieden. Er steht gerade, seine noch jugendliche Erscheinung strahlt Selbstvertrauen aus. Er ist glücklich, gesund, wohlhabend, erfolgreich und liebt seine Frau und seine Familie. Er denkt kurz an einige seiner vielen Freunde und Geschäftspartner, die er in den vergangenen fünfzig Jahren schätzengelernt hat. Während er sich im Spiegel betrachtet, fragt er sich: »Wie kommt es, daß ich soviel Glück habe? Was kann ich tun, um der Welt einiges davon zurückzugeben, nachdem mir soviel gegeben worden ist? Wie kann ich den Menschen, die mir am Herzen liegen, zeigen, daß ich sie mag und wie dankbar ich für mein Glück bin?« Ihm fallen viele Antworten auf diese Fragen ein, und er beginnt damit, seinen Tagesablauf auf der Basis dieser Antworten zu planen. Er joggt zuerst am Strand entlang und versucht, sich einen klaren Kopf zu verschaffen. Der Gedanke aber, der ihn schon seit so vielen Jahren begleitet, bleibt: Ich bin wirklich der glücklichste Mensch auf der Welt.

George Petty lebt ein anderes Leben. Als der Wecker klingelt, schlägt er auf die Wiederholungstaste und grummelt: »Schon sieben Uhr.« Er rappelt sich auf und geht zur Dusche – schließlich will er nicht zu spät zur Arbeit kommen. Am Spiegel läuft er vorbei, ohne auch nur einen Blick in ihn zu werfen. Wer will schon gern ein weiteres graues Haar oder wieder eine neue Falte entdecken?! Er zieht sich an und greift, schon auf dem Weg zum Wagen, nach einem Brötchen. »Aus dem Weg!« schreit er vor sich hin, während er sich durch den morgendlichen Berufsverkehr quält. »Ich hasse diese Strecke!« Er denkt einige Jahre zurück, an die Zeit, in der er die Strecke mit seinem Nachbarn Arthur Peace fuhr. Er kann einfach nicht glauben, daß Arthur sich schon zur Ruhe gesetzt hat.

Und das Unternehmen hat ihm auch noch einen Beratervertrag gegeben. »Mir zahlen sie einen Hungerlohn. Ich bin ziemlich gut in meinem Beruf und kann mir nicht mal Ferien leisten«, denkt er. »George«, fragt er sich selbst, »warum bist du nicht reich, begabt oder glücklich geboren worden? Warum scheinen nur die anderen Glück zu haben? Wie lange werde ich noch so weiterleben müssen? Warum ist das Leben so ungerecht? Ich werde wohl bis zum Umfallen arbeiten und trotzdem auf keinen grünen Zweig kommen. Vielleicht wird sich zumindest das Sozialamt meiner annehmen, wenn meine Kinder nicht für mich sorgen können.«

Stellen Sie sich die Zukunft der beiden vor. Wem werden Sie ähneln? George oder Arthur? Bedauerlicherweise geht es den meisten Menschen finanziell schlecht. Wie ich schon zu Beginn dieses Buches erwähnt habe, können 98 Prozent der über fünfundsechzigjährigen Amerikaner finanziell nicht für sich selbst sorgen! Viele von ihnen benötigen nicht nur etwas Unterstützung, sondern sind vollständig von anderen abhängig. Wie kommt es, daß 85 Prozent der Amerikaner über fünfzig nicht einmal über 250 Dollar eigenes Vermögen verfügen, nachdem sie doch in der Regel ein normales Arbeitsleben hinter sich haben? Und umgekehrt, warum können einige Menschen so leben, wie sie es sich erträumen? *Sind Sie entschlossen, alles Notwendige zu tun, um die Antworten auf diese Fragen zu finden? Sind Sie willens, alles zu tun, um Ihre finanzielle Freiheit zu erlangen? Sind Sie bereit, die konsequenten Handlungsweisen und die Denkweisen der wenigen zu entdecken und anzuwenden, die finanzielle Freiheit für sich erreicht haben?*

Die Mehrzahl der Amerikaner, die das Rentenalter erreichen, werden ihren Lebensabend mit dem Gefühl verbringen, eine Last für die Gesellschaft zu sein. Werden Sie einer

von ihnen sein? Jetzt ist die Zeit, *Entscheidungen* zu fällen.
Vor kurzem hörte ich einen Manager in mittleren Jahren sagen: »Es ist zu spät. Ich habe zu viele Jahre genau das getan, was von mir erwartet wurde: Ich war ein guter Sohn, ein guter Ehemann und ein guter Vater. An meinem Arbeitsplatz gelte ich als guter Mitarbeiter. Wenn ich mich jetzt frage, wer ich wirklich bin, muß ich sagen, daß ich das nicht mehr so genau weiß. Ich habe so lange versucht, mich anzupassen, ich habe mich so lange nur zurückgehalten, daß ich nicht mehr weiß, wer oder was ich bin.«
Lassen Sie es sich von mir sagen: Es ist besser, Entscheidungen früh als spät zu treffen, aber solange wir leben, haben wir die Möglichkeit zu wählen. *Es ist nie zu spät, die richtige Entscheidung zu treffen.*

4. HANDELN SIE!

Während der World Series 1957 steht Henry »Hank« Aron kurz davor, einen Punkt für seine Mannschaft zu erringen. Die Augen fest auf das Ziel gerichtet, konzentriert er sich voll auf die vor ihm liegende Aufgabe. Ein Spieler der Yankees, Yogi Berra, bemerkt in diesem Moment, daß Aron den Schläger falsch hält, und fordert ihn auf: »Dreh den Schläger um, damit man die Marke lesen kann.« Arons Augen blieben starr auf sein Ziel gerichtet, als er Berra antwortete: »Ich bin nicht zum Lesen hier, ich bin hier, um zu treffen.«
Alles Wissen der Welt ist nutzlos, solange es niemand anwendet. Bisher haben wir uns eingehend mit der Frage beschäftigt, wer Sie sind und was Ihnen wichtig ist. Und natürlich haben wir von all den guten Dingen geträumt, die Ihre Zukunft für Sie bereithält. Jetzt sind wir an dem Punkt angekommen, an dem wir die bisher gesammelten Erkenntnisse als Werkzeuge einsetzen, um Ihren weiteren Weg zu

trassieren. Es ist an der Zeit, eine speziell auf Sie zugeschnittene Mischung aus Planung und Handlung in Bewegung zu setzen, die Sie an das Ziel Ihrer Träume führen wird. Thomas von Aquin hat es so formuliert: »Drei Dinge sind zur Rettung des Menschen notwendig: Er muß wissen, was er glauben sollte, wissen, was er wünschen sollte, und wissen, was er tun sollte.«

Bevor wir anfangen, die Wegbeschreibung zu entwerfen, möchte ich Ihnen noch etwas erklären. Oft denken wir, daß wir, um ein höheres Leistungsniveau zu erreichen, härter arbeiten müssen. Wenn wir meinen, daß wir nachlassen, oder wenn wir versuchen, ein Ziel zu erreichen, stellen wir unseren Zeitplan in der Regel so um, daß wir mehr Stunden arbeiten können. Wir erklären unseren Familien, daß ein gewisses Maß an Opfern unumgänglich sei. Einige Nächte die Woche oder ein paar Sonnabende im Monat könnten daher nicht mehr zu Hause verbracht werden. Und dann machen wir uns daran, Pläne aufzustellen und unsere Zeit derart einzuteilen, daß sich unsere Leistung erhöht.

Dieser Ansatz ist natürlich nicht von vornherein als schlecht anzusehen, doch das Problem dabei ist das folgende: Wir handeln unter der Annahme, daß wir weiterkommen können, indem wir die Methoden, die wir schon immer angewandt haben, einfach noch länger anwenden. Leider ist dieser Zusammenhang aber nicht immer gegeben.

Manchmal müssen wir, um auf ein höheres Niveau zu gelangen, neue Werkzeuge und neue Technologien einsetzen. Den Menschen war es, bevor sie die Rakete erfunden hatten, nicht möglich, in den Weltraum zu gelangen. Es gibt Zeitpunkte, an denen es sinnvoll ist, etwas Abstand zu nehmen und sich eine Art von Hilfe zu suchen, wie wir sie bisher noch nicht in Erwägung gezogen haben. Und deshalb schreibe ich soviel über Werte und Sinnfindung. Viele Menschen haben über derartige Themen noch nicht viel nachgedacht. Mit dem Nachdenken über diese Punkte steht Ihnen aber ein Werk-

> *Um Kritik zu vermeiden, tue nichts, sage nichts, sei nichts.*
> Elbert Hubbard

zeug zur Verfügung, mit dessen Hilfe die Ergebnisse, die Sie erzielen können, exponentiell zu steigern sind.

Die Antwort liegt nicht in mehr Stunden, sondern in der effizienteren Nutzung der Stunden. Wenn Sie nicht permanent Ihr »Erfolgswerkzeug« ausbauen, werden Sie eines Tages feststellen müssen, daß einfach keine Stunden mehr da sind, die noch aus dem Tag herauszuquetschen wären. Gerade die Gleichung »Mehr Stunden = Mehr Erfolg« ist es, die viele Menschen dazu verführt, fast alles in ihrem Leben zu opfern, nur um den Lebensunterhalt zu verdienen. In irgendeiner Art und Weise müssen Sie in jedem Fall bezahlen, und wenn Sie Ihr »Erfolgswerkzeug« nicht pflegen, ist es womöglich das, woran Ihnen am meisten liegt, das leidet.

Der Schlüssel liegt also in der Vertiefung unserer Kenntnisse, in der Beherrschung verschiedener Werkzeuge und Methoden, die dazu führt, daß wir bei gleicher oder verringerter Anstrengung stetig mehr Leistung bringen können. Folgender Zusammenhang gilt schließlich auch: Je höher das Gebäude, desto tiefer die Fundamente. Die Übungen zur Persönlichkeitsentwicklung, die dieser Abschnitt enthält, zielen darauf ab aufzuzeigen, wer Sie sind und über welche grundlegenden Ressourcen Sie verfügen. Indem Sie die wirksamen Werkzeuge, die Werte, Sinn und Lebensaufgabe darstellen, nutzen, werden Sie Ihre Anstrengungen zielgerichteter einsetzen und so maximale Ergebnisse erzielen können.

In der nächsten Übung geht es um das Setzen von Zielen und um die zur Erreichung dieser Ziele notwendigen Schritte. Anders ausgedrückt: Es geht darum, Sie dazu zu bringen,

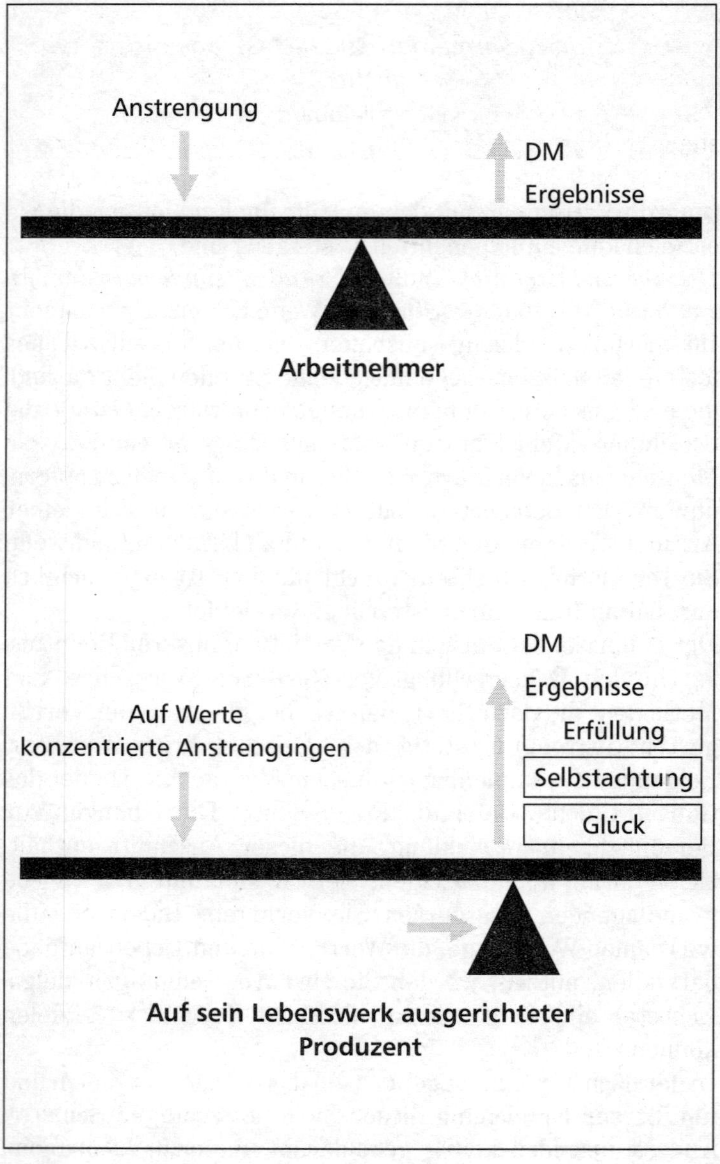
Anstrengung
DM
Ergebnisse
Arbeitnehmer
DM
Ergebnisse
Auf Werte
konzentrierte Anstrengungen
Erfüllung
Selbstachtung
Glück
Auf sein Lebenswerk ausgerichteter
Produzent

wirklich damit anzufangen. Der erste Schritt besteht darin, dem »Werte-Ziele-Aufgaben-Schema« auf Seite 137 zu folgen und die fünf für Sie wichtigsten Bedürfnisse/Werte in den dafür vorgesehenen Raum zu schreiben. Dann betrachten Sie zu jedem Wert erneut die schon aufgestellte Liste der Dinge, die Sie gern machen. Benutzen Sie diese Aktivitäten und Ihre ursprünglichen Ideen darüber, wie damit Geld zu verdienen sein könnte, in Verbindung mit der Beschreibung Ihrer Lebensaufgabe zur Formulierung eines langfristigen Zieles, das Sie gern erreichen würden.

Lassen Sie uns, um diese Vorgehensweise zu verdeutlichen, auf ein schon angesprochenes Beispiel zurückkommen. Nehmen wir einmal an, Sie tanzen gern, Gesundheit und Fitneß nehmen eine wichtige Stellung unter Ihren Werten ein, und Sie sind der Meinung, daß es Ihnen Spaß machen würde, Tanzunterricht zu geben. In einer derartigen Situation könnte Ihr langfristiges Ziel etwa so beschrieben werden: Die Eröffnung einer kleinen Tanzschule innerhalb der nächsten zwölf Monate.

Die Aufgaben, die Sie sich für die nächsten Tage und Wochen vornehmen, wären dann die folgenden:

① Die Tanzkenntnisse durch zwei Tanzstunden pro Monat auffrischen.
② Jeden Monat einen Tanzlehrer in der Nähe befragen, um hilfreiche Hinweise zu erhalten.
③ An einem Seminar für Existenzgründer teilnehmen, um die Grundlagen für das Geschäft zu erlernen.
④ Wöchentlich 300 Mark als Startkapital sparen.
⑤ Pro Monat eine Werbesendung an potentielle Kursteilnehmer versenden, in der die große Eröffnung der Schule angekündigt wird.

Sie haben ein Interesse daran, daß sowohl Ihr Lebensmotto als auch Ihre Lebensaufgabe gut zu Ihren Zielen passen. Eine totale Übereinstimmung wird dabei nicht zu erzielen sein, doch sollten Sie darauf achten, daß die einzelnen Elemente ungefähr zusammenpassen. Auf das Tanzbeispiel bezogen, könnten Lebensmotto und Lebensaufgabe folgendermaßen aussehen (erinnern Sie sich bitte daran, daß sich das Lebensmotto hauptsächlich auf die eigene Person bezieht, während die Lebensaufgabe mit Bezug auf andere formuliert wird):

> **Lebensmotto: Ich bin mir darüber klar, daß es der Sinn meines Lebens ist zu lieben, zu lernen und anderen dabei zu helfen, das gleiche zu tun.**
> **Lebensaufgabe: Meine Lebensaufgabe, meine Mission, mein Sinn und meine Chance liegen darin, dazu beizutragen, daß meine Mitmenschen mit sich selbst zufrieden sind und Vertrauen in ihre eigenen Fähigkeiten setzen.**

Schließlich schreiben Sie unter Verwendung aller Werte und der zugehörigen Ziele und Aufgaben mindestens einen Absatz darüber, warum das Ziel zu erreichen, Zeit und Anstrengungen wert sind. Für das Tanzschulenbeispiel könnte die Antwort ungefähr so aussehen:

> **Ich möchte selbständig sein, um so die Freiheit zu haben, meinen eigenen Erfolg zu genießen. Ich möchte anderen Menschen dabei helfen, die Freuden des Tanzens zu entdecken. Ich selbst bleibe durch den Unterricht, den ich erteilen werde, in Form. Mein Selbstvertrauen wird dadurch, daß ich mich täglich mit etwas beschäftige, das mir Spaß macht und das ich gut kann, gestärkt werden. Ich werde zufrieden sein, ein Unternehmen geschaffen zu haben, das meine Persönlichkeit gut widerspiegelt. Meine Schüler werden zu mir aufsehen, und ich kann ihr Leben positiv beeinflussen.**

Wert	Langfristziel(e)	Wöchentliche/ tägliche Aufgaben
1.		
Warum ist dieses Ziel die Zeit und die Anstrengung wert?		
2.		
Warum ist dieses Ziel die Zeit und die Anstrengung wert?		
3.		
Warum ist dieses Ziel die Zeit und die Anstrengung wert?		
4.		
Warum ist dieses Ziel die Zeit und die Anstrengung wert?		
5.		
Warum ist dieses Ziel die Zeit und die Anstrengung wert?		

Klingt das nun nach einer wasserdichten Erfolgsformel? Genauso klingt es! So wie er aufgebaut ist, kann dieser Aktionsplan unsere Beispielperson eigentlich nur in Richtung Erfolg ziehen. Machen Sie sich also ans Werk und versuchen Sie sich auch an der Formulierung. Investieren Sie in diese Aufgabe die Zeit, die Ihnen notwendig erscheint. Das Ergebnis wird Ihr Plan für den Weg zum Erfolg und zu finanziellem Reichtum sein (sehen Sie sich dazu auch die Abbildung auf Seite 134 an).

Wie fühlen Sie sich, nachdem Sie diese Aufgabe abgeschlossen haben? Was für ein Gefühl ist es, über einen sorgfältig erarbeiteten Plan zu verfügen, der Ihre wichtigsten Träume und Wertvorstellungen berücksichtigt? Lassen Sie mich raten: Sie fühlen sich ziemlich gut. Der schwierigste Abschnitt der Jagd nach Ihren Träumen ist bewältigt. Sie fragen sich jetzt vielleicht, wie es denn nun wirklich losgehen soll. Glauben Sie mir: Das *Warum* muß zuerst beantwortet werden, das *Wie* kommt später. Der Psychiater Viktor Frankl, ein Überlebender des Holocaust, schreibt in seinem Buch *Der Mensch vor der Frage nach dem Sinn:* »Ein Mensch, der das *Warum* seiner Existenz kennt, wird fast jedes *Wie* ertragen können.« Wenn Sie nur genug zwingende Gründe für etwas finden, werden Sie es auch realisieren können.

5. LENKEN SIE IHR LEBEN!

Im Juli 1939 erhebt sich eine einmotorige Curtiss Robin in den Himmel über New York. Am Steuerknüppel des Flugzeugs, das den Spitznamen Lizzy trägt, sitzt der amerikanische Flieger Douglas Corrigan. Lizzy ist zehn Jahre alt; an Bord befinden sich weder Funkgerät noch Sicherheitsausrüstung. Für den geplanten siebenundzwanzigstündigen Flug nach Los Angeles hat Corrigan einen Zusatztank eingebaut, der ihm den Blick nach vorn versperrt; er muß also aus den Seitenfenstern schauen, um zu erkennen, wohin er fliegt. Nach knapp vierundzwanzig Stunden Flug landet Corrigan in der irischen Hauptstadt Dublin. Irgendwie hatte er die Orientierung verloren und war irrtümlich nach Osten, über den Atlantik, geflogen! Einem Flughafenbediensteten erklärte er aufgeregt: »I flew the wrong way!«, und wenig später erhält er dann auch den Spitznamen »Wrong-Way-Corrigan«, unter dem er in die Geschichte eingeht.

Alle Planung, alle Anstrengungen und alle Leistung der Welt wird Sie nicht zum gewünschten Ergebnis bringen, wenn Sie nicht in die richtige Richtung zielen. *Das letzte, was Sie sich wünschen, ist, Ihr Leben damit zu verbringen, die Leiter zum Erfolg hochzuklettern und zu kämpfen, nur um am Lebensende festzustellen, daß die Leiter an der falschen Mauer stand.* Im folgenden Abschnitt geht es daher um die fortwährende Bestimmung Ihrer Position und Ihres Kurses. Mit anderen Worten: Sie sollen sich fragen, warum Sie sich in einem bestimmten Moment für den einen Weg entschieden haben und den anderen nicht gegangen sind. Worum es hier *nicht* geht, ist, sich zu verändern und alle paar Monate eine neue Persönlichkeit anzunehmen. Es geht um ständiges Wachstum durch eine Fortentwicklung Ihrer Persönlichkeit. Es geht darum, sich an den Gedanken kontinuierlicher und langsamer Weiterentwicklung zu gewöhnen – und darum, zu verstehen, daß diese Entwicklung Ihrer Persönlichkeit sorgfältig überwacht und gelenkt werden muß. Damit komme ich jetzt zum Begriff der Transformation. Thaddeus Golas, der Autor des *Lazy Man's Guide to Enlightenment*, hat geschrieben: »Die Lenkung der gesuchten Veränderung spielt sich nicht in vier Dimensionen ab: Es geht darum, dort, wo Sie sind, tiefer in das vorzudringen, was Sie sind. Das Ganze ist mit dem Aufdrehen der Lautstärke an Ihrem Verstärker vergleichbar.«

Lassen Sie uns kurz über persönliche Verhaltensregeln

reden. Alle großen Menschen verfügen über Grundsätze, an denen sie ihr Leben ausrichten, und Erwartungen, die sie an sich selbst stellen. Diese Verhaltensmuster sind inhärente oder unverwechselbare Handlungsweisen, denen sich ein Mensch verpflichtet fühlt und die seinen Charakter ausmachen.

Selbst wenn Sie zielgerichtet leben und Ihre Absichten aktiv verfolgen, gibt es Tage, an denen nichts so zu laufen scheint, wie es sollte. Der Schlüssel dazu, auch dann nicht vom richtigen Weg abzukommen, wenn man versucht sein könnte aufzugeben, liegt darin, sich an den Dingen aufzubauen, die man beeinflussen *kann.* Wenn Sie sich jeden einzelnen Tag an Ihren persönlichen Verhaltensmustern ausrichten, können Sie sich erfolgreich fühlen, auch wenn die Belohnung, die Sie von Ihrer Umwelt erhalten, nur schwer zu erkennen ist. Egal, was aus Ihren Aktivitäten wird, für Sie stellen sie einen Erfolg dar. Und niemand kann Ihnen diesen Erfolg je nehmen. Viktor Frankl, der jahrelang in Konzentrationslagern Unaussprechliches erleiden mußte, zitiert in diesem Zusammenhang einen deutschen Dichter: »Was du erlebt hast, kann keine Macht der Welt dir rauben.«

Ich denke, man könnte sagen, daß persönliche Verhaltensmuster eine Möglichkeit darstellen, sich an sich selbst zu messen. Es geht dabei nicht um Zahlen oder Leistungen, die von Ihrer Umwelt anerkannt werden, sondern um Ihre eigene Auffassung davon, was Sie bringen müssen, um das für Sie bestmögliche Ergebnis zu erreichen. Wenn Sie jeden Tag danach streben, dieses bestmögliche Ergebnis zu erreichen, werden Sie an Selbstvertrauen und Selbstachtung gewinnen. Und wenn es Ihnen darüber hinaus gelingt, jeden Tag den eigenen hohen Anforderungen zu genügen, dann werden Sie ein Erfolgsmuster entwickeln und sich selbst positiv konditionieren.

Denken Sie darüber nach: *Welche Kraft und welches Vertrauen würden Sie gewinnen, wenn Ihnen jeder Tag in irgendei-*

ner Form Siege bescheren würde? Was würde das für Ihre Entschlossenheit und Ihre Einstellung bedeuten? Wie würde sich dies auf Ihr Schicksal auswirken?

Sie kennen die Antwort: Sie würden beginnen, sich selbst als einen fähigen, erfolgreichen Menschen zu sehen, und die Erfolge würden sich auch einstellen.

Benjamin Franklin verfügte über ein Verhaltensmuster, an das er sich stets zu halten versuchte. Er nannte es seine *Liste der Tugenden* – man könnte aber auch von einer »Liste von Werten« sprechen. Jeden Tag versuchte Franklin, sich streng an alle Tugenden zu halten, die er auf seiner Liste versammelt hatte. Und jeden Abend ließ er, während er sein Tagebuch schrieb, die Ereignisse des Tages Revue passieren und dachte über seine Tugenden nach. Er nahm sich jede einzelne Tugend vor und beurteilte den Tag, der hinter ihm lag, unter diesem Blickwinkel. Die Tugenden, die er an dem betreffenden Tag gelebt hatte, hakte er ab, den Platz hinter den anderen ließ er leer. Erstaunlicherweise dauerte es vierzig Jahre, bis Franklin wirklich das Gefühl hatte, an einem Tag alle Tugenden gelebt zu haben. Dieser eine Tag, so sagte er, wäre sein größter Sieg gewesen.

Es liegt auf der Hand, daß der Schriftsteller, Erfinder und Staatsmann Franklin so erfolgreich war, weil er an sich höhere Erwartungen stellte, als man erwarten konnte.

Die dreizehn Tugenden, die Benjamin Franklin lebte

① Enthaltsamkeit
② Schweigen
③ Ordnung
④ Entschlossenheit
⑤ Schlichtheit
⑥ Fleiß
⑦ Aufrichtigkeit
⑧ Gerechtigkeit
⑨ Mäßigung
⑩ Sauberkeit
⑪ Tu‘e
⑫ Keusc‘ ‘eit
⑬ Demut

Ich möchte jetzt, daß Sie für sich ein eigenes Verhaltensmuster entwerfen. Fassen Sie es als Ihren persönlichen Kompaß auf, als eine Möglichkeit, Kurs zu halten, wenn die See rauh wird. Einen Anstoß für Ihre Überlegungen kann Ihnen vielleicht meine eigene Liste geben:

Sei:

leidenschaftlich	einmalig
warmherzig	strahlend
albern	gesund
vertrauensvoll	du
glücklich	gefühlvoll
freigiebig	kreativ
ehrlich/aufrichtig	reich, und zwar immer!

Für die Entwicklung Ihres eigenen Musters gibt es nur eine einfache Regel:

> **Regel: Jeder Eintrag auf der Liste muß voll und ganz von Ihnen selbst beherrschbar sein, und es muß sich um etwas handeln, das Sie »sein« können. (Es sollte sich um Verhaltensweisen handeln, die Sie täglich praktizieren wollen, egal, was um Sie herum auch geschehen mag.) Nehmen Sie sich Zeit, um auf einem Blatt Papier Ihre eigene Liste von Muster-Werten zusammenzustellen. Eine Anmerkung noch: Bei den Werten kann es sich zum Teil um die handeln, die Sie schon an anderer Stelle in diesem Buch als wichtig eingestuft haben.**

Wie fühlen Sie sich, nachdem Sie jetzt über eine Reihe von Maßstäben und Prinzipien entschieden haben, an denen Sie von nun Ihr Leben orientieren wollen. Wie werden sich diese Prinzipien auf Ihr Selbstvertrauen und auf die Gewißheit auswirken, nach Ihren eigenen Maßstäben täglich zu den Gewinnern zu zählen? Um wieviel erfolgreicher werden Sie jetzt dadurch werden, daß Sie sich erfolgreich fühlen – und das jeden Tag und ganz einfach dadurch, daß Sie Ihren eigenen Grundsätzen genügen?

Eine der wertvollsten Lehren, die Anthony Robbins vertritt, ist die, daß ein Mensch durch »glückliche Leistung« viel effektiver sein kann, als wenn er »leistet, um glücklich zu sein«. Das klingt wie ein Wortspiel, es ist aber eine Tatsache, *daß es viel effektiver und gewinnträchtiger ist, sich jeden Tag gut zu fühlen, als für einige wenige Minuten der Zufriedenheit und Anerkennung zu leben. Sie werden mehr leisten und dabei mehr Spaß haben.* Dies ist die Straße zum Erfolg. Sie richten Ihr Leben an Ihren Verhaltensgrundsätzen aus und haben so jeden Abend zumindest den einen Erfolg errungen. Diese Erfolge bauen aufeinander auf und verändern die Art und Weise, in der Sie von anderen Menschen wahrgenommen werden, und auch die Wahrnehmung, die Sie von sich selbst haben werden.

Denken Sie bitte über das folgende nach: Wenn Sie sich jeden Tag nach Ihren Verhaltensgrundsätzen richten und danach streben würden, jeden einzelnen Punkt auf Ihrer Liste wirklich zu *leben*, würde sich der Erfolg dann nicht wie von selbst einstellen? Würden Sie sich nicht viel besser und lebendiger fühlen, wenn Sie sich dauerhaft an den Dingen messen würden, die Sie wirklich beeinflussen können? Würde Ihnen das daraus erwachsende Selbstvertrauen nicht helfen, Ihre Leistung und Ihr Einkommen zu steigern?

Die Antworten auf diese Fragen kennen Sie bereits. Sie würden sich dauerhaft wohl fühlen – und das ist es doch, wonach wir alle streben.

Sie sollten Ihre Verhaltensgrundsätze als ein Werkzeug zur Selbstkontrolle betrachten. Um auf finanziellem oder auch jedem anderen Gebiet Fortschritte zu erreichen, müssen wir immer wieder nach Wegen suchen, die Ergebnisse, die wir bereits erzielt haben, weiterzuentwickeln. Der einzige Weg, der es uns ermöglicht zu beurteilen, ob wir uns verbessern, liegt darin, Inventur zu machen. Jeden Tag zu überprüfen, ob man seinen Grundsätzen genügt, führt dazu, daß man sich darüber klar wird, ob der eingeschlagene Weg der richtige ist und ob es voran geht. Diese Überprüfung können wir ganz allein für uns vornehmen, ohne daß andere eine Entwicklung bemerken müssen.

Ein letzter Schritt auf dem Weg zur Konzentration auf die Lebensaufgabe ist das Ausfüllen einer kompletten Matrix zur Beschreibung ebendieser Lebensaufgabe. Diese Matrix umfaßt die Werte, das Lebensmotto, die Lebensaufgabe sowie die Verhaltensgrundsätze und baut auf dem auf, was wir im Laufe dieses Kapitels erarbeitet haben (ein Blankoformular finden Sie auf der Seite 147, als Beispiel ist auf der Seite davor meine eigene Matrix abgedruckt). Suchen Sie sich bitte auch ein Zitat aus, das Sie besonders motiviert oder Ihnen besonders viel Kraft gibt, und schreiben Sie es an die dafür vorgesehene Stelle. Wenn Sie das Blatt dann ausgefüllt haben, heften Sie es in Ihren Kalender oder stellen es gerahmt auf Ihren Schreibtisch. Sehen Sie es sich jeden Tag mit dem Ziel an, seinen Inhalt fest in Ihrem Gedächtnis zu verankern. Ich selbst habe mehrere Exemplare meines Blattes – eines an der Wand im Büro, eines an der Wand im Arbeitszimmer und eines in meinem Tagesplaner. Obwohl ich meine Prinzipien schon lange verinnerlicht habe, möchte ich vermeiden, mich zu weit von ihnen zu entfernen.

Indem Sie sie immer vor Augen behalten, machen Sie diese charakterbildenden Grundsätze zu einem Teil Ihrer selbst, genau wie Ihre Erlebnisse, Ihr Wissen und Ihre Vorbilder.

Sie wollen, daß sich diese Grundsätze in Ihnen verhaften, daß sie zu unerschütterlichen Überzeugungen werden, die Zeugnis von der Tiefe und dem Inhalt Ihrer Gedanken ablegen? Um an Reichtum und Größe zu gewinnen, reicht es nicht aus, mehr zu lernen und mehr zu tun – *Sie müssen mehr sein.*

Es gibt einen Punkt, auf den ich gar nicht genug hinweisen

kann. Es ist fast unmöglich, sich nur auf einem (zum Beispiel auf finanziellem) Gebiet weiterzuentwickeln. *Um Ihre finanzielle Situation zu verbessern, müssen Sie mehr tun, mehr sein und mehr träumen.* Sie müssen sich als Persönlichkeit weiterentwickeln.

Ohne Zweifel werden Sie sich durch die relativ kurze Zeit, die Sie mit dem Lesen dieses Buches verbringen, weiterentwickeln. Diese Entwicklung betrifft Bereiche, die überhaupt nichts mit Finanzen zu tun haben. Wenn ich meine Absichten erfolgreich umgesetzt habe, dann hat Sie das, was Sie bisher gelesen haben, gefühlsmäßig und geistig beeinflußt, hat Ihr Selbstvertrauen und Ihre Selbstachtung gestärkt und hat Ihnen neue Wege zur Verbesserung Ihres Verhältnisses zu anderen Menschen aufgezeigt. Sie haben bereits damit begonnen, sich von einigen Ihrer bisherigen Verhaltensweisen und Denkansätze zu trennen – und das ist gut so. *Manchmal sind es diese eingefahrenen Verhaltensweisen, die uns daran hindern, uns zu entwickeln.*

Vor einigen Jahren wurden mit einem Schimpansen einige interessante psychologische Studien durchgeführt. Die Forscher befestigten an der einen Wand eines geschlossenen Raumes ein Gefäß mit Süßigkeiten und stellten das Futter für den Schimpansen und das Wasser auf die andere Seite des Raumes. Der Affe wollte nun unbedingt an die Süßigkeiten, steckte eine Hand durch die winzig kleine Öffnung des Behälters und griff sich eine große Handvoll. Als er dann allerdings versuchte, die Hand wieder aus dem Gefäß zu ziehen, blieb er stecken. Die Öffnung war zu klein für die gefüllte Hand. Die Situation war zusätzlich dadurch verkompliziert, daß sich Wasser und Nahrung außerhalb der Reichweite der freien Hand befanden.

Die Lösung hätte nun natürlich darin bestanden, zumindest einen Teil der Süßigkeiten im Gefäß zu lassen, um die Hand leichter zurückziehen zu können. Auf diese Art und Weise hätte der Schimpanse nach und nach das Gefäß leeren *und* auch seine andere Nahrung und das Wasser erreichen kön-

WERTE	MOTIVIERENDES ZITAT
Die fünf wichtigsten Werte **1.** Gesundheit/Vitalität **2.** Warmherzigkeit/Liebe **3.** Leidenschaft **4.** Ehrlichkeit/Integrität **5.** Seinen Beitrag leisten	Es ist viel besser, große Dinge zu wagen, große Triumphe zu fe-ern, auch wenn es auf dem Weg zu Fehlschlägen kommt, als sich in die Reihe der schlichten Geister einzuordnen, die weder viel Freude noch viel Leid erfahren, weil sie in der Grauzone leben, in der es weder Sieg noch Niederlage gibt. Theodore Roosevelt

MOTTO

Ich weiß, daß es der Zweck meines Lebens ist zu lieben, mitfühlend, mutig und lustig zu sein; Menschen zu bewegen und auf das Leben anderer in großem Maß einzuwirken; Spaß zu haben und dankbar allen Reichtum auf jedem Gebiet anzunehmen.

LEBENSAUFGABE

Meine Lebensaufgabe – meine Mission, mein Sinn und meine Chance – liegt darin, anderen Menschen zu helfen, ihre Träume auf finanziellem Gebiet zu erfüllen und ihre Lebensqualität zu erhöhen.

VERHALTENSGRUNDSÄTZE

SEI:

leidenschaftlich	einmalig
warmherzig	strahlend
albern	gesund
vertrauensvoll	du
glücklich	gefühlvoll
freigiebig	kreativ
ehrlich/aufrichtig	reich, und zwar immer!

WERTE	MOTIVIERENDES ZITAT
Die fünf wichtigsten Werte **1.** ______ **2.** ______ **3.** ______ **4.** ______ **5.** ______	
MOTTO	
LEBENSAUFGABE	
VERHALTENSGRUNDSÄTZE	
SEI:	

nen. Der Affe war aber zu enttäuscht, um einen neuen Anlauf zu nehmen. Er änderte sein Verhalten nicht, denn in der Vergangenheit hatte er damit immer Erfolg gehabt. Wenn er etwas gewollt hatte, war er darauf losgegangen und hatte es sich geholt. Irgendwann begann der Schimpanse, seinen Kopf immer wieder gegen die Wand zu schlagen. Die Forscher halfen ihm schließlich, sich zu befreien, da sie überzeugt waren, das Tier würde eher verdursten oder verhungern, als die Süßigkeiten in seiner Hand aufzugeben. Wenn er nur losgelassen hätte – er hätte alles erreicht, was er sich wünschte.

Genau wie diesem Schimpansen geht es manchen Menschen in manchen Situationen auch: Die offensichtliche Lösung übersehen sie einfach. Viel zu oft hämmern wir einfach mit dem Kopf gegen die Wand und versuchen uns entlang der Linien fortzubewegen, die wir auch in der Vergangenheit verfolgt haben. Leider funktioniert Persönlichkeitsentwicklung aber nicht auf diese Weise. Wir müssen unser Wissen und unser Handwerkszeug weiterentwickeln. Wenn Sie sich aus diesem Kapitel nur einen Gedanken merken wollen, dann sollten Sie sich für diesen entscheiden: Der gedankliche Stand, der es Ihnen erlaubt hat, sich dahin zu entwickeln, wo Sie sich heute befinden, ist, egal, wie erfolgreich Sie im Moment schon sind, nicht der Stand, der Sie dahin bringen wird, wo Sie eigentlich hin wollen.

Nach dieser Aussage möchte ich Sie nun bitten, einmal gedanklich einen Schritt zurückzutreten (zurück von Ihrem jetzigen Stand) und sich zu fragen, ob die Verwirklichung Ihres Traumes in der Art, wie ich sie beschrieben habe, den Versuch wert ist. Sind Ihre Träume das Unbehagen wert, das mit dem Lösen der Ketten verbunden ist, die Sie in der Vergangenheit gefesselt haben? Sie können immer in den alten Trott zurückfallen, wenn es Ihnen aber sinnvoll erscheint, sollten Sie die Leinen los machen und sich wirklich anstrengen. Ich bin davon überzeugt, daß Sie sichtbaren Erfolg erzielen werden.

Der dritte Schritt: 3

Halten Sie sich an einen Plan – und die Landkarte wird zu Ihrer Welt

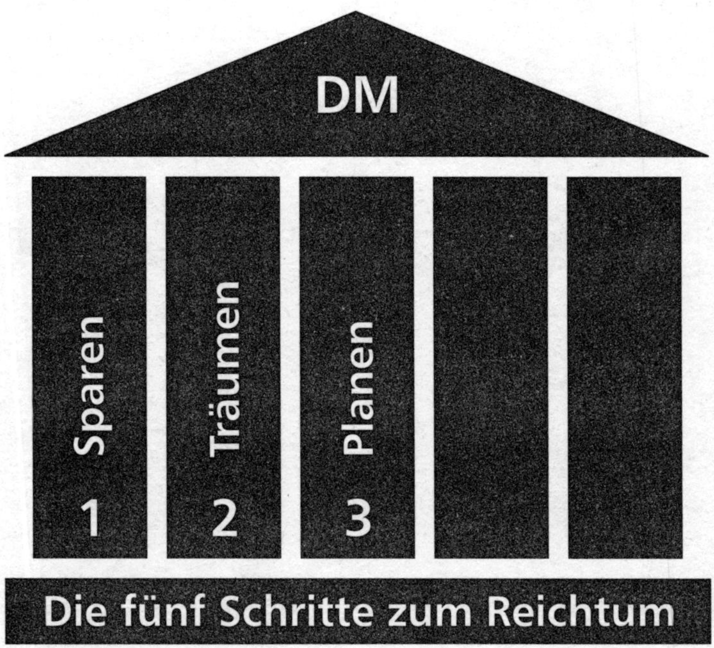

Mache keine kleinen Pläne;
denn sie haben nicht die Kraft, das Blut der Menschen in Wallung zu bringen.
Mache große Pläne; sieh' groß, in deinen Hoffnungen und in deinen Werken,
und vergiß nicht, daß ein durchdachter, logischer Entwurf niemals vergehen wird.
Daniel Hudson Burnham, Architekt

Allen denen, die in den zwanziger Jahren dort sind, erscheint Palm Beach wie der Himmel auf Erden. Das reichste Seebad Amerikas, an der Nordspitze einer 18 Quadratmeilen großen Insel südöstlich vor Floridas Küste gelegen, ist im Winter ein Tummelplatz für die Reichen und die Schönen. Inmitten des Überflusses sitzt William Gray Warden und nippt an einem Drink. Er ist überzeugt davon, daß er es geschafft hat. Am Ende der Insel steht inmitten der schönsten vorstellbaren Landschaft sein neuerbautes zweistöckiges Haus – sein wahrgewordener Traum. Alles ist da: atemberaubende Ausblicke, wunderschöne Gärten und komfortable, großzügige Wohnräume. Das Erdgeschoß ist ideal geeignet, Gäste zu empfangen, und im ersten Stock läßt es sich phantastisch leben und arbeiten. Kein Zweifel, dieses Haus ist perfekt, es hat Klasse und Stil. Das einzige, was fehlt, sind Treppen! Warden ist verblüfft. Wie wird er von einem Stockwerk in das andere kommen können? Ungläubig bittet er Mizner, seinen Architekten, um die Baupläne, damit er selber herausfinden kann, warum sein Haus nicht mit Treppen ausgestattet ist. Der Architekt ist völlig überrumpelt und antwortet leichthin: »Warum fragen Sie, das Haus ist doch noch gar nicht gebaut, zuerst der Bau, dann die Pläne.«

Fast jeder ist sich darüber klar, daß Erfolg Pläne bedingt. Dieses Konzept ist uns derart vertraut, daß wir es manchmal als gegeben voraussetzen und darüber vergessen, die Grundlagen anzuwenden, die uns dahin gebracht haben, wo wir uns zur Zeit befinden. Wenn wir unser Ziel erreichen wollen, kommen wir aber nicht umhin, uns stets an einem Plan zu orientieren. Genauso, wie eine einzelne sportliche Leistung nicht fit für das ganze Leben macht, müssen Sie sich auf finanziellem Gebiet immer darüber im klaren sein, wo Sie stehen, wohin Sie sich bewegen und wie Sie Ihr Ziel erreichen wollen.

Viele Menschen beschäftigen sich einmal mit ihrer Finanzplanung und glauben dann, da sie den Planungsprozeß hinter sich gebracht haben, nicht weiter über diese Dinge nachdenken zu müssen. Noch schlimmer sind aber die Fälle, in denen Menschen sich nicht einmal aufraffen, einmalig über einen Plan und dessen Umsetzung nachzudenken. Die Zahlen zeigen es deutlich: Die meisten Menschen verwenden mehr Zeit auf die Planung eines zweiwöchigen Urlaubs als auf ihre Lebensplanung, und noch weniger Zeit widmen Sie der Planung ihrer Finanzen. Man ist erstaunt, wenn man erfährt, daß 95 Prozent der Menschen, die von sich selbst sagen, sie hätten versagt, glauben, erfolgreich hätten sein können, wenn sie nur einen Plan gehabt hätten. Wenn Sie Ihr Ziel wirklich erreichen wollen, müssen Sie *sofort* mit dem Aufstellen eines Plans beginnen.

Planung: Der entscheidende Faktor

Vielleicht kennen Sie die in den fünfziger Jahren entstandene Harvard-Studie zu Zielsetzung und Planung. Im Rahmen dieser Studie wurden die Studenten, die ihr Studium im Jahre 1953 beendeten, danach gefragt, ob sie über klare, spezifische, schriftlich fixierte Ziele und eine Planung für die Erreichung dieser Ziele verfügten. Nur drei Prozent hatten ihre Ziele schriftlich niedergelegt und genau geplant, was sie in ihrer Zukunft erreichen wollten. Zwanzig Jahre später befragten die Forscher die einstigen Studenten dann erneut. Sie fanden heraus, daß die drei Prozent, die eine Planung aufgestellt hatten, finanziell besser gestellt waren als der Rest zusammengenommen! Die Studenten, die zu den drei Prozent gezählt hatten, schienen darüber hinaus glücklicher, gesünder und erfolgreicher zu sein als ihre Kommilitonen, die sich keine Ziele gesetzt hatten.

Denken Sie einmal über dieses Ergebnis nach. Hier handelt es sich nicht um kleine Unterschiede im persönlichen Reichtum. Hier handelt es sich um wirkliche Unterschiede im Lebensstil der einzelnen Befragten. Die besten drei Prozent überflügelten alle anderen zusammen – und das, obwohl alle Studenten eine der besten Ausbildungen genossen hatten, die für Geld zu haben ist. Zielsetzung ist eine wirksame Sache.

Die meisten Menschen, mit denen ich mich unterhalten habe, glauben, daß es sinnvoll ist, sich Ziele zu setzen und dann auch zu verfolgen, ob ihre Realisierung näherrückt. Und doch verzichten auch diese Menschen darauf, jenes Werkzeug für sich zu nutzen. Vielleicht haben sie es einmal versucht, und es hat nicht auf Anhieb funktioniert. Das kann aber daran gelegen haben, daß sie nicht voll hinter ihren Zielen standen und es sich vielmehr um Wünsche gehandelt hatte. Einige haben mir erzählt, sie hätten sich in der Vergangenheit Ziele gesetzt und diese auch erreicht, im Moment würden sie aber einfach keine Ziele sehen. Ich habe nie verstanden, wie es zu einer solchen Einschätzung kommen kann. Wir alle brauchen einen Grund dafür, morgens aufzustehen, etwas, das uns antreibt. Ich habe den leisen Verdacht, daß diese Menschen zwar Ziele haben, aber nicht in der Lage sind, sie klar zu identifizieren. Die Aufstellung eines Plans wird dann natürlich unmöglich. Ich selbst setze mir etwa zweimal im Jahr Ziele – und es funktioniert phantastisch. Jedesmal, wenn ich mich wieder hinsetze, denke ich im stillen, daß ich vielleicht meine Zeit verschwende und des Guten zuviel tue, schließlich ist es erst sechs Monate her, daß ich mich der gleichen Prozedur unterzogen habe. Wenn ich dann aber mein Notizbuch, in das ich meine Ziele geschrieben habe, ausgepackt habe, erkenne ich: Mein Leben hat sich derart verändert, daß viele meiner Ziele und Pläne ihre Gültigkeit verloren haben. Ich hielte es für eine gute Idee, wenn auch Sie sich ein Notizbuch anlegen würden, in dem Sie alle Ihre finanziellen Ziele und Pläne festhalten.

Der erste Schritt besteht darin herauszufinden, wohin Sie wollen. Werden Sie sich darüber klar, wie Ihre finanzielle Zukunft Ihrer Meinung nach aussehen soll. Ich habe Menschen sagen hören: »Ich will nur meine finanzielle Unabhängigkeit.« Das mag zwar richtig sein – für ein Ziel ist diese Aussage aber zuwenig konkret und zu unpräzise. Wenn Sie finanzielle Unabhängigkeit genießen wollen, so können Sie diese sofort erreichen. Kündigen Sie Ihrem Arbeitgeber, und schließen Sie sich einem Nomadenstamm wie zum Beispiel bei den Aborigines in Australien an – Sie werden keinen Pfennig Geld mehr brauchen.

Die meisten Menschen meinen mit finanzieller Unabhängigkeit aber etwas ganz anderes. Sie meinen ein Leben ohne finanzielle Sorgen und *zusätzlich* die Wahrung eines gewissen Lebensstandards, ohne Anstrengungen dafür unternehmen zu müssen. Das ist natürlich unmöglich. Die einzige Möglichkeit, Geldsorgen zu vermeiden, besteht darin, ohne zu leben – ohne Geld natürlich. Zwar lassen sich die Sorgen durch sorgfältige Planung und Anstrengung klein halten, aber Reichtum ohne Anstrengung – das gibt es nur im Märchen. An anderer Stelle in diesem Buch wurde schon gesagt, daß wir nicht alles erreichen können, was wir wollen, wir müssen auswählen. Und hier kommen nun Zielsetzung und Planung ins Spiel. Wir müssen entscheiden, was wir wirklich erreichen wollen. Geht es darum, unseren Kindern eine teure Ausbildung zu finanzieren? Oder soll ein neues Auto angeschafft werden? Vielleicht

wollen wir auch einen Alterssitz auf Mallorca erwerben? Nach der Entscheidung über das Ziel muß dann ein Plan zu seiner Erreichung aufgestellt werden.
Im Rahmen der Festlegung von finanziellen Zielen achten die meisten Menschen am stärksten auf die Zeit nach ihrem Ausscheiden aus dem Berufsleben. Nach ihrem Eintritt in den Ruhestand wollen sie ihren Lebensstandard nicht einschränken müssen, und sie wollen die Dinge tun, die ihnen wirklich Spaß machen: reisen, Verwandte besuchen oder Golf spielen. Andere wollen sich überhaupt nicht zur Ruhe setzen, und unter ihren Zielen findet man dann den Kauf von Häusern, Yachten und Grundstücken. Was auch immer Ihr Ziel ist, vergessen Sie eins nicht: Es wird nichts von selbst geschehen. Sie brauchen einen Plan. Um Ihre Träume Realität werden zu lassen, müssen Sie den dritten Schritt tun: **Halten Sie sich an einen Plan; die Landkarte wird zu Ihrer Welt.**

Zwei Brüder

Der Zinseszinseffekt führt dazu, daß es immer besser ist, früh mit dem Sparen anzufangen, als sich erst spät dazu aufzuraffen. Zur Verdeutlichung wollen wir uns zwei Zwillingsbrüder ansehen. Ihre Namen seien Billy-Bob und Joe-Bob. Billy-Bob entschließt sich im Alter von einundzwanzig, mit dem Sparen zu beginnen und jährlich 2000 Dollar in einen Sparplan zu investieren. Er tut dies zehn Jahre lang (also bis er dreißig ist) und spart danach nie wieder einen Groschen. Joe-Bob hingegen spart in den ersten zehn Jahren nach seinem zwanzigsten Geburtstag nichts und beginnt erst mit einunddreißig, zwanzig Jahre lang jedes Jahr 2000 Dollar in einen Sparplan zu stecken. Wem geht es nun am Ende besser? Dem Bruder, der früh begonnen und nur die Hälfte dessen eingezahlt hat, was sein Zwilling später angelegt hat, oder dem Bruder, der später mit dem Sparen begonnen hat?

Zwei Brüder	Alter	Billy-Bob	Joe-Bob
Jeder investiert zu unterschiedlichen Zeiten seines Lebens jährlich 2000 Dollar. Früh zu beginnen bringt viele Vorteile.	21	2000 Dollar	
	22	2000 Dollar	
	23	2000 Dollar	
	24	2000 Dollar	
	25	2000 Dollar	
	26	2000 Dollar	
	27	2000 Dollar	
	28	2000 Dollar	
	29	2000 Dollar	
	30	2000 Dollar	
	31		2000 Dollar
	32		2000 Dollar
	33		2000 Dollar
	34		2000 Dollar
	35		2000 Dollar
	36		2000 Dollar
	37		2000 Dollar
	38		2000 Dollar
	39		2000 Dollar
	40		2000 Dollar
	41		2000 Dollar
	42		2000 Dollar
	43		2000 Dollar
	44		2000 Dollar
	45		2000 Dollar
	46		2000 Dollar
	47		2000 Dollar
	48		2000 Dollar
	49		2000 Dollar
	50		2000 Dollar
Investierte Summe		20 000 Dollar	40 000 Dollar
Gesamtwert (Annahme: 8 %)		145 841 Dollar	98 846 Dollar

Wie Sie aus der Tabelle auf Seite 156 entnehmen können, hat Billy-Bob, der früher angefangen hat, viel bessere Karten als Joe-Bob, der erst zehn Jahre hat verstreichen lassen, bis er begann, sich um seine Zukunft zu kümmern. Billy-Bobs Guthaben übersteigt das Joe-Bobs um mehr als 50 Prozent und war dazu noch leichter anzusparen, da Billy-Bob, bis er sein Ziel erreicht hatte, nur die Hälfte der Summe sparen mußte, die sein Bruder später auf die Seite gelegt hat. Selbst wenn man die Inflation berücksichtigt, liegt die von Billy-Bob erzielte Rendite viermal höher als die seines Bruders, da er nicht gezaudert hat und sich entschieden hat, die Zeit für sich arbeiten zu lassen. Was Sie daraus lernen sollten, liegt auf der Hand: Unterschätzen Sie weder die positiven Auswirkungen eines frühen Starts, noch die Hilfe, die der Zinseszinseffekt beim Erreichen Ihrer finanziellen Träume darstellen kann.

Ich sollte noch darauf hinweisen, daß die Inflation weder in der Tabelle, die wir gerade gesehen haben, noch in denen, die noch folgen werden, berücksichtigt ist. Die Berechnungen der Zinseszinsen ergeben einen Wert, sie sagen aber nichts darüber aus, was Sie in der Zukunft mit dem Geld werden kaufen können. Es gibt keinen einfachen Weg, die Entwicklung vorherzusagen, die der Preis von Brot, Milch oder Wohnungen im Laufe der nächsten zehn Jahre durchmachen wird. Über den Daumen gepeilt, kann man sagen: Fünf Prozent Ihrer jährlichen Rendite fallen der Inflation zum Opfer. Wenn Sie also eine Rendite von 15 Prozent erwarten, sollten Sie mit 10 Prozent rechnen, um sich eine bessere Vorstellung von der Kaufkraft Ihrer Ersparnisse machen zu können.

Die beste Zeit ihres Lebens

Man sagt manchmal, daß sich das Leben unter finanziellen Gesichtspunkten in drei Perioden einteilen läßt: in die Zeit des Lernens, die Zeit des Verdienens und die Zeit der Sehnsucht – oder die goldene Zeit. In die erste Periode fallen die Jahre der Schulzeit, in denen man finanziell von anderen abhängig ist. Die zweite umfaßt die Jahre, während derer man der allmächtigen Mark hinterherläuft – immer in der Hoffnung, daß die sich anschließende Periode wirklich golden und nicht zu einer Zeit der Sehnsucht wird. Ich habe diese Sicht der »finanziellen Lebenslinie« schon immer für Unsinn gehalten.

Wie ich an anderer Stelle schon ausgeführt habe, betont mir diese Auffassung zu stark die Notwendigkeit, sich während der Zeit des Lernens und der des Verdienens krumm zu arbeiten, um dann in den »goldenen« Jahren glücklich sein zu können. Die Jahre des Lernens und des Verdienens sollten zumindest ebenso glücklich, vielleicht noch glücklicher sein. Schließlich sind Sie in diesen Jahren konstruktiv tätig, und außerdem finden in den Jahren des Lernens und des Verdienens die einschneidensten Ereignisse unseres Lebens statt. Wir lernen den Menschen kennen, von dem wir geträumt haben, gründen eine Familie, haben Kinder, machen Karriere, beziehen unsere erste eigene Wohnung. Alle diese Ereignisse liegen vor den »goldenen« Jahren. Hüten Sie sich also vor der Einstellung, alles sei in dieser Zeit nur Mittel zum Zweck. Den Großteil Ihres Lebens Opfer zu erbringen, um dann einige wenige »goldene« Jahre zu haben, ergibt nicht viel Sinn.

Ich habe meine eigene Einteilung des Lebens in drei finanzielle Abschnitte vorgenommen. Ich spreche von der Zeit des Lernens, der Zeit des Verdienens und der Zeit des Dienens.

Die Zeit des Lernens

Für die meisten von uns sind die ersten Jahre von Schulzeit und Ausbildung bestimmt. In dieser Zeit sind wir in der Regel von anderen abhängig, die uns helfen, unsere Grundbedürfnisse zu finanzieren. Uns selbst fehlen finanzielle Mittel, wir tun aber unser Bestes, uns selbst davon zu überzeugen, daß diese Situation nur vorübergehend andauern wird. Immer wieder machen wir uns Sorgen über unseren Eintritt in das »richtige Leben« und befürchten, daß wir möglicherweise keinen Arbeitsplatz finden werden, daß uns das »richtige Leben« gar nicht mit offenen Armen erwartet. Diese Angst kann zu einem bestimmenden Faktor unseres Gemütszustandes werden. Normalerweise bleiben wir, was die Verbesserung unserer finanziellen Situation angeht, aber optimistisch.

Die Zeit des Verdienens

Dies ist die Zeit, in der sich die meisten Menschen auf ihre Karriere konzentrieren und alles andere hinter diesen Bemühungen zurücktreten lassen. Es kann aussehen, als ob es sich um einen Wettlauf handelt! Wer kann mehr zusammenraffen, mehr schaffen, mehr sein? Der, der bei seinem Tod die meisten Spielzeuge hat, gewinnt! Dieses Rennen dauert dreißig oder vierzig Jahre, und wieder kommt es zu der schon vertrauten Erscheinung: Angst schleicht sich ein. Wir fürchten nichts mehr, als hinter das Feld zurückzufallen. Wir haben Angst davor, unseren Kindern keine anständige Ausbildung finanzieren oder ihnen nicht genug kaufen zu können. Eigentlich wollen wir für die Zeit nach der Berufstätigkeit sparen, wir kommen aber einfach nicht dazu. Vielleicht gelingt es uns, noch länger zu arbeiten oder einen besser bezahlten Arbeitsplatz zu finden. In diesen Jahren ver-

schwenden die meisten Menschen ihr Leben bei dem Versuch, »über die Runden zu kommen«. Nur einige wenige entwickeln sich weiter, lernen, verdienen und sind mit dem, was sie tun, voll und ganz zufrieden. Es ist aber leider eine Tatsache, daß viele nur für den Gehaltsscheck arbeiten.
Je näher die Menschen dann der Pensionierung kommen, desto größer werden die Befürchtungen. Plötzlich fangen sie an zu sparen und opfern alles im Hinblick auf eine für die Zukunft zu erringende Sicherheit. Die meisten Menschen glauben fälschlicherweise, daß sie wirklich mit dem Sparen anfangen werden, wenn sie viel verdienen. Genau das passiert aber nur in den seltensten Fällen. Der Trick liegt nämlich darin, nicht abzuwarten, bis von einem riesigen Einkommen große Summen gespart werden können. Es geht vielmehr darum, kleine Beträge auch von dem noch bescheidenen Einkommen abzuzweigen, das Sie am Anfang Ihrer beruflichen Laufbahn verdienen. Glauben Sie mir: Es rinnt eine große Menge von Geld durch Ihre Hände. Sehen Sie sich die folgende Abbildung an, um einen Eindruck von den Summen zu bekommen, um die es hier geht.

Wieviel Geld wird durch Ihre Hände fließen?

Monatseinkommen	10 Jahre	20 Jahre	30 Jahre	40 Jahre
1000	120 000	240 000	360 000	480 000
1500	180 000	360 000	540 000	720 000
2000	240 000	480 000	720 000	960 000
2500	300 000	600 000	900 000	1 200 000
3000	360 000	720 000	1 080 000	1 440 000
3500	420 000	840 000	1 260 000	1 680 000
4000	480 000	960 000	1 440 000	1 920 000
4500	540 000	1 080 000	1 620 000	2 160 000
5000	600 000	1 200 000	1 800 000	2 400 000

Die Zeit des Dienens

Ich sehe die letzte finanzielle Periode unseres Lebens als eine vom Dienen bestimmte Zeit. Entweder dienen Sie sich selbst, indem Sie genau das tun, auf das Sie in den vorangegangenen Jahren verzichtet haben, oder Sie dienen anderen Menschen und verwenden Ihre Zeit dazu, noch nützlicher zu sein, als Sie es in der Vergangenheit schon waren. Leider kommen die meisten Menschen nicht dazu, diesen schönen Lebensabschnitt zu genießen. Ihr Alltag wird weiterhin vom finanziellen Mangel bestimmt und ist immer noch von Sorgen überschattet. Das einzige, womit sie sich beschäftigen, ist die Sicherung ihres Überlebens.

Selbst diejenigen, die eine solide finanzielle Basis für den Ruhestand geschaffen haben, sind Ängsten ausgesetzt. Manchmal ist es aber gerade diese Angst, die sie aufweckt. Plötzlich kommt die Angst, etwas zu verpassen, nicht genug aus seinem Leben gemacht zu haben. Aus diesem Grunde schreiben so viele Pensionäre ihren ersten Roman, kandidieren für öffentliche Ämter oder engagieren sich in der Betreuung von Obdachlosen. Der »Ruhestand« kann richtiggehend berauschend sein, wenn die finanziellen Sorgen aus dem Weg geschafft worden sind. Finanzieller Reichtum ergibt sich aber nicht einfach so, Planung ist notwendig. Verpflichten Sie sich vor sich selbst dazu, alles dafür zu tun, der für Ihre Möglichkeiten beste Mensch zu werden. Dabei steht Ihre eigene Sicherheit an erster Stelle.

Wieviel werden Sie brauchen, wenn Sie sich aus dem Berufsleben verabschiedet haben? Viele Experten sind der Meinung, daß 60 bis 80 Prozent Ihres letzten Einkommens genügen sollten. Wenn Sie aber eine umfassende Veränderung Ihres Lebensstils planen, wenn Sie zum Beispiel vorhaben, viel zu reisen, werden Sie wahrscheinlich mehr Einkommen brauchen. Die Auswirkungen der Inflation sollten Sie auch nicht vernachlässigen. Ihr Einkommen sollte stets steigen, denn die Preise tun es auch. Dazu ein Beispiel: Angenommen, im ersten Jahr Ihres Ruhestandes benötigen Sie 80 000 Dollar, und die Inflationsrate liegt bei jährlich sechs Prozent. Im zehnten Jahr brauchen Sie dann 143 000 Dollar und im zwanzigsten 256 000 Dollar, wenn Sie keine Abstriche an Ihrem Lebensstandard vornehmen wollen!

Unser Problem/unsere Chance

Heute kann ein sechzigjähriger Mann erwarten, zweiundachtzig zu werden, und eine Frau, die heute sechsundfünfzig ist, hat eine durchschnittliche Lebenserwartung von sechsundachtzig. Der medizinische Fortschritt führt zu einer längeren Lebenserwartung, und ich bin der Meinung, daß dies phantastisch ist. Stellen Sie sich vor: Im Jahr 1900 betrug die mittlere Lebenserwartung siebenundvierzig Jahre. Ich hoffe, daß in den nächsten Jahren die Lebenserwartung weiter steigt. Vielleicht können wir dann damit rechnen, neunzig, hundert Jahre oder noch älter zu werden. Darüber sollten Sie eine Minute nachdenken: Es kann sein, daß sich Ihr Ruhestand über einen längeren Zeitraum erstreckt als Ihr Arbeitsleben! Das Vermögen, das Sie während Ihres Arbeitslebens ansammeln, muß es Ihnen daher ermöglichen, die zwanzig, dreißig oder sogar vierzig Jahre Ihres Ruhestandes zu finanzieren (unter der Annahme, daß Sie sich nicht auf die Sozialversicherungen verlassen können, und diese Annahme erscheint heutzutage angebracht).

Es ist eine Tatsache, daß es in unserer Zeit viele Rentner gibt, die ihr Geld überleben. Um das Problem in seinem ganzen Ausmaß zu erfassen, sollten Sie sich vor Augen führen, daß ein monatliches Renteneinkommen von 2000 Dollar – das war vor fünfzehn Jahren ein netter Betrag – nach heutiger Kaufkraft gerade noch 800 Dollar darstellt. Daraus folgt, daß selbst diejenigen, die eine gute Planung gehabt haben, heute

vor großen Problemen stehen. Sie haben einiges gespart, doch ist die Summe letztendlich nicht ausreichend, oder sie haben diese Ersparnisse nicht so angelegt, daß sie wirklich zu ihren Gunsten gearbeitet haben.
Als Entschuldigung dafür, daß sie nicht sparen, hört man von Vierzig-, Fünfzig- oder Sechzigjährigen oft, es sei »zu spät«. Diese Menschen sind entmutigt, weil sie glauben, es bleibe ihnen nicht genügend Zeit, den Reichtum anzusammeln, den sie sich wünschen. Diese Einschätzung ist ganz falsch! Die meisten von uns beginnen, wenn sie ein mittleres Alter erreicht haben, gerade die zweite Hälfte ihres Lebens. Uns wurde einfach immer erzählt, daß unsere besten und produktivsten Jahre zu dieser Zeit beginnen, sich dem Ende zuzuneigen. Es ist sehr wahrscheinlich, daß wir alle länger leben werden als unsere Eltern; das ist auch in Ordnung, denn wir beginnen ein neues Zeitalter, das Informationszeitalter, in dem Jugend nicht mehr so wichtig sein wird. Für die meisten Berufe ist ein junger, kräftiger, zu körperlicher Arbeit taugender Körper keine Voraussetzung mehr. Sich zu alt zu fühlen, seine Träume zu realisieren entbehrt also jeder Grundlage.
Sie sollten all die Jahre, in denen Sie Erfahrungen gesammelt haben, als Vorbereitung auf die wirklich gute Zeit Ihres Lebens sehen. Dies ist dann zum Beispiel die Zeit, in der Sie Ihre anderen Begabungen entdecken oder Ihre Lebensaufgabe finden und so die Abhängigkeit von den Kenntnissen der Vergangenheit lösen. Vor einigen Jahren habe ich an einem Vortrag des bekannten Autors von Selbsthilfebüchern, Og Mandino, teilgenommen. Zum Zeitpunkt des Vortrags war er wahrscheinlich schon fünfundsiebzig Jahre alt, seine Leistung war aber besser denn je – die in jahrelanger Arbeit erworbene Erfahrung machte den Unterschied. Wenn er sich dagegen von den überkommenen Vorstellungen über Alter, Wohlstand und Reichtum hätte leiten lassen, wäre ich um das Vergnügen gebracht worden, ihn zu hören.

> *Zuerst wähle eine klare, eine realisierbare Idee – ein Ziel. Als zweites versehe dich mit den Mitteln, die zur Erreichung dieses Zieles notwendig sind – Wissen, Geld, Rohstoffe und Methoden. Im dritten Schritt setze alle deine Mittel im Hinblick auf das zu erreichende Ziel ein.*
>
> Aristoteles

Erinnern Sie sich daran, wie das Alter plötzlich im Mittelpunkt des Interesses stand, als sich Ronald Reagan 1980 um die Präsidentschaft der Vereinigten Staaten von Amerika bewarb? Während des Wahlkampfes definierte er unsere Vorstellungen von Alter neu, nachdem ein jüngerer Konkurrent Reagans Alter als Hindernis für eine effiziente Erfüllung der Aufgaben des Präsidenten genannt hatte. Diejenigen, die die Sechzig überschritten hatten, jubelten, als Reagan bemerkte, er »habe nicht die Absicht, die Jugend und die Unerfahrenheit seines Gegenkandidaten zum Thema des Wahlkampfes zu machen«. Reagan regierte dann zwei volle Amtsperioden lang als ältester Präsident in der Geschichte der USA, und auch nach seinem Ausscheiden aus dem Amt blieb er zunächst sehr aktiv und unternahm zahlreiche Vortragsreisen.

Bei einem meiner letzten Vorträge lernte ich einen über siebzigjährigen Arzt kennen, der, nachdem er sich zur Ruhe gesetzt hatte, ein Fitneßbuch für »Muskeln von Menschen im mittleren Alter« geschrieben hatte. Er war mit Recht stolz auf seine Leistung, denn das, was dieser Arzt in seinem Buch geschrieben hat, könnte die Leser auf Jahre hinaus beeinflussen. Worum es hier aber geht, ist, daß er sich nie an ein derart großes Projekt gewagt hätte, wenn in ihm das Gefühl übermächtig gewesen wäre, »auf dem absteigenden Ast« zu sein. Seine Erfahrungen und sein Alter haben ihm vielmehr einen neuen Weg geöffnet, der ihm zwanzig Jahre zuvor nicht offengestanden hatte.

Viele kennen die Geschichte von Colonel Sanders und Kentucky Fried Chicken. Als er fünfundsechzig wurde und die erste mickrige Zahlung von der Sozialversicherung erhielt, hatte Sanders mit dem Aufbau seiner Franchise-Kette noch gar nicht begonnen. Dieser Mann hat erst dann Spuren hinterlassen, als die Welt schon der Meinung war, er habe seine besten Jahre hinter sich. Unter den Gesichtspunkten des Marketings betrachtet, wäre er als dreißig Jahre jüngerer Mensch für diese Aufgabe gar nicht so geeignet gewesen, denn sein Alter und sein großväterliches Aussehen trugen zu seinem Erfolg erheblich bei.

All diese Beispiele dienen eigentlich nur dazu, Ihnen folgendes klarzumachen: Sowohl die *aktive* als auch die *passive* Bildung von Reichtum brauchen Zeit. Die Fortschritte der Medizin haben die traditionellen Vorstellungen von der Dauer eines Menschenlebens überholt. Uns steht folglich eine längere Zeit zur Verfügung, um zu sparen, zu investieren und uns einzubringen. Es liegt an jedem einzelnen, diese Möglichkeiten zu nutzen.

Es scheint wie eine Ironie, aber von jungen Leuten, zwanzig oder dreißig Jahre alt, höre ich oft, sie fänden, sie seien »zu jung«, um an die Planung ihrer finanziellen Zukunft zu denken. Zu jung, zu alt – wann ist denn nun der richtige Zeitpunkt? Ich meine: Jetzt! Egal, wie alt oder wie jung Sie sind – der Zeitpunkt, mit der Planung Ihrer finanziellen Zukunft zu beginnen, ist der jetzige Zeitpunkt. Und wenn Sie keine Möglichkeit sehen, genug zu sparen, dann denken Sie an eine zweite Karriere nach Ihrem Eintritt in das Rentenalter. Dies könnte das erfüllendste und erfolgreichste Abenteuer Ihres Lebens werden.

Allen Menschen, die kurz vor der Pensionierung stehen, möchte ich folgendes sagen: *Es ist nie zu spät, seine finanziellen Träume zu verwirklichen, Sie werden aber auch immer*

Auf der Zeitachse

① Markieren Sie Ihr Alter mit einem Kreuz.
② Markieren Sie das Alter, mit dem Sie in Rente gehen wollen, ebenfalls mit einem Kreuz (wenn Sie sich darüber noch nicht im klaren sind, nehmen Sie einfach die 65).
③ Schraffieren Sie den Bereich, der links von Ihrem Alter liegt, bis hin zur Null.
④ Und als letztes schraffieren Sie den Bereich rechts von Ihrem Rentenalter bis zur Hundert (oder bis zur Fünfundachtzig, wenn Sie eher pessimistisch sind und nur die mittlere Lebenserwartung ansetzen wollen).

0 5 10 15 20 25 30 35 40 45 50 55 60 65 70 75 80 85 90 95 100

eine Entschuldigung dafür finden, die Realisierung der Träume nicht anzupacken. Da wir länger leben, dürfen wir unsere »Arbeitsjahre« nicht leichtfertig vorbeigehen lassen, und das gilt insbesondere dann, wenn die Pensionierung näherrückt. Jeder einzelne Tag zählt – wir müssen sparen, was wir können, und uns stets an einen Finanzplan halten. Es ist niemand da, der diese Aufgaben für uns erledigen würde.

Wir wollen uns jetzt einer Übung zuwenden, die ich entwickelt habe, um die Notwendigkeit zu verdeutlichen, hier und jetzt mit dem Sparen und dem Planen zu beginnen. Nehmen Sie sich bitte die zehn Sekunden Zeit, die Sie für diese Übung brauchen werden. Ich glaube, sie wird Ihnen die Augen öffnen.

Die links schraffierte Zeit ist vergangen. Die Zeit, die Sie im rechten Bereich schraffiert haben, steht Ihnen nach Ihrem Ausscheiden aus dem Arbeitsleben zur Verfügung. *Der Bereich in der Mitte stellt die Zeit dar, die Ihnen bleibt, um für eine glückliche und sichere Zukunft zu sparen und zu planen!*

Wenn Sie schon älter sind, entmutigt Sie diese Darstellung der Dinge vielleicht – das sollte aber nicht so sein! In den nächsten Abschnitten werde ich Ihnen genau zeigen, wie Sie das Beste aus Ihrer Zeit machen und alle Ihre finanziellen Ziele erreichen können.

Zielsetzung

Um im Leben überhaupt etwas zu erreichen, müssen wir uns erst einmal darüber klarwerden, was wir wirklich wollen, und dann die Ziele auswählen, die uns am meisten bedeuten und die wir zuerst erreichen möchten. Die folgende Abbildung sollten Sie ausfüllen, um eine klare Vorstellung davon zu bekommen, was Ihnen im Moment am wichtigsten ist. Ordnen Sie die aufgeführten Ziele nach ihrer Wichtigkeit. Geben Sie für jedes Ziel auch einen Zeithorizont an, das heißt, schreiben Sie auf, wann Sie es erreicht haben möchten. Im nächsten Schritt wählen Sie dann ein oder zwei Ziele aus, mit

Finanzielle Ziele

Rang	Ziel	Zeithorizont
	Den Ruhestand absichern	
	Haus/Wohnung kaufen	
	Wertpapierportefeuille bilden	

Wie kann ich schon heute damit beginnen, auf meine wichtigsten Ziele hinzuarbeiten?

(Ein Tip: Dieses Buch zu Ende zu lesen ist auf jeden Fall ein guter Beginn!)

deren Erreichung Sie sofort beginnen möchten, und schreiben die ersten Schritte auf, die Sie im Hinblick auf diese Ziele schon jetzt unternehmen können. Auf den folgenden Seiten werden wir uns mit den einzelnen Zielkategorien noch eingehender beschäftigen.

Ziel: Den Ruhestand absichern

Die größten Sorgen, die sich die meisten Menschen im Zusammenhang mit ihren Finanzen machen, beziehen sich auf die Zeit nach dem Ausscheiden aus dem Arbeitsleben. Die Menschen wollen während ihres Ruhestands denselben Lebensstandard genießen, den sie sich auch vor ihrer Pensionierung leisten konnten. Dieses Ziel ist relativ einfach zu erreichen, wenn man einen passenden Plan entwickelt, sich dann auch an ihn hält und genug Zeit für die Bildung ausreichenden Reichtums läßt. Im Moment sparen 75 Millionen Amerikaner zuwenig für ihren Ruhestand. Diese Menschen werden sich entweder ändern müssen, oder sie werden als finanzielle Versager in die Statistik eingehen. Lassen Sie uns zuerst ein kleines Inventar aufstellen, das es Ihnen ermöglichen wird, Ihre Lage richtig einzuordnen.

Wieviel sollten Sie bis jetzt gespart haben? In der folgenden Tabelle können Sie die Beträge ablesen, die Sie *zusätzlich* zu Ihrer Rente benötigen.

Sind Sie mit dem zufrieden, was Sie in der Tabelle ablesen können? Ich vergleiche Menschen allerdings nur sehr widerwillig mit Durchschnittswerten, denn wer ist schon gerne durchschnittlich? Niemand, so hoffe ich! Sie sollten diese Tabelle zur Bestimmung Ihres Standortes nutzen und nicht etwa Zielwerte daraus ablesen. Setzen Sie sich Ihre eigenen Ziele, und entscheiden Sie ganz allein darüber, wo Sie einmal stehen möchten.

Bei der Zielsetzung und der Finanzplanung für den Ruhe-

Wieviel sollten Sie bis zum heutigen Tag gespart haben?				
Sie sind	Ihr Alter			
verheiratet und verdienen	35	45	55	65
75 000 $	11 450 $	75 090 $	229 890 $	367 800 $
100 000 $	36 120 $	118 400 $	287 710 $	520 810 $
150 000 $	67 930 $	199 760 $	503 930 $	891 000 $
ein alleinstehender Mann und verdienen				
50 000 $	6 330 $	36 110 $	95 700 $	172 210 $
75 000 $	10 250 $	89 470 $	253 400 $	370 930 $
100 000 $	28 600 $	129 000 $	299 240 $	511 000 $
eine alleinstehende Frau und verdienen				
50 000 $	35 650 $	72 850 $	126 800 $	189 960 $
75 000 $	61 220 $	149 350 $	259 600 $	361 370 $
100 000 $	89 560 $	203 340 $	361 110 $	539 460 $

Quelle: Merrill Lynch Baby-Boom Retirement Index, wie im *Time Magazine* abgedruckt. Die Zahlen beziehen sich auf den Dollar im Jahr 1991 und stellen den Betrag dar, der zusätzlich zu einer Rente benötigt wird. Sollten Sie keine Rente erhalten, müssen Sie natürlich erheblich mehr sparen. – Für Deutschland, Österreich und die Schweiz gelten natürlich andere Zahlen, doch ist das in diesem Zusammenhang weniger wichtig, wie Sie aus den weiteren Ausführungen des Autors ersehen werden (Anm. des Lektors).

stand sollten Sie die folgenden Fragen bedenken und sie mit Ihrem Finanzberater durchsprechen (wenn Sie einen solchen Berater haben). Machen Sie sich keine Sorgen, wenn Ihre bisherigen Sparergebnisse noch nicht den Vorgaben entsprechen, denn das können Sie im Laufe der Zeit noch ändern.

Fragen, die Sie sich im Rahmen Ihrer Planung für den Ruhestand stellen sollten

- Wann will ich aus dem Arbeitsleben ausscheiden?
- Wie hoch muß mein Einkommen während des Ruhestandes sein?
- Über welche Einkommensquellen werde ich verfügen?
- Wie hoch muß das persönliche Vermögen sein, das ich bis zur Pensionierung angesammelt habe?
- Wieviel kann ich jedes Jahr oder jeden Monat auf die hohe Kante legen?

Ich habe beobachtet, daß die meisten Menschen Schwierigkeiten haben, wenn sie ihre finanziellen Bedürfnisse und ihre Einkommensquellen für die Zeit nach der Pensionierung einschätzen sollen. Auf den nächsten paar Seiten werden wir uns daher die einzelnen Einkommensquellen näher ansehen, die während des Ruhestandes zur Verfügung stehen werden. In die richtige Reihenfolge gebracht, sind das die folgenden:

① Rentenversicherung
② Betriebsrente
③ Private Vorsorge
④ Ersparnisse

RENTENVERSICHERUNG

Die Höhe der Rente, die Sie von der Bundes- bzw. der Landesversicherungsanstalt erhalten werden, richtet sich danach, wieviel Sie wie lange verdient haben, wie lange Sie gearbeitet haben und wann Sie in Pension gehen. Sie können sich Ihre bisher erworbenen Rentenansprüche bei der zuständigen Rentenversicherung berechnen lassen. Wenn Sie diese Werte dann unter Berücksichtigung der Inflation betrachten, werden Sie erkennen, daß es sich um ziemlich kleine Beträge handelt (und aus dieser Erkenntnis ergibt sich die Notwendigkeit, andere Einkommensquellen zu erschließen).

Eine letzte Anmerkung zu den staatlichen Rentenversicherern. Mir ist klar, daß wir alle hart arbeiten und unseren Beitrag zu diesem großen »Topf« leisten müssen. Es liegt also nahe, dieses Geld als »sicher« anzusehen und anzunehmen, daß es auf jeden Fall zur Verfügung stehen wird und nicht verschwinden kann. Wenn man allerdings berücksichtigt, wie schnell die Bevölkerung altert und welche Klagen man

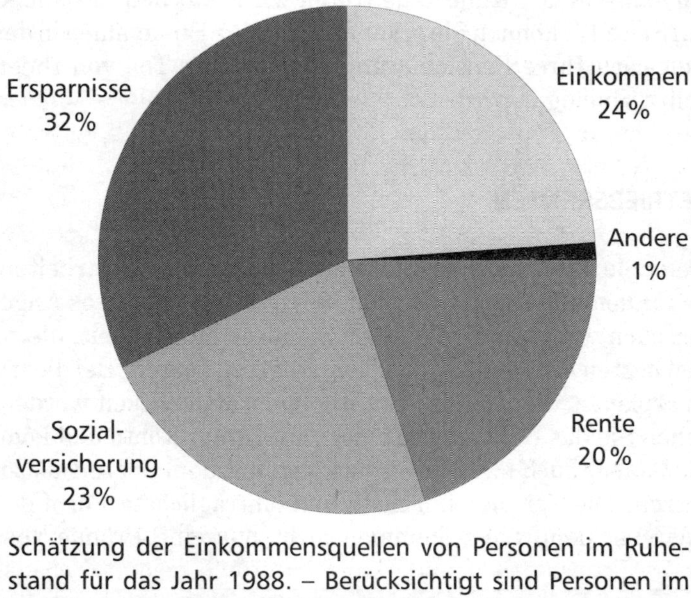

Schätzung der Einkommensquellen von Personen im Ruhestand für das Jahr 1988. – Berücksichtigt sind Personen im Ruhestand über 65 Jahre, denen pro Jahr 20 000 Dollar oder mehr zur Verfügung stehen.

Quelle: Social Security Administration.

von allen Seiten über das Sozialversicherungssystem hört, wäre ich eher vorsichtig, wenn es gilt, mich darauf zu verlassen, daß sich die Bundesregierung in meinen »goldenen Jahren« um mich kümmern wird. Ich bezweifle, daß das System in zwanzig Jahren noch in seiner jetzigen Form existieren wird. Da in den Industrienationen in einigen Jahrzehnten mehr alte als junge Menschen leben werden, würde ich nicht alle meine Eier in den Korb der Sozialversicherung legen. Den größten Einkommensblock der Menschen im Ruhestand stellen, wenigstens in den USA, schon heute die persönlichen Ersparnisse dar. Die Ersparnisse werden auch nicht an Bedeutung verlieren, sondern eher noch gewinnen, wenn die Generation der »Babyboomer« im Laufe der nächsten zwanzig Jahre in den Ruhestand treten wird. Aus dem Schaubild auf Seite 171 können Sie erkennen, daß Ihr Einkommen in der Zeit nach Ihrer Pensionierung zum größten Teil von Ihnen selbst abhängen wird.

BETRIEBSRENTEN

Wenn Sie das Glück haben, für ein Unternehmen zu arbeiten, das Ihnen mit einem Sparplan hilft, sollten Sie dieses Angebot auch wahrnehmen! Nutzen Sie diese Möglichkeit, die zu den besten Arten zählt, für die Zukunft zu sparen. Bei diesen Sparplänen, die über das Unternehmen abgewickelt werden, sehen Sie das Geld erst gar nicht auf Ihrem Konto und kommen daher auch nicht in Versuchung, mit dem Sparen auszusetzen. Dies ist die einfachste und einträglichste Form des Sparens, denn Sie bekommen nicht nur eine Prämie vom

Ein Ziel ist ein Traum mit einem Termin.
Steve Smith, Amdahl Corporation

Staat, sondern Sie werden auch sozusagen gezwungen, an jedem einzelnen Arbeitstag etwas zu sparen.

ERSPARNISSE

Es ist natürlich ganz klar, daß Sie sich um so abgesicherter fühlen werden, je mehr Geld Sie gespart haben. Da es für die steuerbegünstigten Sparpläne Obergrenzen gibt und da Geld, das in diese Sparpläne geflossen ist, kurzfristig nicht mehr leicht erreichbar ist, müssen Sie auch auf einem anderen Konto sparen. Wenn Sie von sich selbst nicht glauben, daß Sie regelmäßig Zahlungen auf dieses Sparkonto veranlassen werden, sollten Sie sich daran erinnern, daß es Finanzinstitute und Fonds gibt, die automatisch monatlich einen bestimmten Betrag von Ihrem Konto abbuchen. Das ist eine großartige Möglichkeit, regelmäßig zu sparen und paßt auch haargenau zum Anlageprinzip der Dollardurchschnittskosten, das ich später noch näher erläutern werde.

Der beste Weg, zu einer Entscheidung darüber zu kommen, wieviel Sie sparen wollen, besteht darin, das Problem von hinten aufzurollen. Das heißt, Sie entscheiden zuerst darüber, wieviel Sie bei Ihrer Pensionierung angespart haben wollen, treffen einige Annahmen hinsichtlich der Verzinsung Ihrer Anlagen und rechnen auf dieser Grundlage aus, wieviel Sie pro Jahr oder pro Monat sparen müssen. Die Tabelle auf Seite 174 soll Ihnen dabei helfen, sich eine Vorstellung davon zu machen, was Sie tun müssen, damit Ihre Träume eines Tages Wirklichkeit werden.

Wie Sie sehen können, ist die Auswirkung der Zinseszinsen geradezu atemberaubend. Stellen Sie sich vor, Ihnen bleiben bis zu Ihrer Pensionierung noch dreißig Jahre. Wenn Sie annehmen, daß Sie eine durchschnittliche Rendite von 15 Prozent erwirtschaften können, erreichen Sie Ihr Ziel, 100 000 Dollar, schon, wenn Sie nur 230 Dollar im Jahr spa-

Jährlich ungefähr zu investierende Summe, um ein Kapital von 100 000 Dollar zu erreichen								
	5 Jahre	10 Jahre	15 Jahre	20 Jahre	25 Jahre	30 Jahre	35 Jahre	40 Jahre
3 %	18 836	8 723	5 377	3 722	2 743	2 102	1 654	1 362
6 %	17 740	7 587	4 296	2 718	1 823	1 265	897	646
9 %	16 709	6 582	3 406	1 955	1 181	734	464	296
12 %	15 741	5 698	2 682	1 388	750	414	232	130
15 %	14 832	4 925	2 102	976	470	230	114	56
18 %	13 978	4 225	1 640	682	292	126	55	24

ren. Bei einer angenommenen durchschnittlichen Rendite von 12 Prozent wären es auch nur 414 Dollar jährlich! Wenn Sie daraus errechnen wollen, wie wenig Sie ungefähr pro Monat sparen müssen, teilen Sie diese Zahlen einfach durch 12. Sollte Ihr Ziel bei einer Million liegen, dann multiplizieren Sie die frühen Ersparnisse mit zehn. (Der Grund dafür, daß die einfache Multiplikation hier ausreichend ist, liegt darin, daß Sie zwei Faktoren – die jährliche Investitionssumme und Ihren Zielbetrag – mit der gleichen Zahl multiplizieren und Höhe sowie Dauer der Verzinsung unverändert lassen.)

Im Anhang dieses Buches finden Sie als Abbildung 3 eine Zinseszinstabelle, die Sie für Ihre Berechnungen nutzen können. Vergessen Sie dabei aber nie, daß wir in unseren Beispielen nur mit numerischen Werten rechnen und keine Inflationserwartungen berücksichtigen. Sie werden in Ihre Berechnungen eine Inflationsrate von etwa fünf Prozent einbeziehen müssen, um eine ungefähre Einschätzung Ihrer Kaufkraft vornehmen zu können. Um diese Inflationsrate in die Rechnung einzubauen, ziehen Sie von der erwarteten Rendite ein-

Viele Menschen verfolgen keine konkreten Ziele und treffen sie doch mit bemerkenswerter Präzision.
Anonymus

fach den Inflationsfaktor ab. Aus einer Rendite von zum Beispiel 15 Prozent werden dann 10 Prozent. Wandeln Sie die Zahlen nach Ihren Vorstellungen und Erwartungen, legen Sie dann Ihre Ziele fest, und handeln Sie danach im Hinblick auf die Erreichung dieser Ziele.

Ziel: Kauf eines Hauses

Eigentümer eines Hauses zu sein kann eine der erfreulichsten und befriedigendsten Erfahrungen des Lebens darstellen. Vom eigenen Haus träumt fast jeder, doch diesen Traum Wirklichkeit werden zu lassen, kann auch sehr teuer werden. Der Kauf eines Hauses stellt für viele Familien die größte Investition und das größte Projekt überhaupt dar. In dem Moment, in dem Sie sich in dem Ort Ihrer Wahl niederlassen, beteiligen Sie sich auch an der Zukunft dieses Ortes, an seinen Plänen und Problemen, denn die meisten Menschen entwickeln für ihre nähere Umgebung ein Gefühl des Stolzes und der Verantwortung. Der Kauf eines Hauses hat folglich weit über die rein finanziellen Aspekte hinaus Bedeutung. Die Entscheidung für ein bestimmtes Haus bestimmt, in wessen Nähe Sie wohnen, welche Schule Ihre Kinder besuchen und wird auch Auswirkungen darauf haben, wie Sie selbst von anderen gesehen werden.
Unter finanziellen Gesichtspunkten betrachtet, könnte man den Eindruck gewinnen, als ob jeder Sie dazu bringen wolle, Hauseigentümer zu werden (selbst der Staat, der den Bau

von Eigenheimen in gewisser Weise fördert). Fast jeder, zu dem Sie eine Geschäftsbeziehung unterhalten, fragt Sie zu Anfang dieser Beziehung danach, ob Sie zur Miete wohnen oder Eigentümer des von Ihnen bewohnten Hauses sind. Es ist geradezu, als ob man durch Hauseigentum zu einem in finanziellen Dingen vertrauenswürdigeren Menschen würde. Die herrschende Meinung scheint dahin zu gehen, daß Sie, wenn Sie nicht Hauseigentümer sind, eine Art Nomadendasein fristen und jederzeit auf dem Sprung sind, sich abzusetzen und Ihre Kreditgeber in der Staubwolke, die Sie hinter sich aufwirbeln, zurückzulassen.

Meiner Meinung nach ist der Kauf eines Hauses die beste Investition, die Sie tätigen können, weil Sie dadurch gezwungen werden zu sparen und Ihr Geld anzulegen. Die meisten Menschen halten sich zwar nicht an einen monatlichen Investitionsplan, aber ihre Hypothek zahlen sie jeden Monat auf den Pfennig genau zurück. Die Angst davor, sich auf der Straße wiederzufinden, führt bei Hypotheken zu einer hohen Zahlungsmoral. Und wenn diese Menschen dann Glück haben, werden sie sich nach dreißig Jahren plötzlich der Tatsache bewußt, daß sie sich mit ihrem Haus einen beachtlichen Wert geschaffen haben.

Natürlich war ein Grund für den Boom, der in den siebziger und achtziger Jahren bei den Hauspreisen zu beobachten war, die Tatsache, daß sich viele der in den geburtenstarken Jahrgängen Geborenen ihr erstes Haus kauften. Jetzt, in den Neunzigern, ist eine Abschwächung der Nachfrage zu beobachten, und es ist weniger wahrscheinlich, daß Hauseigentümer das große Geschäft machen werden, wenn sie innerhalb der nächsten zehn Jahre verkaufen. Allerdings gilt weiterhin, daß Häuser langfristig nur selten an Wert verlieren, und da sich der Markt tendenziell in Wellen bewegt, besteht immer die Chance, den richtigen Zeitpunkt beim Verkauf zu erwischen.

Es gibt natürlich auch Menschen, für die der Erwerb von Hauseigentum nicht die beste Lösung darstellt. Für diese

Gruppe ist es sinnvoller, das Geld, das sie für Rasenpflege, Malerfarbe und Klempnerrechungen ausgeben würde, in den Aufbau eines Unternehmens oder in Investitionen für ihre Zukunft zu stecken. Die Lösung kann dann darin liegen, ein Haus zu mieten. Wichtig ist, daß Sie dem Wunsch nach einem eigenen Haus, wenn er wirklich stark ist, nachgeben und sich eines kaufen, auch wenn es vielleicht bessere Möglichkeiten gibt, Ihr Geld anzulegen. Wenn für Sie Gefühle wie Sicherheit, Erfolg, Einsatz oder Verantwortung mit dem Besitz eines Hauses verbunden sind und Sie die Unterhaltskosten nicht schrecken, dann streben Sie nach der Verwirklichung Ihres Haustraums, und zwar mit allen Ihnen zur Verfügung stehenden Mitteln.

Ein baldiger Hauskauf bedingt, daß Sie sparen und so das notwendige Eigenkapital ansammeln. Sprechen Sie mit einem Fachmann, um herauszubekommen, was Sie sich leisten können und wieviel Eigenkapital Sie werden aufbringen müssen. Für ein Haus in den Vereinigten Staaten benötigten Sie 1994 durchschnittlich ein Eigenkapital von 28 000 Dollar. Bei einem angenommenen Sparbetrag von 500 Dollar monatlich und einer Rendite von 12 Prozent sollten Sie das notwendige Eigenkapital innerhalb von vier Jahren aufbringen können. Bedenken Sie folgendes: Der Preis des von Ihnen angestrebten Hauses sollte nicht höher als das dreifache Haushaltseinkommen liegen, und Sie sollten monatlich nicht mehr als 38 Prozent Ihres Nettoeinkommens für mit dem Haus verbundene Kosten (Hypothekenzinsen und -tilgung, Steuern, kommunale Versorgungsleistungen, Unterhaltskosten und so weiter) aufwenden müssen.

Ziel: Aufbau eines Wertpapierportefeuilles

Mit dem Aufbau eines Wertpapierportefeuilles werden wir uns im nächsten Kapitel genauer beschäftigen. Wenn Sie sich aber gerade am Anfang der Vermögensbildung befinden, sollte das Wertpapierportefeuille eine hohe Priorität genießen, wobei Sie entsprechend planen sollten. Wie schon gesagt, sollten Sie – über den Daumen gepeilt – nicht weniger als zehn Prozent jedes einzelnen Gehalts, das auf Ihrem Konto eingeht, sparen. Das ist von höchster Wichtigkeit; es *muß* sein. Nutzen Sie die von Ihrem Arbeitgeber angebotenen Leistungen, die Sie beim Sparen unterstützen. Wenn Sie diese Möglichkeiten vollständig ausgeschöpft haben, wenden Sie sich anderen Aspekten der Geldanlage zu. Meiner Meinung nach stellen offene Investmentfonds eine gute Alternative für Kleinanleger dar. Sie sind einfach, bequem und schon mit relativ geringen Beträgen zugänglich. Einige Fondsgesellschaften bieten sogar die Möglichkeit, das Geld monatlich direkt von Ihrem Gehaltskonto abzubuchen, wenn Sie dies wünschen.

In Aktien (Stammaktien) zu investieren ist, wie ich schon gesagt habe, eine weise Entscheidung. Es ist der beste Weg, im Rahmen einer passiven Strategie langfristig Vermögenswachstum zu erreichen. Sollten Sie allerdings kurzfristige Ziele haben, sind möglicherweise andere Wertpapiere zweckmäßiger. Nehmen wir einmal an, Sie haben bereits einen beträchtlichen Wertpapierbestand angesammelt und wollen sich nun in Kürze zur Ruhe setzen und mit Ihren Kindern um die Welt segeln. Ihre Ziele haben sich also verändert. Vom Wachstum verlagert sich das Augenmerk nun auf die Einkünfte, die Sie aus Ihren Papieren ziehen können. Und zu diesen geänderten Zielen passen jetzt festverzinsliche Wertpapiere und Bargeld. Sie haben nun vielleicht die Absicht, jede nur mögliche Mark Einkommen aus Ihren Papieren zu ziehen und wollen einhundert Prozent Ihrer Mittel in festverzinslichen und anderen zinsbringenden Papieren anlegen. Andererseits paßt zum Ziel, das Wachstum Ihres Portefeuilles zu maximieren, eine hundertprozentige Konzentration auf Aktien bzw. Investmentfonds. Mit diesen beiden Anlagemöglichkeiten werde ich mich auf den folgenden Seiten detailliert beschäftigen, denn das Hauptaugenmerk dieses Buches zielt auf Möglichkeiten, Ihr Vermögen *wachsen* zu lassen. Sie sollten sich aber der Tatsache bewußt sein, daß Ihre Ziele im Zeitablauf Änderungen unterworfen sein können und Sie dann Ihren Wertpapierbestand an die neuen Bedingungen anpassen müssen. Vielleicht wollen Sie zu einem Zeitpunkt auch ein wenig Wachstum und ein wenig Einkommen – für diesen Wunsch bietet sich dann eine Mischung der verschiedenen Anlagen an.

Ein guter Weg zu einem gemischten, ausgewogenen Portefeuille führt über die Diversifizierung in verschiedene Vermögenswerte. Für unsere Zwecke reicht es aus, drei Klassen von Vermögenswerten zu unterscheiden: *Aktien*, *Anleihen* und *Bargeld* (sichere Geldmarktinstrumente).

Der Wirtschaftswissenschaftler Harry Markowitz, der 1990 für seine Beiträge zur modernen Portfoliotheorie den Nobelpreis verliehen bekam, vertritt die Meinung, daß der größte Teil der Rendite, die ein Investor mit seinen Wertpapieren erzielt, von der Art der Papiere (Aktien, Anleihen, Bargeld) und nur zu einem geringeren Teil von der individuellen Auswahl der einzelnen Papiere abhängt. Seine Forschungen ergaben auch, daß durch Diversifizierung, das heißt eine Aufteilung der Mittel auf verschiedene Anlageformen, eine Verringerung des Risikos erreicht werden kann. Immer dann, wenn der Investor sein Risiko verringert, verringert er allerdings auch seine Renditeaussichten. Und weil Risiko ein derart wichtiger Faktor ist – und das gilt insbesondere für Kleinanleger – empfehlen die meisten Experten, Aktien, Anleihen und Bargeld im Portefeuille zu mischen. Für den Anfang sollten Sie Ihre Investitionen so auf die einzelnen Anlageformen aufteilen, daß Sie sich mit der Zusammensetzung Ihres Portefeuilles wohl fühlen. Wenn Sie alles in Aktien oder alles in Anleihen investieren wollen, tun Sie es. Vielleicht fühlen Sie sich auch besser, wenn Sie die Hälfte in

Aktien und die andere Hälfte in Anleihen halten – auch das ist in Ordnung. Sie können, wenn Sie das wollen, die optimale Aufteilung und die effizienteste Mischung auch auf mathematischem Weg bestimmen. Das wichtigste aber ist, daß Sie mit der Aufteilung zufrieden sind, denn jede Änderung der Aufteilung bringt auch eine Änderung des Risikoniveaus mit sich.

Ich habe immer versucht, alle meine Kunden dazu zu bringen, den Anlage- bzw. Aufteilungsempfehlungen der Analysten zu folgen. Diese Experten werden schließlich dafür bezahlt, Ratschläge zur Maximierung des Ertrags bei gleichzeitiger Minimierung des Risikos zu geben. Ich glaubte immer, daß dieser rationale, mathematische Ansatz den Anlegern entgegenkommen müßte. Das traf auch zu, allerdings hauptsächlich für institutionelle Anleger, die ihr Geld mit weniger gefühlsmäßiger Beteiligung verwalten. Bei Privaten, für die ich arbeitete, lagen die Dinge aber ganz anders. Egal, wie logisch der mathematische Ansatz auch immer war, die Menschen treffen Entscheidungen über ihr Geld doch aus dem Bauch heraus. Ich will dabei nicht sagen, daß das richtig oder falsch ist – es geht um etwas anderes. Wenn Ihnen irgend jemand an der Wall Street empfiehlt, 90 Prozent Ihrer Mittel in Aktien zu investieren, Ihnen diese vielen Aktien aber den Schlaf rauben, dann sollten Sie die Finger davon lassen. Ich will erreichen, daß jeder Anleger seinen Ertrag maximiert, und um dahin zu kommen, muß man auch die Aufteilung auf die verschiedenen Anlageformen berücksichtigen. Sie müssen sich aber selbst fragen, ob es wert ist, Empfehlungen zu folgen, die bedeuten würden, gegen Ihre Gefühle zu handeln oder vor Sorgen um Ihr Geld regelrecht krank zu werden. Sie selbst müssen herausbekommen, an welchem Punkt Sie sich mit der Aufteilung Ihres Vermögens wohl fühlen. Ich selbst halte, von einer Bargeldreserve für Notfälle einmal abgesehen, ausschließlich Aktien. Ich bin mit dieser Aufteilung zufrieden und mache mir keine Sorgen. In meinem

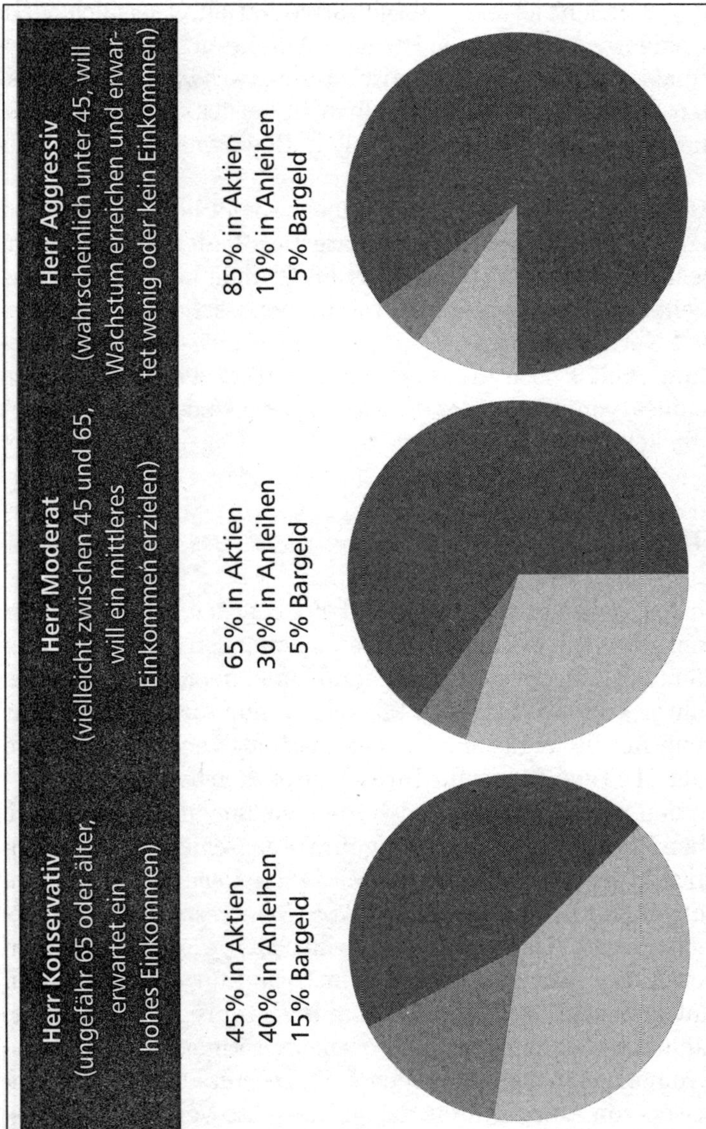
Herr Konservativ
(ungefähr 65 oder älter, erwartet ein hohes Einkommen)
45% in Aktien
40% in Anleihen
15% Bargeld
Herr Moderat
(vielleicht zwischen 45 und 65, will ein mittleres Einkommen erzielen)
65% in Aktien
30% in Anleihen
5% Bargeld
Herr Aggressiv
(wahrscheinlich unter 45, will Wachstum erreichen und erwartet wenig oder kein Einkommen)
85% in Aktien
10% in Anleihen
5% Bargeld

Depot finden sich eher konservative Aktien, aber auch hochspekulative, und ich habe auch Anteile an verschiedenen Fonds, die sich in ihrem Investitionsverhalten unterscheiden. Anleihen habe ich deshalb nicht berücksichtigt, weil sie meinen momentanen finanziellen Bedürfnissen nicht entsprechen.
Nebenbei bemerkt, rate ich Ihnen, soviel liquide Mittel zu halten, daß Sie über drei Monate Ihre laufenden Ausgaben bestreiten können. Bargeld ist im Grunde keine Anlage, es stellt aber eine Sicherheit für unvorhergesehene Situationen und Notfälle dar.
Zum Schluß noch drei typische Beispiele dafür, wie Portefeuilles von Investoren mittleren Alters zusammengesetzt sein können.

Öffentliche Anleihen

In den Vereinigten Staaten ist der 5. Mai der Tag der Steuerfreiheit. An dem Tag haben Sie im laufenden Jahr soviel verdient, daß Sie Ihre Steuern bezahlen können. Den Rest des Jahres arbeiten Sie dann tatsächlich nur für sich und nicht mehr für die Regierung. Im Durchschnitt verbringen Sie pro Jahr 113 Tage damit, für Ihre Steuern zu arbeiten.
In den nächsten Absätzen werden wir uns mit festverzinslichen Wertpapieren beschäftigen. Vorausschicken möchte ich aber folgendes: *Anleihen stellen in der Regel für einen Privatinvestor keine Möglichkeit dar, einen Vermögenszuwachs zu erreichen.* Der Wert von Anleihen ist, verglichen mit dem von Aktien, relativ statisch. Der Grund für den Besitz von Anleihen liegt darin, daß Sie dem Investor regelmäßige Zinszahlungen einbringen und so einen stetigen Einkommensstrom ermöglichen. Anleihen entsprechen also den Bedürfnissen von Anlegern, die das gewünschte Vermögenswachstum schon erreicht haben und jetzt von dem, was Ihr Porte-

feuille abwirft, leben wollen. Sie stellen auch eine weitere Sicherheitsmaßnahme dar, da die besseren Emittenten versprechen, den Anleihebetrag nach Ablauf einer festgelegten Zeitspanne an den Investor zurückzuzahlen.

Öffentliche Anleihen werden von Bund oder Ländern begeben, um Ausgaben zu decken. Als Eigentümer erwerben Sie einen Anspruch von der Körperschaft, die die Anleihe begeben hat, zu einem bestimmten Zeitpunkt den Nennwert der Anteile ausgezahlt zu bekommen. Im Gegenzug dafür, daß Sie Ihr Kapital zur Verfügung stellen, verspricht Ihnen der Schuldner, während der Laufzeit der Anleihe einen festgelegten Zins zu zahlen. Öffentliche Anleihen gelten als sehr sicher. Unabhängige Organisationen wie Moody's Investors Service oder Standard & Poor's (S&P) Corporation analysieren Anleihen und bewerten sie dann auf der Grundlage der Möglichkeit des Emittenten, Zins- und Rückzahlung sicherzustellen. Die beste Bewertung ist AAA (bei S&P) oder Aaa (bei Moody's). Die Bewertung für von der Regierung der Vereinigten Staaten begebenen Anleihen liegt bei AAA. Eine schlechtere Beurteilung durch Moody's oder S&P bedeutet immer auch eine schlechtere Einschätzung der Qualität des Schuldners und damit der Anleihe. Das Beurteilungsschema sieht folgendermaßen aus:

← Qualität →				
Moody's	Aaa	Aa	A	Baa
S&P	AAA	AA	A	BBB

Die Qualitätsurteile gehen dann nach diesem Muster weiter bis D (für »default«, englisch für Zahlungsverzug). Jedes Papier, das in Kategorien fällt, die nicht mehr auf dem dargestellten Schema abgebildet sind (das heißt, die unter Baa bzw. BBB bewertet werden), gelten als »Schund«. Sie werden als Junk Bond bezeichnet und stellen mit größter Wahr-

> *Der einzige Unterschied zwischen dem Tod und den Steuern ist der, daß der Tod nicht jedesmal schlimmer wird, wenn der Kongreß zusammentritt.*
> Will Rogers

scheinlichkeit in den Augen eher konservativer Investoren nicht die sicherste Anlagemöglichkeit dar.

In meinem eigenen Portefeuille habe ich viele Anleihen gehalten, deren Bewertung sehr schlecht war, bei denen ich aber im Hinblick auf die Emittenten ein gutes Gefühl hatte.

Wie schon gesagt, ist der Eigentümer einer Anleihe in der Regel nicht an Kapitalzuwachs interessiert. Bei Fälligkeit des Papiers kann, so ist die Definition der Anleihe, bei einem hochwertigen Papier mit der Rückzahlung des Nominalbetrags (in der Regel 1000 Dollar) gerechnet werden. Mit nicht mehr und nicht weniger. Sie können kein Wachstum erzielen, wenn sich die Anleihe nur bis zu dem Wert entwickeln kann, den Sie schon investiert haben.

Anleihen werden, genau wie Aktien, in einem großen Sekundärmarkt gehandelt. Sie können die Anleihen daher über dem Nennwert verkaufen, wenn der Markt gut steht; genauso kann es aber auch sein, daß ein Papier unter seinem Nennwert notiert wird. Ihr Timing sollte aber immer stimmen, denn wenn der Fälligkeitstermin näherrückt, bewegt sich der Marktpreis immer stärker auf den Nennwert zu. Der Handel mit festverzinslichen Papieren ist sehr schwierig, und ich rate fast niemals dazu, in Anleihen zu investieren oder Anteile an Anleihefonds zu erwerben, wenn der Investor für sein Portefeuille Wachstum erreichen will.

Inflation: Der Feind Ihres Reichtums

Von einem Zeitungsreporter wurde der amerikanische Ölmagnat J. Paul Getty einmal gefragt, ob es wahr sei, daß sein Vermögen die Milliarde Dollar übersteige. Getty überlegte ein oder zwei Minuten und antwortete dann: »Ich glaube schon. – Aber bedenken Sie, eine Milliarde Dollar sind auch nicht mehr das, was sie einmal waren.« Hinter dieser Antwort steckt, so humorvoll sie auch gemeint war, ein Körnchen Wahrheit. Sie macht klar, daß die Inflation die Schurkenrolle spielt, wenn es um Geld geht.

Inflation – Preisanstieg – gab es immer und wird es wahrscheinlich immer geben. Es ist ganz klar, daß man, da die Preise im Laufe der Jahre immer weiter steigen, für eine Mark immer weniger kaufen kann. Es spielt keine Rolle, wieviel Geld Sie besitzen; wenn Sie es nicht mehren, werden Sie im folgenden Jahr weniger damit kaufen können, denn Ihre Kaufkraft sinkt immer weiter ab. Der einzige Weg, mit der Inflation Schritt zu halten, besteht darin, sein Vermögen zu mehren. Und die einzige Möglichkeit, dies zu tun, liegt darin, es zu investieren und dabei auch Risiken in Kauf zu nehmen. Ohne Risiko keine Rendite!

Immer wieder werde ich gefragt: »Gibt es eine Garantie für meine Investition?« Was die Fragesteller wirklich ausdrükken wollen, ist aber: »Werde ich den Betrag, den ich investiere, auch wieder herausbekommen?« Wollen sie das aber wirklich? Vollständig risikolose Anlagemöglichkeiten wirken auf den ersten Blick vielleicht wie eine besonders schlaue Strategie. Dummerweise wird Ihr Geld aber, selbst wenn Sie nominal nichts verlieren, schon im folgenden Jahr weniger Kaufkraft haben, und der Wertverlust wird sich in den dann folgenden Jahren auch fortsetzen. Genau hier liegt der Fehler, den die meisten Anleger machen. Es gibt im Leben keine Garantie, es gibt nur Möglichkeiten. Wenn Sie heute 10 000 Mark hätten, sie zur Bank bringen würden und sie in eine »garantierte« Anlage investieren würden (ein Sparkonto zum Beispiel), was hätten Sie dann in zehn Jahren? Natürlich hätten Sie dann Ihre 10 000 Mark und die inzwischen angesammelten (geringen) Zinsen! Vergessen haben Sie dabei aber die Tatsache, daß dann zehn Jahre vergangen sind und Ihre 10 000 Mark kaum noch für einen Urlaub reichen werden. Die Inflation nagt Tag für Tag an der investierten Summe. *Die einzige Möglichkeit, Ihr Vermögen zu schützen, ist, Ihr Geld nützlich anzulegen und es arbeiten zu lassen.*

Immer wieder wird auf diesen Rat hin eingewandt: »Aber wenn ich mein Geld anlege und etwas davon verliere, was dann?« Sie haben doch etwas gelernt! Seien Sie nicht dumm, investieren Sie vorsichtig, aber investieren Sie! Wenn Sie nichts tun, können Sie sicher sein, daß Sie das Geld, über das Sie im Moment verfügen, im Laufe der Zeit durch die Inflation verlieren.

Auch ich weiß, daß man eine gewisse Menge Geld für Notfälle und als generelle Liquiditätsreserve durchaus braucht. Ganz klar! Sie sollten sich der Tatsache bewußt sein, daß es sich bei diesem Geld um eine Rücklage aus Gründen der Sicherheit und der Bequemlichkeit handelt, es stellt aber keine Anlage dar. Bargeld (oder Sparkonten oder Sparbriefe) sind keine Investitionen. Unter Renditegesichtspunkten gilt ganz eindeutig: Bargeld bringt's nicht. Ich gebe zu, Bankguthaben werden verzinst, und genau diese Verzinsung stellt die Rendite dar, die wir als »risikofrei« bezeichnen. Glauben Sie mir aber bitte, daß *die Rendite, die sich ergibt, wenn Sie Inflation und Steuern berücksichtigen, immer Null ist.* Manchmal liegt sie auch unter Null. Wenn ein Angebot zu schön klingt, um wahr zu sein, dann trifft das auch den Kern der Sache. Nicht umsonst sind die Bankgebäude fast immer die schönsten und größten der Stadt.

Ein kurzes Zahlenbeispiel wird Ihnen noch klarer machen, worauf ich hinaus will. Nehmen wir an, Sie tragen 1000 Mark zur Bank und kaufen einen Sparbrief, der Ihnen garantiert in einem Jahr fünf Prozent Zinsen einbringt.

1000,00 Mark Anlagebetrag
+ 50,00 Zinsen

1050,00 Mark

Das sieht doch gar nicht schlecht aus! Sie haben 50 Mark gewonnen, und Ihre 1000 Mark lagen schön warm und trokken. Wir sollten uns die Sache aber genauer ansehen!

1050,00 Mark
– 52,50 Mark Kaufkraftverlust (bei einer Inflationsrate von fünf Prozent jährlich)
– 15,00 Mark Steuern auf die 50 Mark Gewinn (bei einem Steuersatz von 30 %)

–982,50 Mark sind dann das reale Ergebnis unter Berücksichtigung von Steuern und Inflation

Wie Sie erkennen können, sieht selbst eine vernünftig wirkende Rendite ziemlich mickrig aus, wenn Sie Inflation und Steuern berücksichtigen. Wenn man die Kaufkraft betrachtet, haben Sie sogar Verlust gemacht. Das Problem an der Sache ist, daß die meisten Menschen diesen Sachverhalt gar nicht beachten, da sie nur den investierten Betrag wahrnehmen, und der ist unverändert geblieben. Diese einfache Rechnung ergibt die reale Verzinsung des investierten Betrags. *Die Realverzinsung ist die wirkliche Rendite, die sich nach dem Herausrechnen der Inflation ergibt.* Selbst wenn Sie Ihr Geld verdoppeln – wenn die Inflation die Kaufkraft in der Zwischenzeit halbiert, stehen Sie genauso da wie vorher! Im Laufe der Jahre werden Menschen finanziell

Die Zukunft wird teuer werden*

	1995	2015
Paar Frankfurter Würstchen	4,00 DM	7,20 DM
Buch	35,00 DM	63,00 DM
Herrenhemd	80,00 DM	144,00 DM
Fahrrad mit Gangschaltung	900,00 DM	1 620,00 DM
1 Woche Tennisurlaub	1 300,00 DM	2 340,00 DM
2 Tribünenkarten für ein Fußball-Bundesligaspiel	120,00 DM	216,00 DM
VW-Golf TDI	32 000,00 DM	57 600,00 DM
Durchschnittliches Einfamilienhaus	450 000,00 DM	810 000,00 DM

* Zwar lagen die Inflationsraten in den USA in den letzten Jahrzehnten meist über denen in der Bundesrepublik Deutschland, doch wurden auch hier 5 Prozent als Inflationsrate angenommen, denn noch kann keiner vorhersagen, wie sich die Geldpolitik entwickeln wird, wenn erst einmal die Euro-Währung eingeführt wird. Aber auch schon heute sind einige Teilbereiche hochinflationär – denken Sie nur an die Ausgaben für die öffentliche Hand. In manchen Gemeinden stiegen die Kosten für die Müllabfuhr innerhalb von drei Jahren um mehr als 80 Prozent (Anm. des Lektors).

ruiniert, wenn sie dieses einfache Prinzip nicht verstehen lernen.

Um die zersetzende Kraft der Inflation richtig einschätzen zu können, sollten Sie sich die obige Zusammenstellung von Preisen genau ansehen. Die Berechnung erfolgte unter der Annahme einer jährlichen Inflationsrate von fünf Prozent.

Uns allen ist das Falsche beigebracht worden. Wir haben gelernt, unsere Ressourcen – und dazu gehört auch Geld – zu sparen, sie zu horten. Geld kann aber nicht gehortet werden – es ist entweder ein Werkzeug, das richtig eingesetzt wird, oder aber es ist wertloses Papier. Es liegt auf der Hand, daß die Menschen die Möglichkeit haben, ihre Risikoeinstellung zu ändern. *Wirkliches Risiko geht man nicht ein, wenn man handelt, sondern wenn man sich ruhig zurücklehnt und abwartet.* Der einzige Weg, alles aufs Spiel zu setzen, besteht

Finanzplanungsübersicht

Finanzielles Ziel	**Summe** (wann und wieviel brauchen Sie?)
Ruhestandsvorsorge	DM
Ausbildung der Kinder	
Kauf eines Hauses (Eigenkapital)	
Aufbau eines Portefeuilles	
Art des Sparens	**Monats-/Jahreseinkommen**
Sparplan	
Vermögenswirksame Leistungen	
Persönliche Ersparnisse	
[Was sonst noch?]	

Vergessen Sie nicht, eine angemessene Rendite (12 oder 15 Prozent) anzusetzen, wenn Sie den Betrag errechnen, den Sie monatlich sparen wollen.

Portefeuille-Übersicht
(evtl. nach der Methode der besten 10 ausfüllen)

Aktie	Dividende	Kaufkurs	Verkaufskurs	Gewinn/Verlust
1.				
2.				
3.				
4.				
5.				
6.				
7.				
8.				
9.				
10.				

Spendenziele

Zweck/Organisation und warum	Monatlich/jährlich beabsichtigte Zahlung
	DM

darin, nichts zu tun. Und wenn Sie aus diesem Buch nur einen Zusammenhang in Erinnerung behalten sollten, stellen Sie sicher, daß es sich dabei um die Funktionsweise der Inflation handelt und darum, wie die Inflation in Zusammenarbeit mit dem Nichtstun Ihnen all Ihre Reichtümer abnehmen wird.

Wie aber können Sie nun das Ungeheuer Inflation ausschalten? Wir können Sie Ihre Angst überwinden und anfangen, Ihr Geld ebenso hart arbeiten zu lassen, wie Sie selbst auch arbeiten? Ein Anfang ist gemacht, wenn Sie den Finanzplan auf Seite 189 ausgefüllt haben. Dieser Finanzplan ist sogar ein ausgesprochen guter erster Schritt auf dem richtigen Weg.

Der vierte Schritt: 4

Setzen Sie Ihre Mittel ein – Geld strebt dahin, wo es am besten behandelt wird

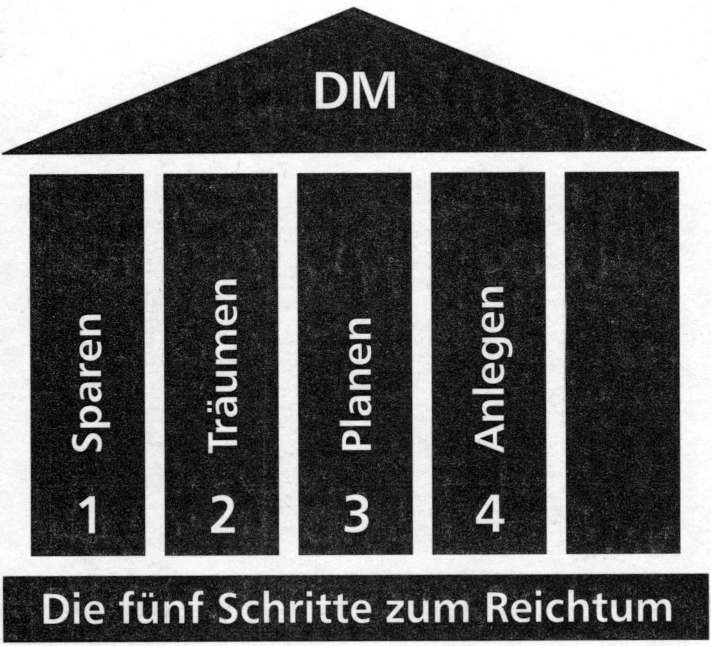

Es gibt im Leben keine Sicherheit.
Es gibt nur Möglichkeiten.
General Douglas MacArthur

Wie ich mein Vermögen gemacht habe
(von einem unbekannten Millionär)

Eigentlich war es ziemlich einfach. Ich habe einen Apfel für fünf Cents gekauft, den Abend damit verbracht, ihn auf Hochglanz zu polieren, und ihn am folgenden Tag für zehn Cents verkauft. Mit diesem Erlös habe ich dann zwei Äpfel gekauft, den Abend damit verbracht, beide auf Hochglanz zu polieren, und die Äpfel dann für zwanzig Cents verkauft. Und genauso habe ich dann weitergemacht, bis ich einige tausend Dollar zusammen hatte. Mit dem Geld habe ich dann Aktien der Firma Apple Computer gekauft und damit zehn Millionen Dollar verdient.

Mehr Spaß noch, als seinen Reichtum aktiv zu mehren, macht es manchmal, sein Vermögen passiv zu steigern. An die Stelle des Einsatzes von Energie und Kreativität – zumeist in Form von Arbeit – tritt dann die Investition in ein Unternehmen, das von fähigen und engagierten Menschen geleitet wird. Es klingt zu schön, um wahr zu sein, es ist aber tatsächlich möglich, die Fähigkeiten anderer Menschen zur Mehrung des eigenen Reichtums einzusetzen.

Jeden Tag arbeiten Angestellte und Führungskräfte von Coca-Cola daran, die Gewinne, die ihr Unternehmen in der freien Marktwirtschaft erzielt, zu steigern. Dabei schaffen sie auch Reichtum, der den Tausenden von Aktionären zufällt, denen das Unternehmen gehört. Andersherum formuliert: Coca-Cola und andere Aktiengesellschaften, deren

Anteile an den Börsen gehandelt werden, bieten die Möglichkeit, reich zu werden, ohne auch nur einen Finger zu krümmen. Sie müssen dazu weder Verkäufe anbahnen noch an Sitzungen teilnehmen. Der eigene Reichtum wächst, ohne daß irgendwelche zusätzlichen Aktivitäten notwendig würden, allein dadurch, daß Aktien des Unternehmens gehalten werden.

Für diejenigen, die in der Lage sind, diese Möglichkeit zu nutzen und es auch tun, ist es ein wunderbares System. Der Haken an der Sache ist nur der, daß den meisten von uns gar nicht beigebracht wird, das System konsequent zu nutzen. Auf den nächsten Seiten werde ich Ihnen daher ganz genau erklären, wie Sie es zu Ihren Gunsten nutzen und es derart für sich arbeiten lassen können, daß es seinen Beitrag zur Verwirklichung Ihrer finanziellen Träume leistet. Diesen Beitrag kann es übrigens auch dann leisten, wenn Sie klein anfangen.

Zu Beginn möchte ich folgendes feststellen: *Zunächst brauchen Sie die Kenntnisse; die Ergebnisse werden später folgen.* Eine der Grundvoraussetzungen für finanziellen Erfolg in größerem Ausmaß ist das Verständnis der Funktionsweise des Geldes. Einige der Dinge, mit denen ich mich gleich beschäftigen werde, sind vielleicht neu für Sie, andere kennen Sie wahrscheinlich schon. Sicher ist aber auf jeden Fall, daß die Beschäftigung mit diesen Konzepten und das Verständnis der Inhalte den Schlüssel zu einer Steigerung Ihres Erfolgs in sich birgt.

Selbst wenn Sie der Meinung sind, die folgenden Themen schon in- und auswendig zu kennen, sollten Sie an diese Abschnitte ohne Vorbehalte herangehen. Es ist möglich, daß Sie nur einen neuen Gedanken kennenlernen, doch kann genau dieser eine Gedanke der sein, der Sie zu großem Reichtum führen wird.

Die Gesetze des Reichtums

George S. Clason hat ein phantastisches Buch geschrieben, das mein Leben stark beeinflußt hat. Sein Titel lautet *The Richest Man in Babylon*, und ich habe es schon Dutzende Male gelesen. Sollten Sie dieses sehr anregende Buch über Sparsamkeit und Finanzplanung noch nicht kennen, so möchte ich es Ihnen unbedingt empfehlen. Wenn Sie es schon gelesen haben, kennen auch Sie die Kraft, die dieses Buch ausstrahlt. Besonders nützlich fand ich die von Clason beschriebenen »Fünf Gesetze des Goldes«, und diese möchte ich Ihnen nicht vorenthalten.

Die fünf Gesetze des Goldes

① Gold wird jenem fröhlich und in immer größerem Maße zuströmen, der nicht weniger als ein Zehntel seiner Einkünfte dazu verwendet, für sich und seine Familie Besitz anzusammeln.
② Gold arbeitet eifrig für jenen weisen Besitzer, der es einer gewinnträchtigen Nutzung zuführt, und vervielfältigt sich wie die Herde auf der Weide.
③ Gold klammert sich an den Schutz, den der vorsichtige Besitzer ihm bietet, indem er bei seinen Investitionsentscheidungen dem Rat weiser Menschen folgt.
④ Gold rinnt demjenigen durch die Hände, der in Geschäfte oder Anlagen investiert, mit denen er nicht vertraut ist oder die von denjenigen, die wissen, wie sie das Gold behandeln müssen, nicht empfohlen werden.
⑤ Gold meidet denjenigen, der unmöglichen Gewinn von ihm verlangt oder dem lockenden Rat von Gaunern und Betrügern folgt, und ebenso denjenigen, der bei seinen Investitionsentscheidungen auf eigene mangelnde Erfahrung oder sein Wunschdenken vertraut.

Diese Gesetze haben heutzutage nichts von der Gültigkeit verloren, die sie schon vor sechstausend Jahren im reichen Babylon hatten. Der aufmerksame Leser wird erkennen, daß nur im ersten der fünf Gesetze vom Sparen und vom Anhäufen von Reichtum durch Arbeit die Rede ist. Die weiteren vier Gesetze handeln vom richtigen und gewinnträchtigen Umgang mit Reichtum. Es genügt nicht, große Geldsummen anzuhäufen – das Geld muß verwaltet und zum Nutzen des Eigentümers und auch anderer eingesetzt werden.

Erinnern Sie sich an die Geschichte von den drei Dienern und den drei Talenten, die in der Bibel steht? Dem Diener, der nur ein Talent hatte, wurde das Geld genommen und an den weitergegeben, der zehn Talente besaß. Dieser Hang, nach »den besten Bedingungen für die Vermehrung zu streben«, ist im Zusammenhang mit Geld universelles Gesetz, und er gilt in den meisten Bereichen der Natur auch. Jeder hat schon den Spruch gehört: »Um Geld zu machen, braucht man Geld.« Ich bin sicher, Sie wissen, warum das so ist. Manchmal scheint es wirklich unfair, aber es ist nun einmal so, daß sich Geld dahin gesellt, wo es am besten behandelt wird. In der Welt der Geldanlagen trifft dieser Zusammenhang ganz besonders zu. Die Märkte reagieren fortwährend auf die Beziehung zwischen Risiko und Gewinn und streben dabei auf ein Gleichgewicht hin.

Das letzte der Gesetze von Clason betont die Notwendigkeit, sich bei denen, die an den Umgang mit Geld gewöhnt sind, Rat zu suchen. Anders ausgedrückt, könnte man sagen: Geldanlage ist ein Beruf. Wenn Sie sich auf den Finanzmärkten nicht auskennen und auch gar nicht die Absicht haben, sich zum Experten zu entwickeln, sollten Sie sich der Dienste von jemandem versichern, der sich richtig um Ihr Geld kümmern kann. Das wichtigste ist, sich in Geduld zu üben und die Zeit zu den eigenen Gunsten und nicht gegen einen arbeiten zu lassen. Sehen Sie ein, daß die Zeit Ihr Verbündeter ist, und befolgen Sie die Aussage des vierten Schrittes zum Reich-

tum: Setzen Sie Ihre Ressourcen ein – das Geld strebt dahin, wo es am besten behandelt wird.
Die Betrachtungen, die nun folgen werden, haben das Ziel, Ihnen zu helfen, Ihre Anlagen in Aktien, Anleihen und auch Ihre Bargeldreserven gewinnträchtig zu verwalten. Aktien, Anleihen und Bargeld sind die Anlageformen, die zu jeder Zeit – oder zumindest innerhalb kürzester Zeit – liquide zur Verfügung stehen. Ihr Haus oder Ihr Unternehmen zum Beispiel sind nicht sehr liquide, da es einige Zeit dauern würde, einen Käufer zu finden und den Verkauf abzuwickeln.
Wir haben uns schon mit der Höhe des Anteils an Ihrem Einkommen beschäftigt, der angelegt werden sollte. Diese Summe muß richtig verwaltet werden und mit der Zeit wachsen, so daß sie zu einem späteren Zeitpunkt passiv, allein aus Dividenden und Erträgen, für Sie und Ihre Bedürfnisse aufkommen kann.

Grundlagen des Marktgeschehens

Aktien (Besitz von Unternehmensanteilen)

Ich glaube, es war Will Rogers, der einmal gesagt hat: »Kaufen Sie eine gute Aktie. Halten Sie sie im Depot, bis die Aktie steigt . . . und verkaufen Sie dann. Wenn sie nicht steigt, sollten Sie sie nicht kaufen!« Wenn es nur so einfach wäre!
Bei Aktien geht es im Grunde um Eigentum an einem Unternehmen, um Unternehmensanteile. Eine Aktie ist nicht mehr als ein Zertifikat, das den Besitz von Unternehmensanteilen verbrieft. Manche Firmen stellen eine gute Investition dar, manche eine weniger gute. Letztlich ist Ihre Aktie nur soviel wert, wie ein anderer dafür zu bezahlen bereit ist. Nun ist es aber leider sehr schwierig vorauszusagen, wie andere den Wert eines Unternehmens einschätzen. Viele Faktoren beeinflussen den Markt und machen den Kauf einzelner Aktien für

private Investoren zu einer recht unübersichtlichen Sache. Im Rahmen einer langfristigen Anlagestrategie können Sie gut damit fahren, Aktien von einigen guten Unternehmen auszuwählen und diese Werte dann im Depot zu halten. Wenn Sie aber eher ungeduldig sind, sollten Sie die Verwaltung Ihres Depots lieber jemandem überlassen, der sich beruflich um diese Dinge kümmert.

Wie schwierig der Markt tatsächlich ist, wurde mir vor einigen Jahren ganz klar, als ich einer Schulklasse die Funktionsweise des Aktienmarktes zu erklären versuchte. Die ganze Sache war ausgesprochen schwierig, bis mir etwas einfiel, das den jungen Schülern bekannt vorkommen mußte. Ich hatte erkannt, daß sich die Jugendlichen bei Sportschuhmarken blendend auskannten, und begann also, über die börsennotierten Sportschuhhersteller zu reden: Nike (NKE), L.A. Gear (LA) und Reebok (RBK). Ich erklärte, wie der Kurs der Aktien von guten Unternehmen stieg und der von schlechten fiel, und bat um Meinungen darüber, welche Aktie die beste sei.

Die Entscheidung fiel einstimmig zugunsten von Nike. Mir wurde klargemacht, daß Michael Jordan der Größte sei und seine Entscheidung für die Schuhe die Aktien in schwindelnde Höhen führen würde. Natürlich habe ich das Argument innerlich verächtlich abgetan. Ich hatte schon vor Jahren mit Nike-Aktien einen fast fünfzigprozentigen Gewinn gemacht und war viel zu sehr Profi, als daß ich eine Aktie gekauft hätte, die schon eine derartige Entwicklung hinter sich hatte. Ich würde auf einen Einbruch des Kurses warten und mich dann billiger eindecken. Die Analysten vertraten zu der Zeit die Meinung, daß die Nike-Aktie erstmal auf der Stelle treten und der nächste Star L.A. Gear sein würde. Das Ende der Geschichte sieht aber L.A. Gear mit einer enttäuschenden Entwicklung, während sich der Kurs der Nike-Aktie im Laufe des folgenden Jahres verdoppelte und weiter an Boden gewann! Ich hatte meine eigene Regel

gebrochen, die besagt, daß man langfristig denken muß. Ich hatte versucht, schlau zu sein und kurzfristig die richtigen Zeitpunkte zu finden und schließlich eine Menge Geld verloren. Die Schüler jener Klasse hätten die Aktie wahrscheinlich heute noch. Sie machten sich keine Gedanken darüber, immer richtig zu liegen, sie waren einfach davon überzeugt, daß Nike eine gute Firma war – und das war dann auch schon das Ende ihrer Überlegungen. Diese Schüler vertrauten dem System.
Bei Aktienanlagen müssen Sie langfristig denken und Ihren Überzeugungen treu bleiben. Aktien eines guten Unternehmens, die Sie einmal gekauft haben, sollten Sie so lange behalten, bis sich Ihre Einschätzung des Unternehmens ändert. Den Preis als alleinige Entscheidungsgrundlage für den Verkauf heranzuziehen ist ein Lotteriespiel. Solange die Hintergrunddaten für das Unternehmen in Ordnung sind, halten Sie die Aktie!

Anleihen (Darlehen)

Eine Anleihe verbrieft kein Eigentum, sondern die Verpflichtung (des Schuldners), an einem zukünftigen festgelegten Zeitpunkt die investierte Summe zurückzuzahlen. Stellen Sie sich die Funktionsweise der Anleihe so vor, daß Sie, der Anleger, Geld verleihen. Der Schuldner, im Zusammenhang mit der Anleihe auch als Emittent bezeichnet, verpflichtet sich, Ihnen während der Laufzeit der Anleihe einen festgelegten Zins zu zahlen und die gesamte Summe bei Fälligkeit zurückzuzahlen. Eine Anleihe stellt ein Darlehen dar. Es liegt daher auf der Hand, daß sich Anleihen hinsichtlich ihrer Qualität, ihrer Rendite, ihrer Laufzeit und auch ihren Risiken unterscheiden.
Ich will das anhand eines etwas albernen Vergleichs verdeutlichen. Würden Sie einem Fremden, der Sie auf der Straße

angesprochen hat, einen Hundertmarkschein leihen? Wahrscheinlich nicht. Ihre Reaktion wird aber auch von dem Zeitraum abhängen, um den es gehen soll. Wenn der Fremde den Schein nur für zehn Sekunden haben will, weil er seinem Kind zeigen möchte, wie Clara Schumann ausgesehen hat, wäre das Darlehen ziemlich sicher. Sie könnten eventuell sogar versucht sein, ihm das Geld zu leihen, wenn er Ihnen im Gegenzug verspricht, zehn Prozent mehr zurückzuzahlen. Wenn der Fremde das Geld allerdings für dreißig Jahre leihen wollte, könnten Sie es gleich abschreiben.

Andererseits ist der Kauf einer von der Regierung der Vereinigten Staaten von Amerika begebenen Anleihe, deren Fälligkeitstermin noch dreißig Jahre entfernt ist, wahrscheinlich eine relativ sichere Sache. Ich denke schon, daß es die Vereinigten Staaten in dreißig Jahren noch geben wird und sie daher auch ihre Schulden werden zurückzahlen können. Wie sieht es nun mit den Renditen aus, die bei diesen Gedankenspielen zu erwarten sind? Es wird sich auf jeden Fall um ganz unterschiedliche Zahlen handeln. In jeder der beiden Situationen sind mit dem Zahlungsversprechen unterschiedliche Risiken verbunden. Der Fremde verspricht Ihnen vielleicht eine Rendite von zehn Prozent, nur um das Geld für zehn Sekunden ausleihen zu dürfen. Die amerikanische Regierung sagt dagegen für die folgenden dreißig Jahre nur eine jährliche Verzinsung von sechs Prozent zu. Wenn sich Anleihen nur in ihrer Laufzeit unterscheiden und sonst völlig gleich sind (auch in ihrer Qualität), gilt, daß die Rendite mit der Länge der Laufzeit steigt. Es ist allerdings immer der freie Markt (das heißt Angebot und Nachfrage), der letztlich über Preis und Kurs der Anleihen bestimmt. Regierungen, Länder, Städte und andere Emittenten begeben Anleihen, um Geld für ihre Aufgaben zu erhalten.

Offene Investmentfonds

Für unsere Betrachtung soll gelten, daß ein Fonds ein Portefeuille unterschiedlicher Wertpapiere oder Anleihen ist, das professionell verwaltet wird. Wenn Sie sich an einem offenen Investmentfonds beteiligen, entscheiden Sie nicht selbst darüber, welche Aktien (oder Anleihen) gekauft oder verkauft werden, sondern ein Fondsmanager trifft diese Entscheidungen an Ihrer Stelle. Dieser Manager wird das Geld, das Sie in den Fonds eingezahlt haben, so verwalten, wie es dem Zweck und den Zielen des speziellen Fonds entspricht. Im Gegenzug zahlen Sie eine geringe Verwaltungsgebühr, die die Leistung des Managers und die Transaktionskosten abdeckt.

Die meisten Kleinanleger nehmen über die Beteiligung an offenen Investmentfonds am Markt teil. Diese Form der Anlage ist bequem und mit vergleichsweise wenig Risiko behaftet. Der Fonds ermöglicht Ihnen, eine Diversifizierung zu erreichen, ohne daß Sie die Zeit und die Gebühren aufwenden müßten, die mit dem Kauf von Aktien vieler verschiedener Unternehmen verbunden wären. Und das beste an der ganzen Sache ist, daß Diversifikation der einfachste Weg zur Verringerung des Risikos ist.

Wahrscheinlich werden Sie besser dastehen, wenn Sie in einen offenen Investmentfonds investieren und darauf verzichten, sich ein eigenes Portefeuille zusammenzustellen. Die Lage ist natürlich anders, wenn Sie die Aufregung brauchen, die damit verbunden ist, einen großen Teil Ihres Geldes in einige wenige Aktien zu investieren und dann zu beobachten, wie die Kurse schwanken. Wie schon gesagt, ziehe ich persönlich es vor, mir meine Dosis Nervenkitzel auf andere Art als über den Aktienhandel zu besorgen. Und im übrigen: Was sollte Sie dazu bringen, Ihre Zeit zu vergeuden, wenn Sie ebensogut die besten Fondsmanager der Wall Street für sich arbeiten lassen können? Diese Manager erzielen schließlich jahraus, jahrein bessere Ergebnisse als Neulinge am Aktienmarkt.

Auf den letzten paar Seiten dieses Abschnitts werde ich Sie mit der Auswahlmethode für einzelne Werte vertraut machen, die mir als die beste erscheint. Sie ist konservativ und fast unbekannt, hat aber außergewöhnliche Ergebnisse ermöglicht. Die meisten Anleger verfügen nicht über Anlagestrategien oder Methoden, treffen ihre Entscheidungen mehr oder weniger zufällig – und das ist ein Fehler. Übrigens gilt dies nicht nur für private Anleger, sondern auch für viele Menschen, die sich beruflich mit Anlageentscheidungen befassen. Und selbst diejenigen, die sich näher mit dem Problem auseinandersetzen, wenden bei der Auswahl ihrer Aktien nicht durchgängig einen qualitativen Ansatz an. Dieser Mangel an Disziplin ist der Hauptgrund für den Mißerfolg, den viele Investoren bei dem Versuch erleiden, am Aktienmarkt dauerhaft Geld zu verdienen. Worauf ich hinaus will, ist folgendes: Wenn Sie weder meine Methode nutzen noch über eine eigene verfügen, ist es viel besser, die Strategie des Profis zu nutzen – und das können Sie über einen Investmentfonds. Ich werde immer wieder auf diese Fonds zurückkommen, weil sie für die meisten Anleger die sinnvollste Lösung darstellen.

Die einzelnen Fonds, egal ob Aktien- oder Anleihefonds, unterscheiden sich in ihrer Art, ihrer Anlagephilosophie, im Risiko und in der Rendite. Die Variable, mit der wir uns zuerst beschäftigen sollten, ist das Risiko. Können Sie mit den Werten leben, in die der Fonds investieren wird? Würden Sie es vorziehen, wenn nur in Blue Chips investiert würde, oder sind Sie auch eher spekulativen Aktien gegenüber offen? Die Tabelle auf Seite 203 stellt die bekannteren Ausprägungen des Anlageverhaltens von Investmentfonds dar. Außerdem wird angegeben, welche Ergebnisse die jeweilige Strategie gezeigt hätte, wenn sie in den Jahren 1975 bis 1990 angewandt worden wäre. Die errechnete Zahl bezieht sich auf einen Dollar, der im Jahre 1975 angelegt und bis 1990 nicht mehr angerührt worden wäre. Die riskanteren Anlage-

Anlagestrategien offener Investmentfonds (1975–1990)	
Anlagestrategie und Definition	Ergebnis für einen Ende 1975 angelegten Dollar
Kleine Werte	
Hier handelt es sich um Unternehmen, die sich noch am Anfang ihrer Entwicklung befinden. In der Regel werden sie im Freiverkehr gehandelt, und der Markt kann noch recht eng sein. Diese Art von Fonds strebt mit der Investition in kleine Unternehmen, die eventuell viel Potential haben, nach langfristigem Wachstum. Die berücksichtigten Unternehmen weisen in ihrer Entwicklung aber tendenziell erheblich mehr Schwankungen auf als erfahrene Firmen.	10,15 Dollar
International	
Diese Fonds investieren außerhalb des eigenen Landes. Investitionen können sich dabei auf Aktien oder Anleihen beschränken, es kann aber auch ein gemischtes Portefeuille aufgebaut werden. Zusätzlich zu dem den einzelnen Aktien oder Anleihen innewohnenden Risiko unterliegen internationale Fonds dem Wechselkursrisiko.	9,10 Dollar
Aggressive Wachstumsfonds	
Das Anlageziel dieser Fonds liegt in der Wertsteigerung des Kapitals. Einige dieser Fonds greifen eventuell auch auf Optionen zurück oder spekulieren kurzfristig, um die Rendite zu steigern.	7,94 Dollar
Wachstum und Einkommen	
Wachstumsfonds investieren in unterbewertete Unternehmen, bei denen auf die Zahlung von Dividenden Verlaß sein kann. Dabei sind langfristige Gewinne ebenso wichtig wie das Dividendeneinkommen.	6,35 Dollar
Ausgeglichen	
In diesen Portefeuilles findet sich ein Mix aus Aktien, Anleihen und Barreserven. Das Ziel derartiger Fonds liegt im Gesamtgewinn.	5,81 Dollar
Industrieschuldverschreibungen	
Das Ziel der in Industrieschuldverschreibungen investierenden Fonds liegt in der Erzielung eines hohen Einkommens aus der Anlage in Schuldverschreibungen von Aktiengesellschaften.	4,01 Dollar

Staatsanleihen	
Fonds, die in Staatsanleihen investieren, streben nach Sicherheit und Einkommen.	3,30 Dollar
Municipal Bonds – Anleihen von US-Bundesstaaten und Gemeinden	
Fonds, die in die Anleihen von amerikanischen Bundesstaaten und Gemeinden investieren, streben ebenfalls nach Sicherheit. Hinzu kommt, daß Einkünfte aus diesen Anleihen in den Vereinigten Staaten Steuervorteile genießen.	2,40 Dollar
Quelle: In Anlehnung an Ibbotson Associates für Shearson Lehman Brothers	

verhalten befinden sich im oberen, die konservativeren im unteren Bereich der Tabelle. Die Rendite spiegelt diese Einteilung wider.

Wenn Sie nicht richtig wissen, welcher Stil am besten zu Ihnen paßt, sollten Sie eher konservativ beginnen. Es ist besser, etwas zu vorsichtig zu sein, als sich von stark schwankenden Ergebnissen eines risikoreicheren Fonds um den Schlaf bringen zu lassen. Gestalten Sie Ihr Portefeuille so, wie Sie auch eine Pyramide bauen würden (mit der Investitionspyramide werden wir uns später noch näher beschäftigen). Das Fundament sollte schön stabil aus konservativen Anlagen gebildet sein. Weitere Investitionen können dann mit immer mehr Risiko behaftet sein; mit steigendem Risiko sollten Sie allerdings den jeweils investierten Betrag reduzieren. Hier soll eine Möglichkeit dafür dargestellt werden, wie ein 100 000 Mark-Portefeuille aussehen könnte.

Achten Sie bitte darauf, daß sich in meinem Beispielportefeuille nur drei verschiedene Fonds befinden. Ich sehe immer wieder, daß Anleger Dutzende verschiedener Fonds in ihrem Depot halten, um damit eine Diversifikation zu erreichen. Dabei vergessen sie aber, daß sie mit dem Kauf des Fondsanteils bereits diversifiziert haben. Ein Fonds *ist* ein diversifiziertes Portefeuille. Die Diversifikation zu übertreiben führt dazu, daß das Risiko gegen Null geht; für die Rendite gilt diese Tendenz aber auch. Eine Mischung aus drei bis fünf ver-

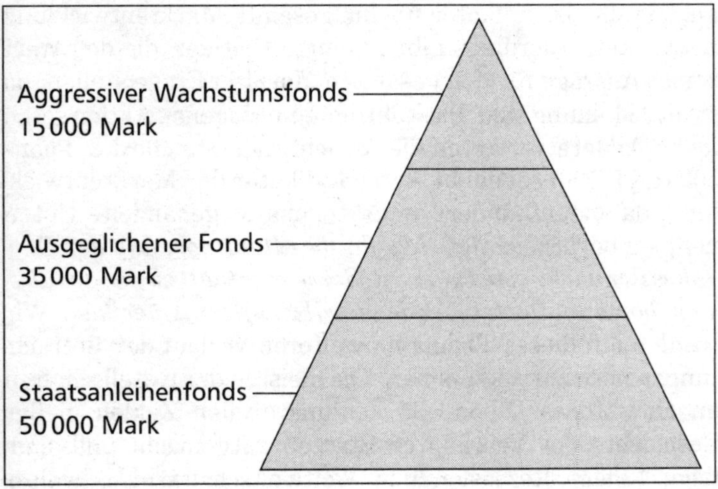

schiedenen Fonds mit unterschiedlichen Anlagestrategien oder Anlageformen sollte Ihnen in der Regel für ein in vernünftigem Maße ausgeglichenes Portefeuille reichen. Und sollten Sie nur an einem Fonds Anteile kaufen wollen, können Sie auch einen »ausgeglichenen« Fonds finden, bei dem ein Fondsmanager für Sie die Entscheidung über die Aufteilung der Mittel auf die verschiedenen Anlageformen vornimmt. In der Welt, in der wir leben, kann der Anleger die besten Fondsmanager für sich arbeiten lassen und seine Wahl unter einer Palette von Anlagemöglichkeiten treffen, die früher nur den sehr Reichen offengestanden hat. Nutzen Sie diese Möglichkeiten, wenn Sie Ihr persönliches Portefeuille zusammenstellen.

Der Dow-Jones-Index

Der Dow Jones gibt einen Durchschnittswert für die fünfzig größten Aktien der Vereinigten Staaten an. Dieser Wert wird gemeinhin als Indikator für die gesamte Marktentwicklung betrachtet. Allerdings gibt es einige Kritiker, die den Wert seiner Aussage für den gesamten Markt in Frage stellen, da sie der Meinung sind, die Zahl der einbezogenen Aktien sei zu klein. Andere vertreten die Ansicht, der Standard & Poor's 500 (S&P 500) sei ein besserer Indikator der Marktentwicklung, da er fünfhundert am Aktienmarkt gehandelte Unternehmen berücksichtigt. *Ich glaube allerdings, daß der Dow Jones der wichtigste Index ist, denn er enthält einige der ältesten börsennotierten Aktiengesellschaften Amerikas.* Wir werden auf dieses Thema im weiteren Verlauf der Betrachtungen noch zurückkommen. Die meisten der Gesellschaften im Dow Jones haben alle konjunkturellen Zyklen in der Geschichte der Vereinigten Staaten mitgemacht und sind, trotz Krieg, Rezession und Weltwirtschaftskrise, weiter gewachsen und reicher geworden. Aus diesem Grunde und aufgrund ihrer Stärke, Stabilität und ihrem Selbstbehauptungsvermögen gelten alle im Dow Jones berücksichtigten Unternehmen als Blue Chips.

Eine Lanze für die Aktie

Jeder Mensch hat einen Traum: ein größeres Haus, eine gute Ausbildung, einen gesicherten Ruhestand – vielleicht auch einen kleinen Bauernhof oder einen Sportwagen. Um der Verwirklichung dieser und anderer Träume näherzukommen, haben viele Anleger in Aktien investiert und haben so die Unternehmen für sich arbeiten lassen. Wie Sie wissen, glaube ich daran, daß es Sinn macht, einen Teil der Wirtschaft seines Landes zu besitzen, Risiko in Kauf zu nehmen und für die eigene Zukunft vorzusorgen, indem man Geld arbeiten läßt. Sie wissen auch, wie wichtig es mir ist sicherzustellen, daß Sie Ihre wirtschaftliche Kraft auf konstruktive Art und Weise zum Nutzen aller einsetzen, Arbeitsplätze schaffen und zum Wohlstand Ihres Landes beitragen. Alle diese Dinge sind Grund genug, in die großen Unternehmen dieser Welt zu investieren. Es gibt aber noch einen weiteren Grund für Aktivitäten auf den Finanzmärkten: Gewinn!

Die Geschichte hat gezeigt, daß die Aktien der börsennotierten Gesellschaften eine höhere Rendite abgeworfen haben als jede andere liquide Anlage. Die Grafik zeigt für die vergangenen vierzig Jahre die durchschnittliche Jahresrendite von amerikanischen Aktien, Anleihen und bargeldähnlichen Anlageformen.

Wie Sie sehen können, war die Anlage in Aktien in der Vergangenheit eine lohnenswerte Sache. Die Rendite lag im betrachteten Zeitraum fast doppelt so hoch wie die von Anleihen oder Geldmarktpapieren. Wie wichtig ist aber eine höhe-

Durchschnittliche Jahresrendite über vierzig Jahre (1951 – 1990)

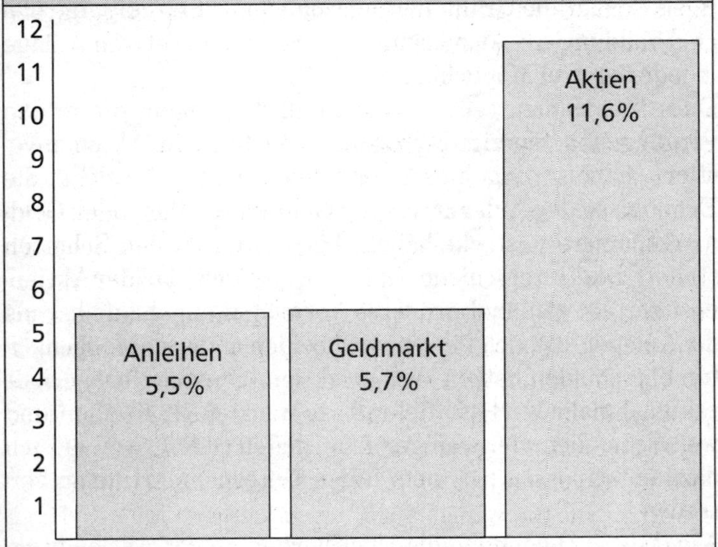

Quelle: Merrill Lynch

Wertentwicklung von Aktien, Anleihen und Geldmarktpapieren über einen Zeitraum von vierzig Jahren			
Investierter Betrag	Endwert nach vierzig Jahren ANLEIHEN (5,5%)	Endwert nach vierzig Jahren GELDMARKT-PAPIERE (5,7%)	Endwert nach vierzig Jahren AKTIEN (11,6%)
Einmalig 10 000 Dollar	89 654 $	97 240 $	1 014 232 $
100 Dollar monatlich	84 263 $	86 424 $	1 038 502 $
500 Dollar monatlich	869 593 $	918 321 $	5 192 511 $
1000 Dollar monatlich	1 739 186 $	1 836 642 $	10 385 021 $

re Rendite? Die Antwortet lautet: Extrem wichtig! Auf der Basis der für die Grafik herangezogenen Daten zeigt die obige Abbildung die Auswirkungen einer fortgesetzten Anlage in jede der drei Möglichkeiten.

Diese Zusammenstellung zeigt, daß diejenigen, die in den vergangenen vierzig Jahren hauptsächlich in Akten investiert haben, Ergebnisse erzielen konnten, welche die Ergebnisse der Anleger, die ihr Geld in Anleihen oder Geldmarktpapiere gesteckt haben, bei weitem in den Schatten stellen. Die Unterschiede sind so dramatisch, daß der Aktienbesitzer ein zehnmal größeres Vermögen angehäuft hat als die Anleger, die sich für eine der beiden anderen Möglichkeiten entschieden haben. Wer in Aktien investiert hat, erhält zehnmal mehr Wirtschaftskraft, zehnmal mehr Freiheit und wahrscheinlich viel weniger finanziellen Streß, weil er sich dazu entschlossen hat, dem freien Unternehmertum zu vertrauen.

Wiegt diese Belohnung die Unsicherheit an den Aktienmärkten auf? Die meisten Menschen würden diese Frage mit »Ja!«

Der Wunsch nach Sicherheit steht jedem großen und edlen Unternehmen entgegen.
Publius Cornelius Tacitus

beantworten. Und dies insbesondere dann, wenn sie sich vor Augen führen, daß die Inflation in den USA in den vergangenen zwanzig Jahren durchschnittlich 6,3 Prozent betragen hat (CPI nach Ibbotson and Associates). Wenn die Inflation erst aus den Renditen für Anleihen und Geldmarktpapiere herausgerechnet ist, bleibt in beiden Fällen nicht mehr so furchtbar viel über. Und wiederum drängt sich die Schlußfolgerung förmlich auf: Zuviel Vorsicht bei Anlageentscheidungen ist der sicherste Weg zu einer Nullrendite.

Ein weiteres Beispiel für die Weisheit des Entschlusses, an den Aktienmärkten aktiv zu werden und die Engagements lange zu halten, finden Sie in der Abbildung auf Seite 210. An der University of Michigan wurde im Rahmen einer Studie die letzte fünfjährige Hausse untersucht. Im Laufe des betrachteten Zeitraums ergab sich für den Anleger in amerikanische Aktien eine satte Rendite von jährlich durchschnittlich 26,3 Prozent. Die Ergebnisse dieser Studie sind faszinierend: Wenn Sie zwei Monate im Jahr aus dem Markt wären, würden die Ergebnisse wahrscheinlich enttäuschend sein. Es erscheint fast unmöglich, die Marktentwicklung und damit die günstigen Zeitpunkte für Anlage und Verkauf vorherzusagen. Der Schlüssel zur erfolgreichen Anlage liegt im Vertrauen in das System, im Ignorieren der täglichen Schwankungen und im Verdrängen von Gefühlen wie Angst und Gier, die zu emotional bestimmten Handlungen führen könnten. Hinzu kommt, was ich schon gesagt habe: Wenn Ihnen die Zeit und die Erfahrung fehlen, Aktien so auszuwählen, wie es Profis tun, legen Sie Ihr Geld in die Hände von professionellen Fondsmanagern.

Die Kosten der kurzfristigen Spekulation (Studie der University of Michigan)	
Haussemarkt von 1982 bis 1987 (1276 Börsentage)	
Anlagezeitraum	jährliche Rendite S&P 500
Gesamter Zeitraum (1276 Börsentage)	26,3 %
Ohne die 10 gewinnträchtigsten Tage	18,3 %
Ohne die 20 gewinnträchtigsten Tage	13,1 %
Ohne die 30 gewinnträchtigsten Tage	8,5 %
Ohne die 40 gewinnträchtigsten Tage	4,3%

Das definitive Werkzeug zur Vermögensbildung: Der Durchschnittskostenansatz

Die größte Angst, die die Menschen im Zusammenhang mit der Anlage an den Finanzmärkten befällt, ist die, zum falschen Zeitpunkt zu kaufen. Nichts ist entmutigender, als eine Aktie, eine Anleihe oder einen Fondsanteil kurz vor dem Zeitpunkt zu erwerben, an dem die Marktgötter entscheiden, daß es Zeit für einen Kursrückgang sei. Sie investieren am Freitag, und schon Dienstag sind die Preise im Keller. Ein kleiner Kursverlust reicht aus, Ihren Enthusiasmus zu dämpfen; schließlich haben Sie auf vieles verzichtet, um die Papiere kaufen zu können. Im günstigsten Fall haben Sie auf einige leichtsinnige, spontane Ausgaben verzichtet, vielleicht haben Sie aber auch eine wichtige Anschaffung zugunsten der Börse zurückgestellt. Wenn die Götter des Marktes doch nur mit dem exakten Datum herausrücken würden, an dem der Preis der Aktie (der gesamte Markt, der Fonds und so weiter) zu steigen beginnt. Dann könnten Sie Ihr Geld genau zum richtigen Zeitpunkt an der richtigen Stelle für Sie arbeiten lassen. Es gibt aber so etwas wie »Just-in-time-Anlagen« nicht. Die

Märkte schwanken nun einmal, und das einzige mir bekannte Werkzeug, das nahezu eine Eliminierung des Risikos von Preisschwankungen erlaubt, ist eine als »Durchschnittskostenmethode« bezeichnete Anlagestrategie.
Mit dieser Methode umgehen Sie das Problem, den richtigen Anlagezeitpunkt zu finden, dadurch, daß Sie in regelmäßigen Abständen eine festgelegte Summe investieren. Ein Beispiel wird Ihnen das Prinzip verdeutlichen: Anstatt heute 1500 Mark anzulegen und zu hoffen, einen günstigen Zeitpunkt zu erwischen, investieren Sie in den folgenden fünf Monaten jeweils 300 Mark. Die Intervalle können natürlich auch Wochen, Quartale oder Jahre sein. Solange sie gleichmäßig sind, funktioniert die Sache. Diese Strategie zeigt auch dann Ergebnisse, wenn Sie klein anfangen, beispielsweise mit 100 bis 300 Mark im Monat.
Die Methode zielt darauf ab, Gewinne zu ermöglichen, egal, ob der Markt sich aufwärts oder abwärts bewegt, ob er stagniert oder starken Schwankungen unterworfen ist. Es funktioniert, weil Sie immer wieder einige Aktien auch zu günstigen Preisen kaufen. In den meisten Fällen müssen Sie einen vollen Marktzyklus (ungefähr fünf Jahre) durchhalten, um die Früchte dieser Strategie voll ernten zu können. Beschäftigen Sie sich intensiv mit den folgenden – erdachten – Szenarios. Alle diese Situationen basieren auf einer monatlichen Anlagesumme von 300 Dollar über fünf Jahre und berücksichtigen verschiedene Marktentwicklungen. Die Tabellen zeigen, daß bei fast jeder Marktentwicklung eine Streckung der Investition günstiger ist als die Anlage der gesamten Summe zu einem Termin. Wenn Sie also der Meinung sind, Sie hätten deshalb einen Nachteil, weil Sie keine großen Beträge investieren können, so ist diese Meinung falsch. Auf längere Sicht betrachtet, ist die beschriebene Methode wahrscheinlich die leistungsfähigste Anlagestrategie, die Ihnen zur Verfügung steht. In allen beschriebenen Fällen liegt der Durchschnittspreis der Aktien unter dem Preis der Aktie im letzten Anlage-

monat. Bei dem Hausse-Szenario hätten Sie mehr bezahlt, als wenn Sie die gesamten 1500 Dollar im ersten Monat investiert hätten. Allerdings kommen Sie immer noch mit einem Gewinn von 14,05 Dollar pro Aktie davon und haben auch

Die Auswirkungen der Marktsituation auf die Ergebnisse der Durchschnittskostenmethode

Haussemarkt		
Regelmäßig angelegte Summe	Aktienpreis	Anzahl der gekauften Aktien
300 Dollar	5,00 Dollar	60
300 Dollar	10,00 Dollar	30
300 Dollar	15,00 Dollar	20
300 Dollar	20,00 Dollar	15
300 Dollar	25,00 Dollar	12
1500 Dollar	**GESAMT**	137
Durchschnittspreis (75/5)	15,00 Dollar	
Durchschnittlicher Kaufpreis nach der Durchschnittskostenmethode (1500/137)	10,95	
Baissemarkt		
300 Dollar	25,00 Dollar	12
300 Dollar	20,00 Dollar	15
300 Dollar	15,00 Dollar	20
300 Dollar	10,00 Dollar	30
300 Dollar	5,00 Dollar	60
1500 Dollar	**GESAMT**	137
Durchschnittspreis (75/5)	15,00 Dollar	
Durchschnittlicher Kaufpreis nach der Durchschnittskostenmethode (1500/137)	10,95 Dollar	

Seitwärtsbewegungen des Marktes		
Regelmäßig angelegte Summe	Aktienpreis	Anzahl der gekauften Aktien
300 Dollar	12,00 Dollar	25
300 Dollar	10,00 Dollar	30
300 Dollar	12,00 Dollar	25
300 Dollar	10,00 Dollar	30
300 Dollar	12,00 Dollar	25
1500 Dollar	**GESAMT**	135
Durchschnittspreis (56/5)	11,20 Dollar	
Durchschnittlicher Kaufpreis nach der Durchschnittskostenmethode (1500/135)	11,11 Dollar	
Stark schwankender Markt		
300 Dollar	10,00 Dollar	30
300 Dollar	5,00 Dollar	60
300 Dollar	10,00 Dollar	30
300 Dollar	25,00 Dollar	12
300 Dollar	15,00 Dollar	20
1500 Dollar	**GESAMT**	152
Durchschnittspreis (65/5)	13,00 Dollar	
Durchschnittlicher Kaufpreis nach der Durchschnittskostenmethode (1500/152)	9,86 Dollar	

noch für den Fall vorgesorgt, in dem es nicht zu einem Kursanstieg gekommen wäre. Außerdem hätten Ihre Kosten pro Aktie um 4,05 Dollar unter dem durchschnittlichen Marktpreis gelegen. Es kann im nachhinein so aussehen, als wäre es schlauer gewesen, in einem Hausse-Markt alles zu Beginn zu investieren, doch ist eine Hausse schwer vorauszusagen. Ich zumindest kenne niemanden, der das könnte. Der Grundgedanke ist der, keine Vorhersagen zu versuchen und damit nicht auf eine bestimmte Marktentwicklung zu spekulieren, sondern zu gewinnen, egal, welche Richtung die Kursbewegung einschlägt. Im Baisse-Szenario liegen Sie nicht gut, allerdings immer noch 10 Dollar pro Aktie besser, als wenn Sie Ihre 1500 Dollar in einem Block im ersten Monat investiert hätten. Der Kurs von 5,00 Dollar im letzten Monat ist recht unglücklich, Sie haben aber einen potentiellen Verlust von 80 Prozent zumindest halbiert. Im schlimmsten Fall kommen Sie mit Null aus der Sache raus, aber immerhin haben Sie versucht, sich abzusichern.

Die Methode hilft, den Schlag abzufangen, wenn Ihre Anlage an Wert verliert – und wenn Sie einen fortgesetzten negativen Trend der Kursentwicklung feststellen, dann gibt es dafür sicher einen Grund, und Sie sollten diese Anlagemöglichkeit genau überprüfen. Eine langfristige Anlagestrategie und die Anwendung der Durchschnittsmethode befreien Sie nicht von der Notwendigkeit, Ihr Portefeuille konsequent zu überwachen. Es handelt sich bei diesem Ansatz nur um ein Werkzeug und nicht um einen magischen Trick. In den meisten Fällen hilft Disziplin, emotional bestimmte und kostspielige Fehler zu vermeiden. Welche Grundregeln diszipliniert befolgt werden, ist dabei eher sekundär.

Zusammenfassung der Ergebnisse der Durchschnittskostenmethode

Anlagesumme: 1500 Dollar (fünf Monate lang 300 Dollar pro Monat)

Marktentwicklung	Preis im ersten Monat	Preis im letzten Monat	Durchschnittspreis	Durchschnittskosten	Anzahl der Aktien
Hausse	5,00	25,00	15,00	10,95	137
Baisse	25,00	5,00	15,00	10,95	137
Seitwärts	12,00	12,00	11,20	11,11	135
Stark schwankend	10,00	15,00	13,00	9,86	152

Wie wichtig ist Verteidigung?

Eine der wichtigsten Anlageregeln besagt, daß Kapitalbewahrung immer vor Kapitalmehrung rangieren soll. Anders ausgedrückt, bedeutet diese Regel, daß die wichtigste Frage immer die nach dem Risiko ist, dem Sie Ihr Kapital aussetzen. Natürlich müssen Sie mit dem Gedanken an die zu erzielende Rendite investieren, allerdings sollten Sie so konservativ bleiben, Ihr Grundkapital so gut wie möglich abzusichern. Um die Wichtigkeit einer durchdachten Verteidigungsstrategie zu erkennen, werfen Sie bitte einen Blick auf die folgende Tabelle.

Wie Sie sehen können, kann ein schlechtes Jahr das Anlageergebnis stark beeinflussen. In unserem Beispiel wird in den ersten Jahren eine gute Rendite von 15 Prozent jährlich erzielt. Im vierten Jahr taucht dann ein Problem auf, und das Portefeuille verliert 15 Prozent seines Wertes. Auf den ersten Blick sieht das zwar gar nicht so übel aus, schließlich waren die drei vorhergehenden Jahre gut. Der eine Ausrutscher führt aber dazu, daß die Durchschnittsrendite über die vier Jahre auf 6,6 Prozent fällt und damit die guten Ergebnisse der Vorjahre zunichte macht.

Eine gleichmäßige Rendite ist außerordentlich wichtig. Wirklich unangenehm wird das Beispiel dann, wenn man sich klarmacht, daß im fünften Jahr eine enorm hohe Rendite erreicht werden müßte, um den Durchschnittswert erneut auf 15 Prozent zu heben. Nötig wäre eine Jahresrendite von 55 Prozent. Wenn das schlechte Jahr nicht gewesen wäre, hätten Sie auch im fünften Jahr nur 15 Prozent erzielen müssen, um den Durchschnitt zu halten.

Es ist folglich enorm wichtig, seine Investitionen nicht aus den Augen zu verlieren. Permanent rufen mich Leute an, die auf Gerüchte hin spekulieren wollen oder die auf eine Kurssteigerung bei fast wertlosen Aktien hoffen. Sie rechtfertigen diese Vorhaben damit, daß sie nur mit der kleinen Summe

Wie wichtig ist Verteidigung?

Jahr 1	Jahr 2	Jahr 3	Jahr 4	Durchschnittliche Rendite
+ 15%	+ 15 %	+ 15 %		+ 15 %
+ 15 %	+ 15 %	+ 15 %	- 15 %	6,6%

»spielen« wollen, deren Verlust sie sich leisten könnten. Zu verlieren wäre schließlich nur das, was investiert wird. Ich bin der Meinung, dieser Denkansatz ist lächerlich! Wenn Sie spielen wollen, fahren Sie ins nächste Spielkasino, und belästigen Sie nicht Investmentprofis. Als Broker finde ich nichts beleidigender als einen Kunden, der eine kleine Order für eine gewagte Anlage erteilt. In der Regel handelt es sich dabei um Aktien, von denen noch nie jemand etwas gehört hat und die einem auch nie wieder begegnen werden.

Ich akzeptiere fast nie Orders für Aktien, die ich nicht empfehlen kann. In der letzten Zeit habe ich bemerkt, daß die Spieler eine Vorliebe für Papiere entwickelt haben, die ich als Petri-Schalen-Aktien bezeichne. Diese Aktien werden in der Regel von Firmen herausgegeben, die ein revolutionäres Produkt oder Medikament entwickeln, das die Welt retten wird, wenn es denn funktioniert. Derartige Firmen setzen alles auf diese eine Karte, und wenn sich der Erfolg einstellt, hat der Anleger das große Los gezogen. Wenn aber irgendeinem Mitarbeiter im Labor die Petri-Schale aus der Hand fällt, sackt der Kurs der Aktie ins Nichts.

Glauben Sie mir, wenn diese von den Firmen angepriesenen revolutionären Produkte wirklich Grund zur Hoffnung wären, würde das Unternehmen keine Schwierigkeiten haben, Investoren zu finden, die direkt Geld zur Verfügung stellen würden, und müßte sich nicht über die Börse um Kapital bemühen. Die Wahrung Ihres Reichtums ist von äußerster Wichtigkeit. Haben Sie keine Angst vor gutdurchdachten Anlagen, werden Sie aber nicht sorglos, und vernachlässigen Sie nicht die notwendigen Sicherheitsvorkehrungen.

Die Anlagepyramide

Aus gutem Grund vergleichen viele Finanzexperten die Bildung eines Wertpapierportefeuilles mit dem Bau einer Pyramide. Die Fundamente sollten breit und fest sein und aus sicheren Anlagen bestehen. Je näher Sie der Spitze der Pyramide kommen, desto mehr Risiko sollten Sie für immer geringere Anlagebeträge eingehen. Dieses Bild von der Pyramide will ich noch stärker verdeutlichen. Die meisten Menschen sollten besser kein Geld in den obersten, hochspekulativen Bereich der Pyramide stecken. Spekulative Anlagen haben die Tendenz, zu wahren Zeitfressern zu werden, da sie immer neue Entscheidungen verlangen, bei denen man den richtigen »Riecher« haben muß. Hinzu kommt, daß – von ein paar ganz brillanten Anlegern einmal abgesehen – die meisten derjenigen, die sich in diesem Segment versuchen, keine besonders guten Ergebnisse erzielen. Es gibt natürlich auch viele Anleger, die diese Papiere zum Spaß kaufen. Für sie sind spekulative Anlagen wie die Teilnahme an einer Lotterie oder ein Besuch im Spielkasino, und sie *erwarten* förmlich, dabei Geld zu verlieren. Wenn es aber einen Gewinn gibt, so kann er wirklich groß sein. In der Regel werfen diese Anleger ihr Geld aber zum Fenster hinaus. Wie schon gesagt, ich selbst kenne bessere Möglichkeiten, mich zu amüsieren, als Geld zu verlieren, und ich hoffe, Ihnen geht es genauso.
Die Anlagepyramide sollte für Sie einen guten Anhaltspunkt für die Zusammensetzung Ihres eigenen Portefeuilles darstellen. Zu Beginn Ihrer Aktivitäten empfiehlt es sich, rela-

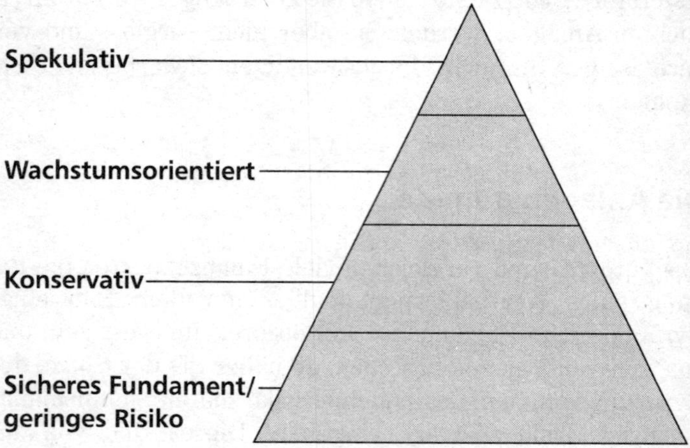

Spekulativ: Wachstumsaktien, Optionen und Futures, spekulative Aktien, Junk Bonds.

Wachstumsorientiert: Wachstumsaktien, auf starkes Wachstum gerichtete Investmentfonds, bestimmte Unternehmensanleihen.

Konservativ: Aktien hoher Qualität, Vorzugsaktien, Aktien von Versorgungsunternehmen, konservative Investmentfonds, Unternehmensanleihen und Staatsanleihen, langfristige US-Schatzobligationen.

Sicheres Fundament/geringes Risiko: Geldmarktfonds, Sparbriefe, kurz- und mittelfristige US-Staatsanleihen.

tiv konservative Anlagen vorzuziehen. Wenn Ihr Vermögen dann zu wachsen beginnt und Sie mehr und mehr Erfahrung mit Geldanlagen gesammelt haben, können Sie sich in der Pyramide etwas nach oben bewegen und auf der Suche nach höheren Renditen auch ein höheres Risiko in Kauf nehmen. Das wichtigste ist, eine Zusammensetzung Ihres Portefeuilles zu erreichen, mit der Sie leben können. Es geht schließlich um *Ihr* Geld.

Die 72er-Regel

Die 72er-Regel stellt eine Näherung dafür dar, wie lange es in Abhängigkeit von verschiedenen Renditen dauern wird, bis sich Ihr Geld verdoppelt hat. Diese Regel kann für Ihre finanzielle Zukunft eine sehr wichtige Rolle spielen. Die Auswirkungen, die eine hohe Rendite auf die Entwicklung Ihres Vermögens hat, sind verblüffend. Um die Antwort auf die Frage »Wie lange wird es dauern, bis sich mein Geld bei dieser Rendite verdoppelt hat?« zu erhalten, teilen Sie einfach die Zahl 72 durch die Rendite, die Sie erwarten. Für eine Rendite von 10 Prozent ergibt sich dann zum Beispiel, daß Sie innerhalb von 7,2 Jahren eine Verdoppelung erreichen. Die folgende Tabelle zeigt Ihnen die Ergebnisse bei verschiedenen Renditen.
Ich nutze diese Regel für grobe Schätzungen der Auswirkungen des Zinseszinseffektes auf die Entwicklung meines Geldes. Wenn ich zum Beispiel 10 000 Mark habe und eine Rendite von zehn Prozent erwarte, kann ich vorhersagen, daß sich diese Summe in 7,2 Jahren auf 20 000 Mark verdoppelt haben

Die 72er-Regel

Rendite	Jahre bis zur Verdoppelung
1 %	72
2 %	36
4 %	18
6 %	12
8 %	9
10 %	7,2
12 %	6
15 %	4,8
18 %	4
24 %	3

wird. Bei gleichbleibender Rendite würde sich der Betrag nach 14,4 Jahren erneut verdoppelt haben und dann 40 000 Mark betragen.
Sollten Ihnen diese groben Schätzungen nicht ausreichen und Sie exakte Zahlen wünschen, dann können Sie die Zinseszinstabelle verwenden, die im Anhang dieses Buches abgedruckt ist (Abbildung 3). Diese Tabelle zeigt den zukünftigen Wert einer Mark. Wenn Sie beispielsweise 5000 Mark anlegen wollen, multiplizieren Sie die Werte in der Tabelle einfach mit 5000.

Der verbreitete Fehler

Wenden wir uns aber wieder dem Thema Risiko zu. Die meisten Menschen, mit denen ich spreche, leiden an einer Risikophobie. Nichts ängstigt sie mehr, als ihre mühsam zusammengetragenen Ersparnisse einem Risiko auszusetzen, und lieber würden sie sich jeden Tag bei ihrem Zahnarzt einer Wurzelbehandlung unterziehen, als das Risiko einzugehen, auch nur ein Prozent ihres Kapitals zu verlieren. Diese Einstellung basiert gewöhnlich auf einem tiefgehenden Unverständnis dessen, was Risiko ist. Uns ist beigebracht worden, Risiko zu fürchten, was aber versäumt wurde, ist eine Definition dessen mitzuliefern, was risikoreich bedeutet. In Wahrheit ist das Leben selbst schon ein Risiko. Auch Nichtstun stellt, wie wir schon gesehen haben, ein Risiko dar, und zwar vielleicht das größte überhaupt. John F. Kennedy hat es sehr treffend ausgedrückt: »Zu handeln ist mit Risiken und Kosten verbunden. Diese sind aber geringer als das Risiko und die Kosten, die mit bequemem Nichtstun einhergehen.«
Die Anleger, die nicht einmal das kleinste Risiko eingehen wollen, werden erkennen, daß es nur eine Frage der Zeit ist, bis sie sich in die Ecke gedrängt sehen. Sie müssen dann Ent-

scheidungen treffen, die sie eigentlich lieber nicht getroffen hätten und die dann so ausfallen, wie sie unter anderen Bedingungen nie ausgefallen wären. Letztlich werden Steuern und Inflation die Ersparnisse vernichten. Und wenn sie nicht vor diesem Zeitpunkt gestorben sind, werden sich diese extrem risikoscheuen Personen entweder in ihrem Lebensstandard einschränken oder große Risiken in Kauf nehmen müssen, um den bis dahin genossenen Lebensstandard weiterhin halten zu können. In der Regel ist das Risiko in einer solchen Situation zu hoch, und nicht nur Träume zerbrechen, sondern die Menschen sehen sich auch in ihrer Würde verletzt.

Vielleicht klingt Ihnen diese Darstellung zu melodramatisch. Wenn dies so ist, sollten Sie sich noch einmal die Zahlen vor Augen führen: Nur zwei Prozent der Amerikaner über 65 können für ihren eigenen Unterhalt aufkommen. Da die Arbeitsquote in den Vereinigten Staaten bei 95 Prozent liegt, kann man nur schließen, daß die meisten Menschen hart gearbeitet haben. Sie haben hart gearbeitet, nur um gegen Ende eines produktiven Lebens feststellen zu müssen, daß sie ihre Träume nicht werden verwirklichen können, weil sie versäumt haben, zum richtigen Zeitpunkt die richtigen Maßnahmen zu ergreifen.

Was die Anleger typischerweise am meisten verfluchen, ist die Schwankung der Märkte, und was sie in der Regel mehr als alles andere lieben, ist Sicherheit. Tatsächlich verhält es sich aber so, daß die Schwankungen ihr bester Freund sind und Sicherheit ihr schlimmster Feind ist. Die meisten Menschen lieben Certificates of Deposit (CD), weil sie Sicherheit bieten. Die CDs werden marktüblich verzinst und sind (bis zu einer Höhe von jeweils 100 000 Dollar) durch die F.D.I.C. (Federal Deposit Insurance Corporation) abgesichert. Ich sage dagegen, daß es auf der ganzen Welt nichts gibt, das absolut sicher ist, und daß Sie genau das bekommen, was Sie bezahlen. Ohne Risiko kein Gewinn – so funktioniert das

Leben. Nebenbei bemerkt, haben wir schon gesehen, daß, wenn Inflation und Steuern erst herausgerechnet sind, von der Rendite fast nichts mehr bleibt oder sie sogar unter Null fällt. Und jetzt kommt das Schlimmste: Obwohl die CDs eine garantierte Verzinsung aufweisen, schwankt diese täglich. Als Anleger müssen Sie daher versuchen, den richtigen Augenblick zu erwischen, um sich die Verzinsung dann möglichst langfristig zu sichern. Und wenn Sie das Geld dann doch früher brauchen sollten, müssen Sie womöglich noch Vorschußzinsen zahlen. Und wegen dieses Ratespielchens legen die meisten Anleger ihr Geld nur für sechs Monate oder ein Jahr in CDs an und kaufen dann bei Fälligkeit neue Papiere. Sie wissen also gar nicht, welchen Zins sie erzielen wer-

Durchschnittliche Verzinsung der Certificates of Deposit mit sechsmonatiger Laufzeit (1969 bis 1993)

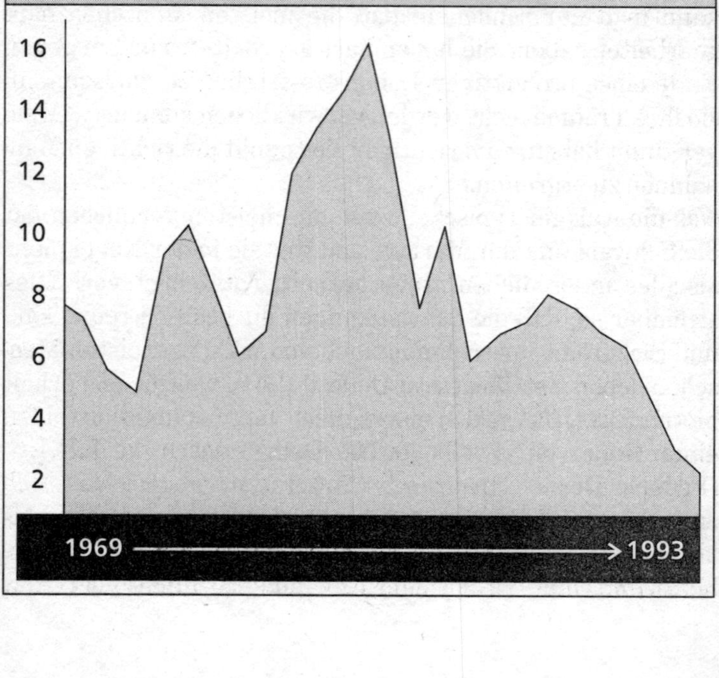

den, wenn sie ihr Geld erneut anlegen wollen. Gerechtfertigt wird dieses Verhalten damit, daß sie ihr Geld bei Fälligkeit auch anderweitig verwenden können, falls sie es in dem Moment benötigen. Diese Anleger erhalten sich also eine gewisse Liquidität. So weit, so gut. Jetzt werde ich Ihnen darstellen, welchen Preis – ausgedrückt als Risiko – Sie für diese Liquidität zahlen.

Die Abbildung auf Seite 222 zeigt die durchschnittliche Verzinsung von sechsmonatigen CDs seit 1969. Bitte beantworten Sie die folgende Frage: Ist dies eine sichere und stabile oder eine volatile (risikoreiche) Anlage?

Stellen Sie sich vor, Sie hätten 1969 ein derartiges Papier gekauft und es dann alle sechs Monate verlängert. Ihre Rendite hätte die oben gezeigten Schwankungen aufgewiesen. Das ist Volatilität, ganz ohne Zweifel. Stellen Sie sich ferner vor, Sie lebten im Ruhestand und würden von den Zinsen leben, die Ihr CD abwirft. Ihr Monatseinkommen würde sich verhalten wie ein Jo-Jo. Hätten Sie zum Beispiel 100 000 Dollar bei einer Verzinsung von neun Prozent jährlich angelegt, würden Sie monatlich ein Einkommen von 750 Dollar erzielen. Allerdings nur in den ersten sechs Monaten. Ein Absinken der Verzinsung auf, sagen wir fünf Prozent, würde Ihr Monatseinkommen auf 416 Dollar stürzen lassen. Ich kenne niemanden, der über eine Senkung seines Einkommens um 45 Prozent glücklich wäre. Genau diesem Risiko setzen sich aber Millionen Menschen aus, wenn sie ihr Vertrauen in CDs setzen.

Ich habe es in diesem Buch schon erwähnt, aber ich wiederhole mich gern: Wenn Sie nichts tun, werden Sie nichts bekommen. Und sollte Ihnen jemand ein Angebot machen, das angeblich absolut sicher ist, eine gute Rendite aufweist und Ihnen weder Denken noch Taten abverlangt, sollten Sie dieses Angebot besser gründlich hinterfragen. Ich glaube nicht, daß ich einfach zu negativ denke, ich bemühe mich nur, realistisch zu sein. Ich habe einmal gehört, die Investition in

Sechsmonatsverzinsung von CDs			
1969	7,91 %	1982	12,57 %
1970	7,65 %	1983	9,27 %
1971	5,21 %	1984	10,68 %
1972	5,02 %	1985	8,25 %
1973	8,31 %	1986	6,50 %
1974	9,98 %	1987	7,01 %
1975	6,89 %	1988	7,85 %
1976	5,62 %	1989	9,08 %
1977	5,92 %	1990	9,00 %
1978	8,61 %	1991	7,00 %
1979	11,44 %	1992	5,00 %
1980	12,99 %	1993	3,00 %
1981	15,77 %		

Annualisierte durchschnittliche Monatsverzinsung
Quelle: Federal Reserve Board

CDs mit der Absicht, aus dieser Anlage ein Einkommen zu ziehen, bedeute, seinen Lebensstandard den Launen der Inflation anzuvertrauen. Diese Einschätzung kann ich nur unterschreiben. Die Daten der vorstehenden Tabelle liegen der vorherigen Abbildung zugrunde.

Auch auf die Gefahr hin, mich zum x-ten Mal zu wiederholen: Lassen Sie mich die Nutzlosigkeit von CDs als langfristige Anlage noch einmal unter einem etwas anderen Blickwinkel betrachten. Stellen Sie sich vor, Sie wären aus dem Arbeitsleben ausgeschieden und hätten in den vergangenen zwanzig Jahren von dem Einkommen gelebt, das ein CD in Höhe von 100 000 Dollar abgeworfen hätte. Die Tabelle stellt die Entwicklung Ihres Einkommens mit ihren Höhen und Tiefen dar.

Wie ein CD das Einkommen senkt	
Jahr	Monatseinkommen (in Dollar)
1969	659
1971	434
1973	693
1975	574
1977	493
1980	1 083
1984	890
1989	757
1993	250

Und vergessen Sie bitte nicht, daß in diesen Zahlen Inflation und Kaufkraftverlust noch nicht berücksichtigt sind. 659 Dollar waren beispielsweise im Jahr 1969 ein ziemlich nettes Einkommen, heute entspräche das etwa 2125 Dollar (unter der Annahme einer jährlichen Inflationsrate von 5 Prozent). Anders ausgedrückt, bedeutet dies: Wenn Sie sich 1969 mit einem CD über 100 000 Dollar zur Ruhe gesetzt und in den folgenden Jahren von den Zinsen gelebt hätten, wäre Ihre Kaufkraft 1993 auf 12 Prozent des Wertes gefallen, der Ihnen noch 1969 zur Verfügung stand. Vor dem Hintergrund dieser Zahlen ist es nicht weiter verwunderlich, daß so viele alte Menschen wieder arbeiten gehen.

1978: Ein sehr gutes Jahr

Um in meinen Seminaren deutlich zu machen, was ich meine, wenn ich davon spreche, daß es den »perfekten« Anlagezeitpunkt nicht gibt, führe ich meine Zuhörer oft einige Jahre in die Vergangenheit, in das Jahr 1978. In den Zeitungen dieses Jahres konnte man unter anderem folgende Schlagzeilen lesen:

Anschlag auf Autobus in Haifa: 37 Israelis von PLO-Kommando getötet.

Carter schiebt Entscheidung über die Neutronenbombe auf.

Südkoreanisches Verkehrsflugzeug in Rußland zur Landung gezwungen.

Wanzen in der Moskauer Botschaft der USA entdeckt.

Papst Paul VI. tot – Johannes Paul I. gewählt; Papst Johannes Paul I. stirbt – Polnischer Kardinal zum Nachfolger gekürt.

Massenselbstmord: 900 amerikanische Sektenmitglieder töten sich in Guyana.

OPEC hebt die Ölpreise um 14 Prozent.

Die Stadt Cleveland gerät in Zahlungsverzug.

USA: Inflationsrate bei 12,4 Prozent, Prime Rate bei 12 Prozent.

Alle diese Ereignisse machten es nicht leicht, eine optimistische Einschätzung der wirtschaftlichen Zukunft der Vereinigten Staaten zu bewahren, und es konnte fast verwegen erscheinen, sein sauer verdientes Geld in diesem Jahr in Aktien zu stecken. Und dann war da noch der Buchstabierwettbewerb meiner Heimatstadt, den ich wegen des Wortes *echoes* (deutsch: Echos) verlor und damit auch meine Hoffnungen auf den Hauptgewinn, ein Motorrad, zerstörte. Kurz gesagt, 1978 war ein katastrophales Jahr. Wenn die Amerikaner je Grund gehabt haben, am amerikanischen Traum zu zweifeln, dann war es 1978. Wir haben es aber überstanden, und die Vereinigten Staaten von Amerika wuchsen und gediehen.

Die Wahrheit ist, daß es immer einen Grund gibt, die Marktentwicklung zu fürchten: Krieg, Inflation, Unruhen in allen Teilen der Welt, ein neuer Präsident – die Liste ließe sich noch lange fortsetzen. Wenn überhaupt, gibt es nur ganz selten Zeiten, in denen alle Ampeln auf Grün stehen, und deshalb besteht aller Grund dazu, sobald man kann, mit der Geldanlage zu beginnen.

Nehmen wir an, Sie wären im Jahre 1978 besonders mutig und vertrauensvoll gewesen und hätten 10 000 Dollar in Aktien von Unternehmen investiert, die im Dow Jones berücksichtigt sind. Heute wären Ihre 10 000 Dollar auf 44 000 angewachsen! Diese Vervierfachung Ihres Anlagebetrages reicht, die Inflation auszugleichen und zusätzlich ein nettes Vermögenswachstum zu erzielen. Für die Aktienanlage, so stellt sich heraus, war 1978 ein gutes Jahr!

1978 hatte der Dow Jones Industrial Average einen Tiefstand von 807 Punkten und einen Höchststand von 893.

1995 erreichte der Dow Jones zum erstenmal die Marke von 4000 Punkten!

Was folgt nun daraus? Sie müssen Ihre durch aktuelle Ereignisse ausgelösten Ängste überwinden und in größeren Zusammenhängen denken. Lassen Sie sich von den tagtäglichen schlechten Nachrichten nicht zu einer Entscheidungsschwäche verleiten – Unbeweglichkeit wird Ihnen auf lange Sicht schaden. Wie schon mehrmals in diesem Buch gesagt: Der Faktor, der immer zugunsten des Anlegers gearbeitet hat, ist die Zeit in Verbindung mit Zinseszinsen. Sie müssen langfristig denken und anlegen.

Warum nicht?

Wie Sie inzwischen wahrscheinlich erkannt haben, bin ich davon überzeugt, daß eine erfolgreiche Anlage auf einer langfristigen, auf Aktien aufbauenden Strategie basiert und nicht auf der Frage nach den Bewegungen des Marktes. Ich hoffe, Sie sehen selbst viele Gründe, die dafür sprechen, jetzt anzulegen. In dem Fall, in dem Sie aber immer noch Punkte sehen, die dagegen sprechen, sollten Sie sich damit beschäftigen, was andere in der Vergangenheit davon abgehalten hat, sich am Aktienmarkt zu engagieren. Ich bin ganz sicher, daß

Jahr	Grund dafür, *nicht* zu investieren	Heutiger Wert von den in diesem Jahr angelegten 10 000 Dollar
1972	Wenn der Markt an einem Tag um 29 Punkte fällt, lasse ich die Finger davon.	99 641
1973	Der Dow Jones zum erstenmal bei 1000 Punkten, da muß ein Börsenkrach vor der Tür stehen.	83 759
1974	Die OPEC hat das Steuer übernommen: Nixon hat die Kontrolle verloren.	98 159
1975	Die häßlichste Marktentwicklung seit vierzig Jahren!	133 400
1976	Die Stadt New York steht kurz vor dem Bankrott.	97 125
1977	Die Inflation erreicht 12 Prozent; ein Pfund Kaffee kostet fünf Dollar.	78 450
1978	Seit zwei Jahren stagniert der Markt.	84 523
1979	Die Zinsen sind viel zu hoch – das hält die Wirtschaft nicht aus.	79 346
1980	Iran hält Geiseln fest – halten Sie Ihr Geld fest.	66 990
1981	Chrysler braucht 400 Millionen Dollar. Paß auf, Markt!	50 578

1982	Beginn der Rezession – vielleicht wird sie auch zur Depression.	53 157
1983	Zehn Prozent Arbeitslosigkeit, und dann kracht es auch noch im Bankensystem.	43 763
1984	Der Dow Jones auf neuem Höchststand: 1250 Punkte, da warte ich lieber auf den nächsten Kurseinbruch.	35 740
1985	Es brechen mehr Banken zusammen als in den Dreißigern.	33 645
1986	Der Bundeshaushalt weist ein Defizit von 200 Milliarden Dollar auf.	25 558
1987	Der schwarze Montag schlägt zu!	21 546
1988	Die Lage hat sich noch nicht beruhigt. Hände weg von Aktien!	20 479
1989	Sparkassenkrise in ganz Amerika.	17 579
1990	Ein neues Jahrzehnt beginnt, die alten Probleme mit den Junk Bonds bleiben.	13 359
1991	Krieg mit dem Irak. Schlimmer kann's kaum kommen.	13 789
1992	Die Rezession lauert schon wieder. Neuer Präsident im Weißen Haus.	10 580

Quelle: In Anlehnung an: Edward D. Jones & Co., gesehen im Wall Street Journal

diese Gründe den heutigen Entschuldigungen für das Nichtstun ähneln. Die vorstehende Zusammenstellung zeigt für jedes Jahr, was aus 10 000 im amerikanischen Aktienmarkt investierten Dollar bis heute geworden wäre (die Inflation wird nicht berücksichtigt).

Da wir nicht in die Zukunft sehen können, müssen wir die Vergangenheit als Richtschnur heranziehen. Im Verlauf der Geschichte hat sich der Aktienmarkt immer nach oben bewegt. Selbst nach der Weltwirtschaftskrise und den beiden Weltkriegen erreichte er neue Höchststände. Auf was warten Sie noch? Entschließen Sie sich heute, Ihren Ängsten und Befürchtungen nicht länger nachzugeben und einem System zu vertrauen, das seine Vertrauenswürdigkeit unter Beweis gestellt hat.

Spekulieren oder nicht spekulieren?

Lassen Sie mich diese Diskussion mit einer Frage beginnen: *Haben Sie je von jemandem gehört, oder kennen Sie selbst jemanden, der mit Spekulation in Aktien ein Vermögen gemacht hat?* Im Laufe meiner Karriere habe ich die Gelegenheit gehabt, viele Reiche zu treffen, und ich habe nicht einen einzigen kennengelernt, der sein Vermögen allein durch Spekulation erworben hatte. Dabei erinnere ich mich an einen Ausspruch von William Travers, einem amerikanischen Anwalt, der sein Stottern oft übertrieb, um seine witzigen Äußerungen noch stärker zu unterstreichen. Mitte des 19. Jahrhunderts stand Travers mit einigen anderen am Zieleinlauf der Regatta von Newport. Nacheinander erreichten die Boote die Ziellinie, und jedesmal wurde der Name des Eigners bekanntgegeben. Als er hörte, daß alle Boote Eigentum wohlhabender Börsenmakler waren, rief er erstaunt aus: »Und w-w-wo sind die Boote der K-K-Kunden?«

Zwischen Spekulieren und Anlegen liegen Welten. In diesem Buch habe ich die Vorzüge der langfristigen Anlage betont. Spekulieren bedeutet, kurzfristig risikoreiche Entscheidungen in einem Umfeld zu treffen, in dem Investoren die Papiere wie ihre Unterhemden oder sogar noch öfter wechseln. Ich habe mich jahrelang mit dem Aktienhandel beschäftigt, und die gängigen »heißen« Strategien sind mir vertraut. Manche davon funktionieren auch, allerdings nur für eine gewisse Zeit. Eine einzige Strategie allerdings hat immer funktioniert: langfristige Anlage.

Der Spekulant Jesse Lauriston Livermore, der am Anfang

dieses Jahrhunderts lebte und spekulierte, gilt als einer der größten Spekulanten überhaupt. Sein Ansehen war derart groß, daß ein kleiner Hinweis darauf, Livermore bewerte eine bestimmte Aktie positiv, am Markt Wogen auslöste. Es wird gemeinhin angenommen, daß er der Verfasser der *Reminiscences of a Stock Operator* ist, die 1923 unter dem Pseudonym Edwin Lefevre erschienen. Das Pseudonym wählte Livermore, so wird angenommen, weil er den Markt nicht mit den Geheimnissen seiner Spekulationen in Aufruhr versetzen wollte.

In dem Buch, das für die Händler an der Wall Street eine Art Bibel geworden ist, teilt Livermore seine Gedanken und Strategien mit. Mit wachsender Erfahrung werden seine Fähigkeiten ausgereifter und steigt auch die Höhe der einzelnen »Investitionen«. Er beschreibt phantastische Kreuzfahrten, ein Leben auf der Überholspur, aber immer wieder unterbricht die Entwicklung am Markt seine Ferien. Er fühlt sich vom Aktienmarkt magisch angezogen, ist süchtig nach Zahlen. Hinter diesen Zahlen sieht Livermore aber nicht den Preis der Aktien des an der Börse notierten Amerikas, er sieht ausschließlich das Auf und Ab der Zahlen und denkt nur an die durch diese Bewegungen eröffneten Chancen auf Gewinn.

Im Grunde genommen war er ein Spieler, viele Male in seinem Leben reich und auch immer wieder arm. Es scheint wie eine Ironie des Schicksals – vielleicht war es aber auch vorhersehbar –, daß er verarmt starb.

In Gesprächen, die ich über die *Reminiscences of a Stock Operator* geführt habe, ist mir klargeworden, daß ich einer der wenigen bin, die den von Livermore verfolgten Ansatz nicht richtig finden. Es scheint verrückt, soviel Zeit darauf zu verwenden, die Zukunft vorherzusagen, zu planen, welche Zahlen steigen und welche fallen werden. Fast jeder Broker, mit dem ich spreche, scheint aber Ehrfurcht vor Livermores Können zu haben. Mein Kommentar zu dieser Einstellung ist dann immer: »Ja ja, aber als er starb, war er völlig pleite.«

Livermores Spekulationen liefen im Grund immer gleich ab. Er verlor alles, was er hatte, wenn der Markt sich entgegen seinen Erwartungen entwickelte, ließ sich dadurch aber nicht beirren, buchte das Ereignis als zusätzliche Erfahrung in seinen lebenslangen Marktbetrachtungen und lernte daraus. Auf dieser Basis entwickelte er eine »neue« Strategie, die er dann auch exakt umsetzte, bis er sein Geld erneut verlor, da er eine Variable in seinen Überlegungen übersehen hatte.

Der größte Fehler, den Jesse Livermore beging, liegt damit klar zutage. Er sah den Markt als eine Maschine, und deren Funktionsweise betrachtete er als auf kurze Sicht vorhersagbar.

Es gibt eine Vielzahl von Marktinformationsdiensten und Methoden, deren Empfehlungen Sie folgen können. Wie schon gesagt, einige dieser Methoden funktionieren zeitweise. Aber was bedeutet das schon? Wie man so sagt, zeigt auch eine kaputte Uhr zweimal am Tag die richtige Uhrzeit an. Der Haken an der Sache ist, daß Sie, selbst wenn eine Methode einmal den richtigen Hinweis geliefert hat, immer auch ein zweites Mal funktionieren muß – und zwar direkt im Anschluß. Zuerst muß das Timing beim Kauf stimmen, und dann müssen Sie auch noch herausbekommen, wann genau Sie verkaufen sollen. Das ist nicht leicht, glauben Sie mir!

Hinzu kommt, daß die Kurse aufhören würden zu schwanken, wenn eine Methode generell anerkannt und von jedem benutzt werden würde. Alle Marktteilnehmer würden dann zur gleichen Zeit kaufen oder auch verkaufen wollen. Damit ein Markt funktionieren kann, sind aber gerade unterschiedliche Einschätzungen unabdingbar. In dem Moment, in dem Sie denken, Sie sollten sich von einer Aktie trennen, muß ein anderer genauso fest davon überzeugt sein, daß er die Aktie kaufen sollte.

Denken Sie darüber nach: Wenn es eine funktionierende Methode zur Bestimmung der richtigen Zeitpunkte für Kauf und Verkauf gäbe, würde sie nie an die Öffentlichkeit gelangen, dazu wäre sie viel zu wertvoll. Letztlich ist der Broker der einzige, der bei häufigen Käufen und Verkäufen Gewinne macht, denn er verdient an jeder einzelnen Transaktion. Als ernsthafter Anleger sollten Sie all die esoterischen Methoden, alle Arten von Marktzauberei schnell vergessen und Ihr Geld langfristig investieren – Sie werden auf diese Art besser fahren.
Und wenn Sie über einen Investmentfonds zweistellige Renditen erzielen können, und zwar ohne Kristallkugel und Tischerücken, dann sollten Sie diese Möglichkeit wahrnehmen und danach ruhig angeln gehen – das macht mehr Spaß.

Langfristig denken

Während meiner Zeit an der Wall Street habe ich viele verschiedene Anlagestrategien kennengelernt. Alle diese Erfindungen werden erdacht, um bestimmte Wünsche der Anleger zu befriedigen, und einige erfüllen ihren Zweck, andere nicht. Einige haben Erfolge vorzuweisen, andere sind noch im Experimentierstadium, und manche sind unglaublich schlecht, verkaufen sich aber trotzdem. Fast jeder, der beruflich mit den Märkten zu tun hat, hat seine eigene Einschätzung der Marktentwicklung und eine eigene Anlagephilosophie. Einige dieser Einschätzungen sind sehr gut und stammen von gut ausgebildeten, anerkannten Marktteilnehmern, andere sind vollständig wertlos.
Vor kurzem habe ich einen Bestseller gelesen, in dem detailliert das Erfolgsrezept eines Brokers dargestellt und seine persönlichen Berufsgeheimnisse enthüllt wurden. Der Verkauf des Buches hat sich wahrscheinlich um die Millionengrenze bewegt und hat seinem Verfasser viele neue Kunden

gebracht. Allerdings entschuldigt sich der Broker im Buch bei seinen Kunden für seine in der Vergangenheit erbrachten Leistungen, denn die Verluste seien erheblich gewesen. Darüber hinaus gibt er zu, daß er nie Geschäfte mit jemandem macht, an dem ihm persönlich gelegen ist, weil er befürchtet, die Verbindung einer Gefahr auszusetzen.

Meiner Meinung nach stimmt etwas nicht mit einer Strategie, die ein Broker zwar in einem Buch einer breiten Öffentlichkeit zugänglich macht, die er aber nicht für die Menschen einsetzen will, an denen ihm am meisten gelegen ist. Ich bin sicher, der Broker handelt mit den besten Absichten. Der einzige Weg, heutzutage noch berühmt zu werden, führt, so scheint es mir, über den Bau und den Verkauf einer noch auffälligeren Mausefalle, egal, ob sie funktioniert oder nicht.

Vor ungefähr einem Jahr riefen ein Kollege und ich einen Broker in New York an und baten ihn, uns einige Aktien zu empfehlen. Er nannte uns ungefähr zwölf Papiere, die er nach seiner Methode ausgesucht hatte. Bis heute steht dieses Portefeuille im Verlust, während sich die Indizes in noch nie dagewesenen Höhen bewegen. Es ist zwar nicht ganz fair, jemanden nach nur einem Jahr zu beurteilen, doch einen längeren Zeitraum, etwa fünf oder zehn Jahre, abzuwarten, kommt nicht in Frage, wenn man sich mit den Leistungen eines Börsengurus beschäftigt. Wenn nämlich dann erst sichtbar wird, daß der Guru vollständig falsch gelegen hat, hat er bereits einige Millionen Dollar verdient, und ein neuer Guru steht schon in den Startlöchern.

Tatsache ist, daß die meisten »heißen Anlagestrategien« nur Modeerscheinungen und unnütze Spielzeuge sind. Die Menschen verlangen nach etwas Neuem und Aufregendem und das alte erscheint ihnen langweilig, selbst dann, wenn es funktioniert. Eine langfristige Anlagestrategie ist nicht das neueste auf dem Markt, aber – und nun passen Sie gut auf – *die einzige Strategie, die bisher immer funktioniert hat, ist, langfristig zu investieren.*

Ich rate Ihnen, sich an die Grundlagen zu halten. Wenn Sie sich einen guten Investmentfonds aussuchen, der langfristig in Aktien investiert, und Ihre Anlage dann in Ruhe lassen, werden Sie am Ende sehr viel besser dastehen, als wenn Sie hektisch von Aktie zu Aktie springen. Eine Alternative kann auch die Investition in einen Dow- oder S&P-500-Indexfonds darstellen (diese Fonds sind sehr weit diversifiziert, denn sie kaufen Aktien von jedem im Index berücksichtigten Unternehmen). Die meisten Anbieter haben heutzutage derartige Fonds im Programm, und wenn Sie selbst keine so guten Entscheidungen treffen können, wird Sie der Kauf eines Indexfonds wahrscheinlich dahin bringen, wo Sie hin wollten. Nach Einschätzung von Experten erzielen 75 Prozent der Fondsmanager an der Wall Street regelmäßig schlechtere Ergebnisse als der S&P 500. Als Eigentümer eines Portefeuilles, das den Index widerspiegelt, schneiden Sie also in der Regel besser ab als die meisten Profis – und das, ohne auch nur eine Minute des Nachdenkens zu investieren.

Damit will ich allerdings nicht behaupten, daß es Ihnen unmöglich wäre, den Index zu schlagen oder einen Fonds zu finden, der bessere Ergebnisse als der Index aufweist. Ich kenne viele Wege, die zu einer hervorragenden Rendite führen, und ich versuche, meinen Kunden die besten Renditemöglichkeiten aufzuzeigen. Jedes Jahr betreten Staranlageberater die Szene, und einige von ihnen sind wirklich gut. Ich habe aber herausgefunden, daß die meisten Kleinanleger gar nicht darauf aus sind, zu den absoluten Spitzenverdienern zu zählen; sie wollen vielmehr eine vernünftige Rendite erzielen, die es ihnen erlaubt, ihren anderen Interessen nachzugehen. Wenn das auch für Sie gilt, dann übertreiben Sie nicht. Bleiben Sie bei einem konsequent langfristig angelegten Ansatz, und Sie werden Ihre Träume wahr machen können. Und wenn Sie bis jetzt noch nicht über eine Strategie verfügen, können Sie sich an meiner eigenen Methode für eine langfristige Anlage orientieren, die ich Ihnen gleich vorstel-

Die Auswirkung der Zeit auf einen Dollar		
University of Chicago Graduate School of Research		
	1925	1992
Inflation (Verbraucherpreisindex)	1 Dollar	7,46 Dollar
US-Schatzobligation mit dreißigjähriger Laufzeit	1 Dollar	17,99 Dollar
Index der Industrieschuldverschreibungen	1 Dollar	27,18 Dollar
S&P 500	1 Dollar	517,50 Dollar

len werde. Diese Methode hat bisher besser als die Indizes und auch als die der meisten Profis abgeschnitten.

Roger Ibbotson von Ibbotson and Associates gilt als der herausragende Experte auf dem Gebiet der statistischen Aktienanalyse. In Zusammenarbeit mit der Graduate School of Securities Research an der University of Chicago hat Ibbotson eine beachtenswerte Studie veröffentlicht. Die Analysten gehen in dieser Studie bis zum Jahr 1925 zurück und betrachten vier verschiedene Möglichkeiten der Anlage je eines Dollars und die Wertentwicklung: Inflation (Verbraucherpreisindex), US-Schatzobligation mit dreißigjähriger Laufzeit, Index der Industrieschuldverschreibungen und S&P 500. Im Jahr 1992 haben sie dann ihr theoretisches Portefeuille wieder aufgemacht und haben die Entwicklung analysiert.

Wie Sie sehen, ist der Dollar, der in den S&P 500 investiert wurde, fast zwanzigmal mehr wert als der, der in den Index der Industrieschuldverschreibungen investiert wurde, und mehr als sechzigmal mehr wert als der an die Inflationsentwicklung angepaßte Dollar. Bezeichnenderweise stieg der in den S&P 500 investierte Dollar nur auf 25,89 Dollar, der Rest des Vermögenszuwachses kann auf den Zinseszinseffekt zurückgeführt werden. Mehr als zwei Drittel des Ertrags ist also in Dividendenakkumulation, in Reinvestitionen und Zinseszinsen begründet! Erfolgreich zu investieren ist also nicht von der Suche nach der neuen Theorie, die gerade »in« ist, oder der Suche nach dem richtigen Zeitpunkt für Kauf und Verkauf abhängig. Es geht vielmehr darum, überhaupt zu investieren, investiert zu bleiben und die im Laufe der Zeit anfallenden Dividenden erneut anzulegen. So einfach kann es sein, Reichtum anzusammeln, wenn Sie sich mit der Zeit verbünden.

Das schwierige daran ist, sich in Geduld zu üben und sich nicht durch Gefühle vom richtigen Weg abbringen zu lassen. Ich habe einige Fragen zusammengestellt, die meinen Kunden dabei zu helfen scheinen, Entscheidungen nicht aus einem Gefühl heraus zu treffen. Ich denke, es ist auch für Sie nützlich, diese Fragen zu beantworten, bevor Sie eine Anlageentscheidung treffen und die Antworten gegebenenfalls auch mit Ihrem Berater in finanziellen Fragen zu besprechen.

Einige schlaue Fragen, die Sie sich selbst stellen sollten, bevor Sie eine Anlageentscheidung treffen

- Wie sieht mein Zeithorizont aus?
- Welche Rendite will ich mit meiner Anlage erzielen?
- Will ich zu einem niedrigen Kurs kaufen und zu einem hohen verkaufen oder zum hohen Kurs kaufen und zum niedrigen verkaufen?
- Welche Priorität räume ich den folgenden Punkten ein (erstellen Sie eine Rangfolge!)?
  - Leistung
  - Service
  - Mich gut, schlau oder gewitzt zu fühlen
- Wie viele Monate mit negativem Ergebnis werde ich auf dem Weg zu meinem Ziel hinnehmen wollen?

Der Mensch hat für das, was er tut,
immer zwei Gründe:
1. Den logischen Grund
2. Den wirklichen Grund
Anonymus

Ich glaube, daß es wichtig ist, sich über seine Ziele ganz klarzuwerden, ehe man irgendeine Anlageentscheidung trifft. Nachdem Sie den kleinen Fragebogen ausgefüllt haben, bewahren Sie ihn mit den anderen Unterlagen über Ihre Finanzen auf, und nehmen Sie ihn jedesmal wieder zur Hand, wenn Sie vor der Frage stehen, ob Sie eine Änderung des Engagements vornehmen sollen. Fragen Sie sich: Treffe ich diese Entscheidung auf der Grundlage meiner Ziele, oder ist sie vielmehr von Gefühlen wie Angst und Gier bestimmt? Habe ich meine Ziele erreicht? Handele ich in Übereinstimmung mit meinen Prioritäten?

Wenn Sie vorrangig das Interesse haben, sich schlau oder gewitzt – und vor allem wie ein richtiger Börsianer – zu fühlen, kann es sein, daß Sie jeden Tag das Bedürfnis verspüren, Ihren Broker anzurufen, um über die Marktentwicklung zu reden. Wenn Sie danach streben, sich entschlußfreudig zu fühlen, wollen Sie vielleicht jeden Tag eine Transaktion abwickeln. Es sollte Ihnen aber ganz klar sein, daß diese Verhaltensweisen wahrscheinlich nicht den Königsweg zu einer optimalen Rendite darstellen. Wenn Sie sich dabei jedoch wohl fühlen, hat die Rendite für Sie nicht die höchste Priorität. Genießt die Rendite dagegen Priorität, werden Sie langfristig denken und die täglichen Schwankungen ignorieren wollen. Sollte Service für Sie an erster Stelle stehen, wollen Sie, daß jemand da ist, der Sie beruhigt, wenn die Dinge nicht ganz so gut laufen. Sie wollen dann mit jemandem zusammenarbeiten, der sofort zurückruft und Ihnen den monatlichen Depotauszug erklärt. Bei einer derartigen Konzentration auf den Service wird die Rendite sekundär. Jede dieser Prioritäten kann ihre Berechtigung haben – Ihre Aufgabe ist es, sich darüber klarzuwerden, was Sie von Ihrer Geldanlage und von Ihrem Finanzberater erwarten.

Sie werden dann einen weiteren Zeithorizont haben müssen, wenn Sie wirklich nach einer positiven Wertentwicklung Ihrer Anlagen streben. In diesem Fall können Sie monatelang auf den Blick in die Kurstabellen verzichten, denn Sie sind an kurzfristigen Veränderungen nicht interessiert. *Und falls Sie der Drang nach Veränderungen Ihres Portefeuilles überkommt und Sie nicht so recht wissen, warum das so ist, nehmen Sie auf jeden Fall Ihren Fragebogen zur Hand.* Wenn Sie zum Beispiel die Versuchung spüren, ein Papier zu verkaufen, weil es um einige Punkte nachgegeben hat, lesen Sie sich Ihre Antwort auf die Frage danach durch, ob Sie niedrig kaufen und hoch verkaufen oder hoch kaufen und niedrig verkaufen möchten. Vielleicht lachen Sie jetzt, weil Ihnen dieser Gedanke so dumm vorkommt. Niemand will bei hohen Kursen kaufen, nur um bei niedrigen Kursen zu verkaufen, werden Sie sagen. Aber genau das hatten Sie gerade vor, und zwar deshalb, weil Sie sich über die Kursentwicklung Ihrer Aktie geärgert hatten. Glauben Sie mir, ich habe diesen Fehler so oft gemacht, daß ich mich mit Fug und Recht als Experte auf dem Gebiet bezeichnen kann. Lassen Sie sich nicht von Ihren Gefühlen mitreißen. Besinnen Sie sich auf Ihre ursprünglichen Ziele – und Sie können sicher sein, das richtige zu tun.

Das bestgehütete Geheimnis der Wall Street: Die TOP-10-Anlagestrategie

Im Laufe der Jahre habe ich eine Unmenge von Anlagestrategien und Methoden kennengelernt. Auf den nächsten Seiten werde ich Sie nun mit der besten Aktienanlagemethode vertraut machen, von der ich je gehört habe. Ich bin mir sicher, daß Sie von dieser hochwertigen Strategie, die bei geringem Risiko hohe Renditen ermöglicht, genauso profitieren werden, wie ich es auch getan habe. Im Verlauf dieses Kapitels habe ich von den Gurus gesprochen, die mit ihrem angeblich wasserdichten Rezept für den kurzfristig zu erzielenden großen Reibach werben und doch nur Eintagsfliegen sind. Damit Sie mich nun nicht für einen von diesen Herren halten, möchte ich gleich ganz klar sagen, daß ich die folgende Strategie nicht erfunden oder entwickelt habe und daß Sie auch nicht kurzfristig angelegt ist.

Ich kann aber sehr wohl gute Ideen von schlechten unterscheiden, und viele Profis haben diese Methode jahrelang und mit unglaublichem Erfolg angewandt. Soweit ich das beurteilen kann, ist diese einfache, disziplinierte und leistungsfähige Anlagephilosophie seit Jahren bekannt, nur hat sie sich noch nicht zu den privaten Anlegern herumgesprochen. Finanzpublikationen wie *Fortune*, *Money*, *The New York Times*, *Barron's*, *Kiplinger's*, *Personal Finance Magazine* und die *Financial Times*, um nur einige wenige zu nennen, haben sie vorgestellt, und sie hat sich ausnehmend gut bewährt. Und das beste daran ist, daß Sie die gleichen Ergebnisse erreichen können wie die Profis – und das mit nur wenigen Minuten Zeitaufwand pro Jahr! Der Ansatz ist wirklich gut.

Die Methode ist ganz einfach und funktioniert doch bemerkenswert gut. Michael O'Higgins, der Verfasser von *Beating the Dow*, sagt zu diesem Thema: »Die Menschen neigen dazu, die Dinge immer komplizierter zu machen, je wichtiger sie sind.« Mit dieser Aussage stimme ich voll und ganz überein. Und weil Geld für die meisten Menschen ein so wichtiges Thema ist, werden diejenigen, die sich für Anlagefragen interessieren, von der Wall Street mit komplizierten Computer-Handels-Modellen überschüttet und mit Hilfe von großen Sprechblasen beeindruckt. Es fällt den Anlegern dann natür-

lich sehr schwer zu glauben, daß das, was wirklich funktioniert, ganz einfach ist.
Das einzig komplizierte an dieser Methode ist, sich selbst davon zu überzeugen, nicht in die bewährte Strategie einzugreifen, und darüber hinaus muß man noch mit der Langeweile fertig werden, die mit der Anwendung der Methode einhergeht.
Wenn Sie bereit sind, aufregenden Small talk über Ihre täglichen Manöver am Aktienmarkt zugunsten eines wirklichen konsequenten Wertzuwachses aufzugeben, sollten Sie weiterlesen. Ich finde, es macht Spaß, die Profis auf ihrem eigenen Spezialgebiet zu schlagen, und zwar auch dann, wenn dazu nur gesunder Menschenverstand nötig ist!

Die Philosophie

Der am weitesten beachtete Index für die Marktentwicklung ist der Dow Jones Industrial Average (DIJA)*. Dieser Index stellt einen gewichteten Durchschnittswert von dreißig der am stärksten verbreiteten, am meisten analysierten und am intensivsten beobachteten Aktiengesellschaften der Welt dar. Man könnte beinahe sagen, der Dow ist der Markt. Der Top-10-Ansatz konzentriert sich ausschließlich auf diese dreißig Werte. Sie stellen die Gruppe dar, aus der wir uns Aktien für unser Portefeuille aussuchen werden. Warum aber ist dieses Vorgehen sinnvoll?
Als Antwort auf diese Frage will ich eine weitere Frage stellen: Warum sollte man in den entlegensten Gegenden der Welt nach guten Aktien suchen, wenn man die besten Aktien, die Papiere, die in ihrer Kursentwicklung die Profis regelmä-

* Dow Jones Industrial Average ist Eigentum der Dow Jones & Company, Inc. Dieses Unternehmen steht nicht in Verbindung mit dieser Strategie und hat in keiner Weise zur Erarbeitung dieser Strategie, eines Portfolios oder der Auswahl seiner Aktien beigetragen.

Die dreißig Blue Chips im Dow Jones Industrial Average	
Aluminium America	IBM
Allied Signal	International Paper
American Express	Johnson & Johnson
Boeing	J.P. Morgan
Caterpillar	McDonald's
Chevron	3M
Coca-Cola	Philip Morris
DuPont	Merck & Co
Exxon	Procter & Gamble
Walt Disney	Sears Roebuck
Eastman Kodak	AT & T
General Electric	Travelers
General Motors	Union Carbide
Goodyear	United Technologies
Hewlett Packard	Wal Mart Stores
Quelle: Dow Jones Markets GmbH, Frankfurt/M.; Stand Mai 1998	

ßig schlagen, sozusagen vor der Nase hat? Genau diese Aktien finden Sie nämlich unter den dreißig im Dow berücksichtigten. Sehen Sie sich die Liste der Aktien im Dow Jones an – wahrscheinlich sind Ihnen die meisten der Namen irgendwie geläufig.

Wie Sie sehen können, sind die meisten dieser Unternehmen außerordentlich bekannt. Sie sind die größten und besten der Vereinigten Staaten und vielleicht sogar der Welt. Diese dreißig Firmen beschäftigen zusammen fast fünf Millionen Menschen und repräsentieren Vermögenswerte in Höhe von mehr als fünf Billionen Dollar. Zusammengenommen setzen Sie eine Summe um, die, wenn man die Vereinigten Staaten, die ehemalige Sowjetunion, Japan und vielleicht auch China einmal ausnimmt, größer ist als das Bruttosozialprodukt jedes einzelnen Staates auf der Erde. Ihre Aktien gelten aufgrund ihrer Größe und ihrer Langlebigkeit als Blue Chips, und bei Unternehmen dieser Art scheinen langfristig Chancen geboten zu sein, die mit einem sehr geringen Risiko behaftet sind. Aus all diesen Gründen erscheint es mir Sinn zu machen, sein Portefeuille aus diesen qualitativ hochwertigen Papieren zusammenzustellen.

Die Strategie: Einfachheit ist Trumpf

Diese Strategie baut auf den folgenden Prämissen auf:

① Stammaktien sind die schlaueste langfristige Anlagemöglichkeit.

② Die im Dow Jones berücksichtigten Aktien sind solide Blue-Chip-Unternehmen von größter wirtschaftlicher Bedeutung und stellen *alle* eine gute langfristige Anlage dar.

③ Ein aus Aktien von den mehr oder weniger in Ungnade gefallenen im Dow berücksichtigten Unternehmen gebildetes Portefeuille hat, wenn man die einzelnen Jahre betrachtet, immer besser abgeschnitten als der Index als Ganzes. Diese Leistung ist der Mehrzahl der professionellen Fondsmanager entgangen.

Die Top-10-Strategie geht von nur einem Indikator für den Wert einer Aktie aus: der Rendite.

Wie genau funktioniert die Methode aber nun?

Lassen Sie mich zuerst erklären, was unter der Dividendenrendite oder, wie wir sie nennen werden, Rendite zu verstehen ist. Die meisten in den Dow Jones einbezogenen Unternehmen (im Moment neunundzwanzig von dreißig) zahlen ihren Aktionären eine Dividende. In der Regel wird die Dividendenzahlung aus den Gewinnen des jeweiligen Unternehmens finanziert und stellt im Grunde eine Bezahlung der Aktionäre für die Überlassung des Kapitals dar. Die Dividende kann einen, zwei oder auch fünf Dollar pro Aktie betragen, eventuell auch noch höher ausfallen. Der in Dollar ausgedrückte Wert der Zahlung ist aber gar nicht so wichtig, was wirklich von Bedeutung ist, ist der Wert der Dividende im Verhältnis zum Kurs der Aktie. Dieses Verhältnis gibt die Dividendenrendite an.

Lassen Sie mich die Berechnung an einem Beispiel verdeutlichen: Nehmen wir an, die Aktie des Unternehmens XYZ wird mit 20 Dollar pro Stück gehandelt, und die Dividende beträgt pro Aktie einen Dollar. Unabhängig davon, wie viele Aktien Sie halten und wieviel Geld Sie in diesen Papieren angelegt haben, würde Ihre Rendite, wenn man nur die Dividende betrachtet, fünf Prozent betragen ($1/20 = 0{,}05$). Soweit ist alles klar, nicht wahr?

Nehmen wir nun an, die XYZ-Aktie wäre auf fünf Dollar gefallen und immer noch einen Dollar pro Aktie Dividende zahlen. Ihre Dividendenrendite läge nun bei 20 Prozent ($1/5 = 0{,}20$). Das müßte auch klargeworden sein.

Bei Preisschwankungen verändert sich die Rendite folglich auch, und zwar in entgegengesetzter Richtung zum Kurs. Kurs und Rendite verhalten sich wie die zwei Enden einer Wippe: Wenn die Rendite hoch ist, ist der Kurs niedrig. Dieses mathematische Verhältnis machen wir uns zunutze und *kaufen nur die Aktien, die eine hohe Rendite aufweisen und folglich zu einem relativ geringen Preis gehandelt werden.* Man könnte sagen, daß diese Aktien im Sonderangebot sind!

Mir ist klar, daß dies *nicht* der Ansatz ist, den die meisten Menschen bei der Bewertung der Rendite einer Aktie anwenden. In der Regel wird die Rendite auf der Basis der Preissteigerung der Aktie berechnet. Wenn Sie zum Beispiel eine XYZ-Aktie für 20 Dollar gekauft haben und der Kurs steigt auf, sagen wir, 25 Dollar, haben Sie, ausgedrückt auf der Basis der *Kurssteigerung*, eine Rendite von 5 Dollar oder 25 Prozent erzielt.

Eine Unterscheidung ist in diesem Zusammenhang aber wichtig. Die Rendite, die ein Investor erzielt, wenn er in Stammaktien investiert, auf die Dividenden gezahlt werden, besteht aus zwei Teilen: aus der Dividendenrendite und aus der Kurssteigerung. Beide sind wichtig, und zusammen ergeben sie einen Wert, der als *Gesamtgewinn* bezeichnet wird. Auf diesen Wert kommt es an, und unsere Top-10-Methode berücksichtigt beide. Die meisten Menschen konzentrieren ihre Aufmerksamkeit darauf, ob der Kurs ihrer Aktie steigt. Das ist aber ein großer Fehler! Erinnern Sie sich an eines unserer Beispiele und daran, daß Dividendenrendite, Zinseszins und Reinvestitionen bei einer Aktie mit steigendem Kurs auf lange Sicht 95 Prozent des Gesamtgewinns ausmachen.

Es ist erstaunlich, wie viele Anleger eine Aktie in der Hoffnung auf Kursgewinne kaufen und darüber vollständig vergessen, sich um die Dividendenrendite zu kümmern, obwohl diese doch großen Einfluß auf die Höhe des Gesamtergebnisses hat. Die Argumentation ist mir natürlich bekannt: Die wirklich schnell wachsenden Unternehmen schütten ihre Gewinne nicht in Form von Dividenden aus, sondern investieren die Gewinne wieder in das Unternehmen, damit es noch schneller wachsen kann. Uns geht es hier aber gar nicht darum, auf den nächsten Shooting-Star am Aktienmarkt zu wetten. Unser Ziel ist eine im Durchschnitt zweistellige Rendite, und wir wollen besser sein als die Profis. Und das Ganze soll so abgesichert werden, daß wir uns um andere Dinge kümmern können, ohne uns permanent Sorgen um unser angelegtes Geld machen zu müssen.

Aufgrund der regelmäßigen Überreaktionen, die die Kleinanleger zeigen, auch wenn eigentlich bedeutungslose negative Nachrichten in der Presse veröffentlicht werden, kann der Kurs einer im Dow enthaltenen Aktie ohne weiteren Grund absinken und so die Rendite künstlich in die Höhe treiben. Und genau zu diesem Zeitpunkt, in dem das Unternehmen unterbewertet ist, heißt es zu kaufen. In der Vergangenheit sind mit dem billigen Kauf von im Dow Jones enthaltenen Aktien große Gewinne erzielt worden, denn die Aktien haben die Tendenz, den Kursverlust wieder wettzumachen. Sie neigen dazu, wie eine zusammengepreßte Feder wieder in die Höhe zu springen und schlechte Nachrichten und Unternehmenskrisen später sogar mit weiteren Steigerungen zu beantworten.
Und genau hier liegt, kurz gesagt, der Schlüssel zur Top-10-Strategie. Sie kaufen die Aktien aus dem Dow Jones dann, wenn niemand sie will (wenn sie in Ungnade gefallen sind) und verkaufen, wenn die Nachrichtenlage positiv ist, wenn alle von den Aktien begeistert und auch bereit sind, Ihnen eine Prämie für die Aktie zu zahlen. Sie handeln auf diese Weise antizyklisch. Der Kleinanleger tut in der Regel aber genau das Gegenteil und wundert sich dann, warum er keine guten Ergebnisse erzielt.
Die Top-10-Strategie befreit die Auswahl der Aktien von jedem Einfluß von Gefühlen. Die einzelnen Bestandteile der Strategie sind die folgenden:

① Investieren Sie den gleichen Betrag in Aktien der zehn Firmen im Dow Jones, die die *höchste* Rendite aufweisen, und halten Sie diese Aktien dann für ein Jahr.
② Nach Ablauf dieses Jahres verändern Sie Ihr Portefeuille derart, daß sie wieder die zehn Aktien mit der höchsten Rendite halten. Dieses Vorgehen hat in der Vergangenheit zu durchschnittlich drei bis vier Veränderungen im Depotbestand geführt.
③ Jedes Jahr wiederholen Sie diese grundlegenden Schritte.

Und das war dann auch schon alles!

Um nun zu vermeiden, daß Sie durch diese Fülle von Informationen vollständig durcheinandergebracht werden, sehen Sie sich bitte die folgende Abbildung an.
Wie Sie feststellen können, besteht ein umgekehrtes Verhältnis zwischen Rendite und Preis. Wenn Sie in unserem Beispiel die ABC-Aktie gekauft hätten, als sie eine hohe Rendite aufwies, hätten Sie fünf Dollar pro Aktie bezahlt (bei einer Rendite von 20 Prozent). Sie hätten diese in dem Moment unbeliebte Aktie mit einem kräftigen Abschlag gekauft. Wenn sich der Kurs nun im Laufe des dem Kauf folgenden Jahres wieder auf 20 Dollar pro Aktie erholt hätte, würde dieses Papier wahrscheinlich nicht mehr zu denen mit der höchsten Rendite zählen. In diesem Fall würden Sie es verkaufen und an seiner Stelle eine andere, billigere, ebenfalls im Dow Jones berücksichtigte Aktie kaufen.
Indem Sie sich eine Portefeuille aus den Aktien mit hoher Rendite und geringem Preis zusammenstellen, werden Sie geradezu gezwungen, zu einem niedrigen Preis zu kaufen und zu einem hohen zu verkaufen. Sie vermeiden so auch alle Raterei hinsichtlich der günstigsten Zeitpunkte für Kauf und Verkauf.

ABC AG: Stammaktien

Sehen Sie sich die folgenden Preis-Rendite-Zusammenhänge genau an. Wenn der Preis steigt, fällt die Rendite! Und wenn der Preis sinkt, steigt die Rendite!

Preis der Aktie	Dividende pro Aktie	Dividendenrendite
5 Dollar	1 Dollar	20 %
10 Dollar	1 Dollar	10 %
20 Dollar	1 Dollar	5 %

Wieso funktioniert diese einfache Strategie so gut?

① Sie zwingt Sie dazu, Aktien zu kaufen, die gerade nicht stark nachgefragt werden. »Kaufe tief und verkaufe hoch« ist eine alte Regel, doch wie viele Anleger richten sich wirklich nach ihr?
② Einmal im Jahr wird Ihr Geld auf der Grundlage der jeweiligen Rendite recycelt. Aus überbewerteten Papieren wird es abgezogen und in unterbewertete Aktien investiert. Das disziplinierte Verkaufen ist mindestens ebenso wichtig wie die Kaufentscheidung.
③ Rendite! Eine Aktie zu besitzen, für die eine über dem Durchschnitt liegende Dividende gezahlt wird, gibt der Rendite Ihrer Anlagen kräftig Aufschwung.
④ Die Entscheidung, ein Papier zu kaufen und es dann auf jeden Fall zwölf Monate zu halten, vermeidet, daß Sie emotional auf das Marktgeschehen reagieren.
⑤ Das alles klingt ziemlich einfach. Lassen Sie sich von der Einfachheit der Methode aber nicht in die Irre führen – die damit erzielten Renditen waren außergewöhnlich.

Performance

Wie gut hat die Rendite den Wert der Aktien im Dow Jones in der Vergangenheit wiedergegeben? Die Top-10-Methode

① hat in sechzehn der vergangenen zwanzig Jahre zu besseren Ergebnissen geführt als der Dow Jones selbst.
② weist für die Jahre ab 1973 (das heißt über 21 Jahre lang) auf das Jahr umgerechnet eine Rendite von 16,58 Prozent auf. Der Dow Jones erzielt im gleichen Zeitraum 11,04 Prozent. Das Ergebnis der Top-10-Methode liegt damit um 50 Prozent über dem des Dow Jones selbst!
③ hat, bei einer Betrachtung jedes beliebig gewählten Dreijahreszeitraums, noch nie Geld verloren.

④ hat in vier der fünf Jahre, in denen der Dow Jones stark gefallen ist, bessere Ergebnisse gezeigt als der Index selbst. Die Methode funktioniert sowohl bei einer Aufwärts- als auch bei einer Abwärtsentwicklung der Märkte.

Wie Sie aus der Tabelle auf Seite 250 entnehmen können, hätte sich Ihr Geld bei Anwendung der Top-10-Strategie im Laufe von 21 Jahren mehr als verzwanzigfacht. Und der Endwert Ihrer Anlage übersteigt den einer Anlage in die dreißig Aktien des Dow Jones um mehr als das Doppelte.
Bitte achten Sie aber auch darauf, daß es zu Beginn nicht ganz glatt lief. In den ersten beiden Jahren hätten Sie, wenn Sie die Methode eingesetzt hätten, Verluste hinnehmen müssen. Mehr als ein Anleger wäre unter diesen Umständen von der Strategie enttäuscht gewesen und hätte sich von ihr abgewandt. Den Anlegern, die gelangweilt aufgegeben hätten, wären dann Jahre kräftigen Wachstums entgangen. Obwohl die Werte in der Tabelle weder die Inflation noch die Transaktionskosten berücksichtigen, können Sie erkennen, wie wichtig ein Anstieg um einige wenige Prozentpunkte für die Rendite sein kann.
Nebenbei bemerkt, ist es möglich, die Top-10-Strategie zu verfolgen, indem man eine Anlagemöglichkeit wählt, die einem offenen Investmentfonds entspricht und alle Vorteile dieser Fonds bietet (professionelle Fondsmanager, Einzug des Anlagebetrags von Ihrem Konto, kein Ärger mit dem Papierkram usw.) Die meisten der großen Brokerfirmen bieten ein Produkt an, das einem Investmentfonds ähnelt und diese Strategie verfolgt. Diese Möglichkeit hilft, Geld zu sparen, denn die Verwaltungsgebühr des Fonds ist geringer, als es die Kosten sind, die für die Umschichtung des eigenen Portefeuilles anfallen würden.
Lassen Sie uns eine kurze Bestandsaufnahme des Buches bis zu diesem Punkt machen. Während Sie zu Beginn wahrscheinlich einige falsche Einschätzungen bezüglich dessen

Vergleich der Gesamtrendite bei Anwendung der Top-10-Strategie

Jahr	Gesamtrendite nach DHA	Gesamtwert von 10 000 Dollar, die am 1. 1. 1973 in die 30 Dow-Werte investiert worden wären	Gesamtrendite bei Verwendung der Top-10-Strategie	Gesamtwert von 10 000 Dollar, die ab dem 1. 1. 1973 nach der Top-10-Strategie investiert worden wären
1973	– 13,13 %	$ 8,688	– 1,02 %	$ 9,898
1974	– 23,14	$ 6,678	– 8,95	$ 9,012
1975	44,4	$ 9,643	56,73	§ 14,125
1976	22,72	$ 11,834	34,80	$ 19,041
1977	– 12,7	$ 10,331	– 0,83	§ 18,883
1978	– 2,69	$ 13,110	0,19	$ 18,919
1979	10,52	§ 14,489	12,38	$ 21,261
1980	21,41	$ 17,591	26,37	$ 26,868
1981	– 3,40	$ 16,993	7,35	$ 28,843
1982	25,79	$ 21,376	25,46	$ 36,186
1983	25,68	$ 26,865	38,45	$ 50,100
1984	1,06	$ 28,477	6,89	$ 53,552
1985	32,78	$ 37,812	28,42	$ 68,772
1986	26,91	$ 47,987	29,87	$ 89,314
1987	6,02	$ 50,876	6,97	$ 95,298
1988	15,95	$ 58,991	21,60	$ 115,882
1989	31,71	$ 77,697	27,22	$ 147,425
1990	– 0,57	$ 77,254	– 7,94	$ 135,720
1991	23,93	$ 95,740	33,54	$ 181,241
1992	7,34	$ 102,767	8,26	$ 196,212
1993	8		18.17	
(1/93–6/93)		$ 110,988		$ 231,864
Durchschnitt	11,04 %		16,58 %	

hatten, was zur Bildung eines Vermögens und zum Reichwerden notwendig ist, sieht die Sache jetzt ganz anders aus. Sie wissen nun, wie Sie sparen können, verfügen über eine Planung und eine Anlagestrategie, die bei einem geringen Risiko hohe Renditen ermöglicht. Nachdem wir uns nun damit beschäftigt haben, wie Sie Ihre Mittel effektiv einsetzen können, wollen wir uns zum Schluß der Frage zuwenden, wie Sie diese Mittel so einsetzen, daß Sie das Niveau Ihres Reichtums und Ihrer geistigen Entwicklung widerspiegeln.

Der fünfte Schritt:

5

Handeln Sie mit Wirkung – um zu leben, müssen Sie auch geben

Dankbarkeit ist nicht nur die größte aller Tugenden, sondern auch die Grundlage aller anderen.
Cicero

Während eines Besuches in Dublin wurde Henry Ford, der Gründer der Ford Motor Company, im Rahmen einer Sammlung für ein neues Waisenhaus um eine Spende gebeten. Ford schrieb, da er das Projekt unterstützenswert fand, einen Scheck über 2000 Pfund aus. Diese Spende lieferte der Lokalzeitung die Schlagzeile des folgenden Tages, allerdings wurde der Betrag fälschlich mit 20 000 Pfund angegeben. Dem Direktor des Waisenhauses, der sofort in Fords Hotel eilte, um sich für dieses Mißverständnis zu entschuldigen, antwortete der Industrielle: »Sie brauchen sich nicht zu entschuldigen. Ich werde Ihnen einen Scheck über die fehlenden achtzehntausend Pfund geben, allerdings knüpfe ich eine Bedingung daran. Ich möchte, daß an dem Gebäude eine Inschrift angebracht wird.« Kurz darauf wurde das Gebäude errichtet, und über dem Eingang standen in Stein gemeißelt die Worte: Ich war ein Fremder, und sie nahmen mich auf.
Ich glaube fest, daß wir, egal, wie reich wir auch werden, nicht wirklich glücklich sein können, wenn wir nicht lernen, unsere Finanzkraft positiv zum Nutzen anderer wie auch zum eigenen Nutzen einzusetzen. Um unseren Reichtum voll genießen und ihn richtig einsetzen zu können, müssen wir auch den fünften Schritt tun: Handeln Sie mit Wirkung – um leben zu können, muß man auch geben!

Sagen Sie Ja: Geben Sie jedem, der um Hilfe bittet

Ich befolge eine ganz einfache Regel: Gib jedem, der um Hilfe bittet. Ich glaube fest daran, daß es der Zweck unseres

> *Wir leben von dem, was wir bekommen.*
> *Unser Leben zeichnet sich aber durch das aus,*
> *was wir geben.*
> Anonymus

Lebens ist, das Leben derer um uns herum positiv zu beeinflussen. Ich glaube daran, daß man auch geben muß. Selbst wenn es sich nur um eine kleine Geste handelt, bin ich zufrieden damit, meinen Teil dazu beizutragen, jemandem Gutes zu tun. Ich hatte soviel Glück, daß ich es förmlich als meine Pflicht ansehe, anderen, die Hilfe benötigen, diese auch zuteil werden zu lassen. Und aus diesem Grunde gebe ich jedem, der mich darum bittet, etwas, wie klein die Hilfe auch immer sein mag.

Ich bin mir sicher, daß Ihnen viele Gründe dafür einfallen würden, dankbar zu sein und sich glücklich zu fühlen. Versuchen Sie, einige Wochen lang jedem zu geben, der Sie darum bittet, und beurteilen Sie dann, ob Sie mit sich selbst zufriedener sind oder nicht. Versuchen Sie auch zu erkennen, ob Sie von anderen mit mehr Großzügigkeit behandelt werden.

Wenn Sie den Menschen auch nicht soviel Geld oder Zeit geben können, wie diese wollen, so tun Sie, was Sie können. Und wenn Sie sich mit dem Anliegen des Bittenden nicht identifizieren können, so sollten Sie zumindest ein freundliches Wort für ihn haben.

Seien Sie ein Zwei-Mark-Mensch

Als Mahatma Gandhi, der verstorbene geistige Führer Indiens, eines Tages in einen Zug stieg, rutschte einer seiner Schuhe ab und fiel auf die Gleise. Sofort griff ein Bettler nach dem Schuh und begann dann fortzulaufen. Zum Erstaunen seiner Begleiter zog Gandhi daraufhin seinen zweiten Schuh aus und warf ihn mit den Worten: »Nun hat der arme Mann zumindest ein Paar Schuhe« in der Nähe des Bettlers auf die Gleise.

Ich weiß nicht mehr, wann ich das erstemal davon gehört habe, was ein Zwei-Mark-Mensch ist, aber die Idee hat mir gefallen. Der Gedanke dabei ist der folgende: Wenn Sie um eine Mark gebeten werden, geben Sie zwei. Sie versuchen so immer, mehr zu geben, als von Ihnen erwartet wird. Das macht tatsächlich Spaß, und zwar insbesondere dann, wenn Sie wirklich aus Mitgefühl geben, und nicht, weil Sie sich dazu verpflichtet fühlen. Glauben Sie mir, diese Verhaltensweise wird Ihr Bild von sich selbst und von Ihrem Geld verwandeln.

Sollten Sie sich noch davor fürchten, von Ihrem Geld abzugeben, dann warten Sie geduldig ab, und machen Sie sich keine Sorgen. Das Ganze ist etwas Neues in Ihrem Leben, und Sie werden sich dabei zu Anfang etwas unwohl fühlen. Ich habe einmal gehört, daß wir, wenn wir beginnen, unsere eigenen Grenzen zu erkennen, auch damit beginnen können, mitfühlend mit anderen zu sein. Und wenn Sie nun Schwierigkeiten haben, sich von Ihren Scheinen zu trennen, dann sollten Sie das als eine Einschränkung auffassen, die Sie daran hindert, Ihr Geld in dem Maße zu genießen, in dem Sie es eigentlich verdient hätten. Wenn Sie diesen Zusammenhang erst verstanden haben, wird das Geben leichter fallen.

Selbst wenn Sie schon von Ihrem Geld abgeben, kann es sein, daß Sie sich erst noch in Ihre Rolle als Zwei-Mark-Mensch hineinfinden müssen. Stellen Sie auf jeden Fall sicher, daß Sie Ihre Großzügigkeit jeden Tag ein bißchen weiterentwickeln.

Der legendäre Basketballtrainer John Wooden hat es am treffendsten ausgedrückt: »Ihr Tag kann nicht vollständig sein, ohne daß Sie etwas für jemanden getan haben, der es Ihnen nie wird zurückzahlen können.«

Lassen Sie sich nicht von Ihrem Eigentum in Besitz nehmen.
H. Jackson Brown

Lassen Sie mich einen weiteren Vorschlag machen. Wir haben uns bisher viel mit Grundüberzeugungen, Verhaltensweisen und der Frage, wie wichtig es ist, Reichtum auch zu leben, beschäftigt. Es ist offensichtlich, daß alles zweimal geschaffen werden muß: zuerst in Gedanken und dann in der Realität. Daraus folgt, daß wir, wenn wir in größerem Maße Reichtum erfahren wollen, wie reiche Menschen denken müssen. Es reicht langfristig einfach nicht aus, nur zu *handeln*. Wir müssen reich *werden*, und zwar sowohl in unseren Gedanken als auch in unseren Handlungen.

Viele Menschen haben die falsche Perspektive, wenn es darum geht, auch zu geben. Sie betrachten das, was sie haben, und sehen natürlich überhaupt nichts, was »über« ist und was sie weggeben könnten. Das ist aber der falsche Denkansatz. Erinnern Sie sich immer daran: Wenn Sie sich zum Geben nicht sicher genug fühlen, werden Sie Reichtum nie ganz auskosten können.

Ich habe einmal ein Interview mit einer außerordentlich erfolgreichen Geschäftsfrau gemacht, die in dem Ort lebt, in dem ich wohne. Es handelte sich um Ninfa Laurenzo, die Gründerin der Restaurantkette *Ninfa's Mexican Cafe*. Als Ninfa ihr Unternehmen gründete, war sie in den Vierzigern und hatte nichts außer ihrer Liebe zum Kochen, Selbstvertrauen und einem tiefen Glauben an Gott. Für das erste Gericht, das sie in ihrem neuen Beruf kochte, nahm sie Töpfe und Pfannen aus ihrer privaten Küche, und heute bewegt sie sich in Kreisen, zu denen auch ehemalige Präsidenten, Berühmtheiten und bekannte Unternehmer gehören.

Aber so beeindruckend Ninfas Erfolg auch ist, noch beein-

druckender ist ihre Großzügigkeit. Von all den Äußerungen, die Ninfa im Laufe des Interviews machte, erinnere ich mich an eine besonders gut. Wir sprachen über Geben und Spenden und über die Tatsache, daß sie einmal ein kleines Vermögen für Reklametafeln ausgegeben hatte, auf denen ganz einfach GRACIAS stand. Das war ihre Art gewesen, sich bei einem Land zu bedanken, das ihre Anstrengungen in so großem Ausmaß honoriert hatte. Ich fragte sie dann, wann genau sie angefangen hatte, anderen zu helfen. Diese Frage überraschte sie sehr, und sie antwortete, ohne lange nachzudenken: »Angefangen? Wir haben immer abgegeben, das ist unsere Art. Wir haben gegeben und gegeben, und wir haben auch dann abgegeben, wenn wir eigentlich selbst nichts hatten.«
Wenn jemand wie Mama Ninfa, so wird Ninfa Laurenzo von ihrer Familie, ihren Freunden und auch von Bekannten genannt, sagt, »selbst als wir nichts hatten«, können Sie sicher sein, daß wir es hier mit einem Maß von Großzügigkeit und Mitgefühl zu tun haben, das für die meisten Menschen jenseits ihrer Vorstellungskraft liegt. Als Ninfa kein Geld hatte, das sie anderen hätte geben können, gab sie Speisen, die sie selbst zubereitet hatte. Auch wenn es sich bei Mama Ninfa nicht um eine erfolgreiche Unternehmerin handeln würde, würde ich sie auf jeden Fall als reich betrachten, denn sie weiß, was es heißt zu geben. Und genau darin liegt das Geheimnis eines reichen Lebens.
Dann, wenn wir genug von uns selbst geben, habe ich ein bemerkenswertes Phänomen beobachtet. Unser Gehirn scheint in dem Moment wahrzunehmen, daß wir wirklich ausreichende Mittel haben, es ist, als ob es »Klick!« macht und wir unsere eigenen Bedürfnisse stillen und zusätzlich anderen helfen können. Ich kann Ihnen keine genauen Zahlen angeben, die durch diese Geisteshaltung erreicht werden, doch das, was ich sagen kann, ist folgendes: *Betrügen Sie sich nicht selbst, indem Sie alles für sich behalten.*
Es reicht nicht aus, nur ein ganz klein wenig abzugeben und

dann darauf zu warten, daß man selbst das große Los zieht. Sie müssen selbstlos geben – auch wenn Sie denken, daß Sie dazu nicht fähig sind, müssen Sie es trotzdem tun. Es ist der einzige Weg, der es Ihnen erlaubt, über den eigenen Schatten zu springen. Wir haben schon festgestellt, wie reich Sie wirklich sind, und zwar ohne Ansehen Ihrer konkreten Situation. Es ist Ihnen klar, daß es Ihnen besser geht als der Mehrheit der Menschen auf der Welt. Die Fragen, die Sie sich jetzt stellen müssen, lauten folgendermaßen: Wie reich ist reich? Wieviel ist genug? Wie reich werde ich sein müssen, um großzügig zu werden?

Sie kennen die Antwort bereits: *Alles hat seinen Ursprung in der Überzeugung, daß Sie schon jetzt reich sind.*

Ein lohnendes Vorhaben

An jedem Arbeitstag durchquerte ich auf dem Weg von meinem Parkplatz zum Büro das Heim eines Mannes namens Bill. Bill ist obdachlos. Er wandert ziellos durch die Straßen der Innenstadt von Houston, aber jeden morgen um 7 Uhr ist er an einer bestimmten Straßenecke. Vielleicht gefällt es ihm, jeden Morgen die gleichen Menschen vorbeigehen zu sehen, vielleicht fühlt er sich dadurch als Teil eines Ganzen oder einer Organisation – ich weiß es nicht. Ich weiß aber, daß Bill geistig nicht ganz stabil ist, da er sich nie an mich erinnert – und das, obwohl ich ihm jeden Tag Geld gebe. Bill ist leicht zu erkennen: Er ist Mitte Vierzig, übergewichtig, unrasiert und ungewaschen, hat fettiges Haar, seine Schuhe passen nicht zueinander, und er trägt im Sommer eine Art Overall ohne Hemd darunter. Er wirkt überhaupt nicht bedrohlich, macht vielmehr einen lammfrommen Eindruck. Bill redet nicht viel – vielleicht redet er deshalb nicht, weil er spürt, daß das, was er zu sagen hätte, niemanden interessieren würde.

Mit dieser Einschätzung liegt er leider wahrscheinlich sogar richtig. Viele Menschen wünschen sich im Grunde, daß er vom Erdboden verschwinden würde. Ich weiß nicht, warum ich an einem Tag vor fast zwei Jahren auf ihn zuging, um mich ihm vorzustellen. Er irritierte mich einfach. Er wirkt nicht gemein und erst recht nicht kriminell, nur einfach verloren. Hinter seinem unrasierten Gesicht kann ich den Wunsch danach erkennen, jemand zu sein, als Mensch anerkannt zu werden. Er könnte jemandes Vater sein. Manchmal frage ich mich, wer seine Eltern sind und ob er je ein anderes Leben, eines, das nicht auf der Straße stattfand, geführt hat. Ich könnte darauf wetten, daß seine Geschichte interessant wäre, interessant, aber schmerzvoll. Und aus dieser Geschichte, so vermute ich, könnten wir etwas lernen.
Was mich, wenn ich an Bill denke, besonders traurig macht, ist die Tatsache, daß es in den Vereinigten Staaten geschätzte zwei bis drei Millionen Menschen gibt, die auf der Straße leben. Die am schnellsten zunehmende Gruppe von Menschen ohne festen Wohnsitz ist die der Frauen und Kinder. Sollten Sie auf der Suche nach einer wohltätigen Aufgabe sein, der Sie sich widmen könnten, die Hilfe für Obdachlose wäre eine besonders notwendige Sache. Sie könnten

- zur Versorgung mit Nahrungsmittel beitragen;
- lehren;
- Ihr Unternehmen einsetzen;
- gebrauchte Gegenstände aus Haushalten weitergeben;
- Obdachlose einstellen;
- Kleidersammlungen organisieren;
- ehrenamtlich in einer Obdachlosenunterkunft tätig werden;
- auf politischer Ebene dafür arbeiten, daß bezahlbarer Wohnraum geschaffen wird und daß Lösungen für die vielen indirekten Gründe für Obdachlosigkeit gefunden werden: Armut, schlechte Ausbildung, Arbeitslosigkeit, Sucht usw.

Es gibt viele gemeinnützige Organisationen, die Ihren Beitrag – und dazu können auch Ihre Begabungen und Ihre Mitarbeit zählen – besonders gut einsetzen könnten.
Zum Abschluß dieses Themas möchte ich noch eine wunderbare Geschichte über Alexander den Großen erzählen. Obwohl er Persien besetzte und es an Mazedonien angliederte, hatte er ein großes Herz. Vor einem Feldzug in Asien machte er sich Gedanken über die finanzielle Lage seiner Soldaten. Ihm war klar, daß sie nicht für ihre Familien würden sorgen können, solange sie für ihn kämpfen würden. Um den Soldaten zu helfen, mit diesem Problem fertig zu werden, und um die Versorgung seiner Untertanen sicherzustellen, verteilte er sein gesamtes Königreich, die Kronländer und die Einkünfte aus diesen unter den Angehörigen der Soldaten. Als das königliche Vermögen erschöpft war, fragte ein Freund Alexander, was er für sich selbst behalten habe. Feierlich antwortete ihm der König auf diese Frage: »Die Hoffnung. Das einzige, was ich behalten habe, ist Hoffnung, aber Hoffnung ist mehr als genug.«

Und jetzt noch einmal alles im Zusammenhang

Finanzielle Freiheit zu erlangen ist, ob in den Vereinigten Staaten von Amerika oder in einem anderen Land, relativ einfach: Verdienen Sie ein Einkommen, streben Sie nach Ihrer persönlichen Form der Hochleistung, und lernen Sie, richtig zu sparen und das Geld richtig anzulegen. Jeder kann reich werden, wenn er Geduld, Disziplin, Zeit und das System der freien Marktwirtschaft zu seinen Verbündeten macht.
Im Verlauf dieses Buches habe ich versucht, Sie mit den für die Bildung und den Erhalt von Reichtum grundlegenden Gewohnheiten vertraut zu machen:

- Sparen Sie einen Teil Ihres Einkommens (mindestens zehn Prozent) für sich, tun Sie dies auch dann, wenn Sie dafür zuerst an sich selbst denken müssen.
- Stellen Sie sicher, daß Sie nicht über Ihre Verhältnisse leben. Stellen Sie, wenn es sich als notwendig erweist, ein Budget auf.
- Trachten Sie laufend danach, sich selbst und Ihre Leistung weiterzuentwickeln.
- Streben Sie nach der Verwirklichung Ihrer Träume und dem damit einhergehenden finanziellen Erfolg.
- Sie sollten zu jeder Zeit über einen Finanzplan verfügen, denn bevor Sie ein Ziel erreichen können, müssen Sie sich erst eines setzen.
- Investieren Sie in das System der freien Marktwirtschaft. Stellen Sie sich ein Aktienportefeuille zusammen (möglichst unter der Anwendung der Top-10-Methode), und lassen Sie die Zeit für sich arbeiten.
- Stellen Sie sicher, daß Sie Ihren Reichtum konstruktiv nutzen, indem Sie eine unterstützungswürdige Sache fördern.
- Entwickeln und verstärken Sie die Verhaltensweisen, die Ihnen während Ihres ganzen Lebens nützen werden.

Nutzen Sie die folgende Checkliste, um den Überblick zu behalten.

Zeit zu handeln

Nichts auf der Welt ist so mächtig wie ein einzelner, der sich entschließt zu handeln. Entscheidungen beeinflussen unsere Zukunft und unser Schicksal; keine Entscheidungen zu treffen wirkt aber ebenso. Die Schritte zum Reichtum sind zeitlos, sie sind nicht schwierig, ihre gewohnheitsmäßige Anwendung ist es, die die Herausforderung darstellt. Eine letzte Bitte habe

Die fünf Schritte zum Reichtum

Zusammenfassung und Checkliste

①	**Verhaltensweise:**	Bezahlen Sie sich selbst zuerst!
	Grundüberzeugung:	Es ist in Ordnung, einen Teil für sich zu behalten.
	Zweck:	Entwickeln Sie sich zum Sparer.
	Frage:	Fragen Sie sich selbst: Wo stehe ich momentan in bezug auf die Verwaltung der Finanzreserven, die ich schon habe?
	Sofortmaßnahme:	Sparen Sie ab sofort (oder weiterhin, wenn Sie schon damit angefangen haben sollten) zehn Prozent Ihres Einkommens.
②	**Verhaltensweise:**	Streben Sie nach der Verwirklichung Ihres Traumes.
	Grundüberzeugung:	Wenn Sie tun, was Ihnen gefällt, ergibt sich das Geldverdienen von ganz allein.
	Zweck:	Finden Sie die Ihnen entsprechende Art der Selbstverwirklichung.
	Frage:	Fragen Sie sich selbst: Wie kann ich meinen Lebenszweck erfüllen und dabei Reichtum bilden?
	Sofortmaßnahme:	Definieren Sie Ihre Lebensaufgabe detailliert, und beginnen Sie dann, diese in Angriff zu nehmen.
③	**Verhaltensweise:**	Halten Sie sich an einen Plan.
	Grundüberzeugung:	Die Landkarte wird zu Ihrer Welt.
	Zweck:	Werden Sie zu jemandem, der plant, sich Ziele setzt und finanziellen Erfolg hat.
	Frage:	Fragen Sie sich: In welche Richtung will ich mich auf finanziellem Gebiet entwickeln (innerhalb von fünf Jahren, zehn Jahren, bis an mein Lebensende)?
	Sofortmaßnahme:	Stellen Sie einen Finanzplan auf, in dem alle Ziele berücksichtigt sind, und halten Sie sich an diesen Plan.
④	**Verhaltensweise:**	Setzen Sie Ihre Mittel ein.
	Grundüberzeugung:	Geld fließt dahin, wo es am besten behandelt wird.
	Zweck:	Werden Sie zu einem geduldigen Anleger mit langem Zeithorizont.
	Frage:	Fragen Sie sich: Wie kann ich meine finanziellen Ziele am besten erreichen?
	Sofortmaßnahme:	Beginnen Sie mit der Umsetzung Ihrer passiven Anlagestrategie, und bleiben Sie dieser treu. Nutzen Sie vorzugsweise die Top-10-Methode.

⑤ **Verhaltensweise:**	Handeln Sie mit Wirkung.
Grundüberzeugung:	Um zu leben, müssen Sie auch geben.
Zweck:	Werden Sie zum Spender.
Frage:	Fragen Sie sich: Wie kann ich meinen Reichtum für mich und andere positiv einsetzen?
Sofortmaßnahme:	Suchen Sie sich eine unterstützungswürdige Sache, und fördern Sie diese (arbeiten Sie auf einen Anteil von zehn Prozent hin).

ich an Sie: Schreiben Sie sich die Pros und Contras auf, die Ihnen zur Umsetzung eines Programms, wie ich es Ihnen vorgeschlagen habe, einfallen. Und wenn Sie zu dem Ergebnis kommen, daß es sich lohnt, dann handeln Sie. Fällen Sie, nachdem nun alle Tatsachen vor Ihnen liegen, die Entscheidung, nach der Verwirklichung Ihrer Träume zu streben.

Wenn es Ihnen nicht sinnvoll erscheint, dann tun Sie es nicht. Bringen Sie sich aber bitte nicht um die Möglichkeit, Ihre finanzielle Zukunft sofort in Ordnung zu bringen, weil Sie zu keiner Entscheidung kommen konnten. Ich habe schon vor langer Zeit erkannt, daß diejenigen, die Entscheidungen treffen, über die Macht im Lande verfügen – sie sind es, die erfolgreich sind und denen wir nacheifern.

Die Menschen, die keine Entscheidungen fällen können, weil sie Angst haben, Fehler zu machen, entwickeln sich nicht weiter – ihre Entwicklung bricht immer wieder ab.

Könnte es sein, daß Sie einen Fehler machen würden? Könnte es sein, daß Sie sich entscheiden, zehn Prozent Ihres Einkommens zugunsten Ihres Vermögens zu sparen und daß Sie sich dabei anfänglich etwas unwohl fühlen? Könnte es dazu kommen, daß Sie Geld anlegen und in der Folge etwas davon verlieren? Die Antwort auf diese Fragen lautet selbstverständlich: Ja. Die Entscheidung aber, gar nichts zu tun, führt, wie Sie wissen, dazu, daß Sie am Ende alles verlieren. Die einzige Möglichkeit, sich eine Chance auf die Verwirklichung seiner Träume zu eröffnen, liegt in der Entscheidung zu handeln.

Zwei Straßen trennten sich im Wald und ich – ich nahm die, die weniger belebt war. Und diese Entscheidung hat den großen Unterschied gemacht.
Robert Frost

Henry David Thoreau hat einmal geschrieben: »Die Masse der Menschen lebt ihr Leben voll stiller Verzweiflung.« Diese Aussage trifft für viel zu viele Menschen auf dieser Welt zu, auf Menschen, denen die Angst den Weg zu ihren Hoffnungen und Träumen verstellt. Werden Sie sich darüber klar, daß Angst Teil des Wachstumsprozesses ist und daß dies insbesondere für die Welt der Geldanlagen und Investitionen gilt. Währungen verlieren an Wert, die Steuergesetzgebung ändert sich, Regierungen kommen und gehen, Unternehmen prosperieren und scheitern, die Menschen ändern sich – und während all dieser Veränderungen geht das Leben weiter. Jede Suche nach der absoluten Sicherheit ist reine Verschwendung, denn unsere Welt besteht aus dauerndem, ununterbrochenem Wandel.

Unter Berücksichtigung der Umstände, in denen wir uns an diesem Punkt in der Geschichte befinden, rufe ich Ihnen zu: Wagen Sie es! Geben Sie sich in finanzieller Hinsicht nicht mit weniger zufrieden, als Sie haben können. Das Leben ist dazu da, gelebt zu werden, und indem man selbst handelt, vertreibt man die Angst.

Mögen Sie immer reich sein!

Anhang

Abb. 1: Formular zur Erfassung der Tagesausgaben

Datum	Betrag	Kategorie	Art	Priorität

Prioritäten: A = notwendig, B = wichtig, C = angenehm, D = unnütz

Abb. 2: Ausgabenorganisation (Monatsübersicht)

Nettomonats-einkommen		Jan.	Febr.	März	Apr.	Mai	Juni	Juli	Aug.	Sept.	Okt.	Nov.	Dez.
Ausgabenkategorien	Budget												
Gesamtausgaben													
Differenz													

Abb. 3: Zinseszinstabelle (für eine Mark)

Ende des Jahres	3 %	5 %	8 %	10 %	12 %	15 %
1	1,0300	1,0500	1,0800	1,1000	1,1200	1,1500
2	1,0609	1,1025	1,1664	1,2100	1,2544	1,3225
3	1,0927	1,1576	1,2597	1,3310	1,4049	1,5209
4	1,1255	1,2155	1,3605	1,4641	1,5735	1,7490
5	1,1593	1,2763	1,4693	1,6105	1,7623	2,0114
6	1,1941	1,3401	1,5869	1,7716	1,9738	2,3131
7	1,2299	1,4071	1,7138	1,9487	2,2107	2,6600
8	1,2668	1,4775	1,8509	2,1436	2,4760	3,0590
9	1,3048	1,5513	1,9990	2,3579	2,7731	3,5179
10	1,3439	1,6289	2,1589	2,5937	3,1058	4,0456
11	1,3842	1,7103	2,3316	2,8531	3,4785	4,6524
12	1,4258	1,7959	2,5182	3,1384	3,8960	5,3503
13	1,4685	1,8856	2,7196	3,4523	4,3635	6,1528
14	1,5126	1,9799	2,9372	3,7975	4,8871	7,0757
15	1,5580	2,0789	3,1722	4,1772	5,4736	8,1371
16	1,6047	2,1829	3,4259	4,5950	6,1304	9,3576
17	1,6528	2,2920	3,7000	5,0545	6,8660	10,7613
18	1,7024	2,4066	3,9960	5,5599	7,6900	12,3755
19	1,7535	2,5270	4,3157	6,1159	8,6128	14,2318
20	1,8061	2,6533	4,6610	6,7275	9,6463	16,3665
21	1,8603	2,7860	5,0338	7,4002	10,8038	18,8215
22	1,9161	2,9253	5,4365	8,1403	12,1003	21,6447
23	1,9736	3,0715	5,8715	8,9543	13,5523	24,8915
24	2,0328	3,2251	6,3412	9,8497	15,1786	28,6252
25	2,0938	3,3864	6,8485	10,8347	17,0001	32,9190

Ende des Jahres	3 %	5 %	8 %	10 %	12 %	15 %
26	2,1566	3,5557	7,3964	11,9182	19,0401	37,8568
27	2,2213	3,7335	7,9881	13,1100	21,3249	43,5353
28	2,2879	3,9201	8,6271	14,4210	23,8839	50,0656
29	2,3566	4,1161	9,3173	15,8631	26,7499	57,5755
30	2,4273	4,3219	10,0627	17,4494	29,9599	66,2118
31	2,5001	4,5380	10,8677	19,1943	33,5551	76,1435
32	2,5751	4,7649	11,7371	21,1138	37,5817	87,5651
33	2,6523	5,0032	12,6760	23,2252	42,0915	100,6998
34	2,7319	5,2533	13,6901	25,5477	47,1425	115,8048
35	2,8139	5,5160	14,7853	28,1024	52,7996	133,1755
36	2,8983	5,7918	15,9682	30,9127	59,1356	153,1519
37	2,9852	6,0814	17,2456	34,0039	66,2318	176,1246
38	3,0748	6,3855	18,6253	37,4043	74,1797	202,5433
39	3,1670	6,7048	20,1153	41,1448	83,0812	232,9248
40	3,2620	7,0400	21,7245	45,2593	93,0510	267,8635